超人气网店设计素材展示

28款 详情页设计与描述模板（PSD分层文件）

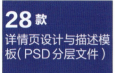

46款 搭配销售套餐模板

162款 秒杀团购模板

200套
首页装修模板

330个
精美店招模板

396个
关联多图推荐格子模板

大型多媒体教学光盘精彩内容展示

PART 1　做好准备
- 1.1　如何使用素材文件和结果文件
- 1.2　如何使用装修素材与设计模板
- 1.3　如何阅读电子书
- 1.4　如何观看视频教程

PART 2　练好基本功
- 2.1　学习素材文件与结果文件
- 2.2　PPT课件，全程再现皇冠店家开店经验
- 2.3　同步视频教程，全套开店操作演示

PART 3　新手开店快速促成交易的10种技能
- 技能 1：及时回复买家站内信
- 技能 2：通过千牛聊天软件热情地和买家交流
- 技能 3：设置自动回复，不让客户久等
- 技能 4：使用快捷短语，迅速回复客户
- 技能 5：使用移动千牛，随时随地谈生意
- 技能 6：保存聊天记录做好跟踪服务
- 技能 7：巧用千牛表情拉近与买家的距离
- 技能 8：使用电话联系买家及时跟踪交流
- 技能 9：与买家交流时应该注意的禁忌
- 技能 10：不同类型客户的不同交流技巧

PART 4　10招搞定"双11""双12"
- 第一招：无利不起早——"双11"对你的重要意义
- 第二招：知己知彼——透视"双11"活动流程
- 第三招：做个纯粹的行动派——报名"双11"活动
- 第四招：粮草先行——"双11"活动准备工作
- 第五招：打好热身仗——"双11"活动热身、预售
- 第六招：一战定胜负——"双11"活动进行时
- 第七招：善始善终——"双11"活动售后服务
- 第八招：乘胜追击——"双12"活动备战
- 第九招：出奇制胜——"双11""双12"营销策划与创意
- 第十招：他山之石——"双11"成功营销案例透析

PART 5　手把手教你把新品打造成爆款视频教程
- 第1步：爆款产品内功修炼
- 第2步：打造爆款基本功
- 第3步：打造爆款产品的流量武器
- 第4步：爆款产品转化全店盈利
- 第5步：爆款案例分析

PART 6　网店卖家必知的12大促销策略
- 策略 1：选择合适做促销的商品
- 策略 2：通过邮费赚取利润
- 策略 3：节假日销售促销策略
- 策略 4：利用赠品做促销活动
- 策略 5：通过拍卖方式促销
- 策略 6：低价出售部分商品
- 策略 7：通过购物积分促销
- 策略 8：巧妙进行包邮促销
- 策略 9：使用限时限量促销商品
- 策略 10：销售淡季的促销方法
- 策略 11：如何选择时间做促销效果才能最好
- 策略 12：避免店铺促销误区的技巧

PART 7　你不能不知道的100个卖家经验与赢利技巧

7.1　新手卖家开店认知与准备技巧
- 技巧 1　网店店主要具备的基本能力
- 技巧 2　个人开淘宝店要充当的角色
- 技巧 3　为店铺做好市场定位准备
- 技巧 4　新手开店产品的选择技巧
- 技巧 5　主打宝贝的市场需求调查
- 技巧 6　网店进货如何让利润最大化
- 技巧 7　新手开店的进货技巧
- 技巧 8　新手代销产品注意事项与技巧
- 技巧 9　掌握网上开店的流程
- 技巧 10　给网店取一个有卖点的名字

7.2　网店宝贝图片拍摄与优化的相关技巧
- 技巧 11　店铺宝贝图片的标准
- 技巧 12　注意商品细节的拍摄
- 技巧 13　利用自然光的拍摄技巧
- 技巧 14　不同商品拍摄时的用光技巧
- 技巧 15　新手拍照易犯的用光错误
- 技巧 16　用手机拍摄商品的技巧
- 技巧 17　服饰拍摄时的搭配技巧
- 技巧 18　裤子拍摄时的摆放技巧
- 技巧 19　宝贝图片美化的技巧与注意事项

7.3　网店装修的相关技巧
- 技巧 20　做好店铺装修的前期准备
- 技巧 21　新手装修店铺的注意事项
- 技巧 22　店铺装修的误区
- 技巧 23　设计一个出色的店招
- 技巧 24　把握好店铺的风格样式
- 技巧 25　添加店铺的收藏功能
- 技巧 26　做好宝贝的分类设计
- 技巧 27　做好店铺的公告栏设计
- 技巧 28　设置好广告模板
- 技巧 29　增加店铺的导航分类
- 技巧 30　做好宝贝推荐
- 技巧 31　设置好宝贝排行榜
- 技巧 32　设置好淘宝客服

7.4　宝贝产品的标题优化与定价技巧
- 技巧 33　宝贝标题的完整结构
- 技巧 34　宝贝标题命名原则
- 技巧 35　标题关键词的优化技巧
- 技巧 36　如何在标题中突出卖点
- 技巧 37　寻找更多关键词的方法
- 技巧 38　撰写商品描述的方法
- 技巧 39　写好宝贝描述提升销售转化率
- 技巧 40　认清影响"宝贝"排名的因素
- 技巧 41　商品发布的技巧
- 技巧 42　巧妙安排宝贝的发布时间

技巧 43　商品定价是必须考虑的要素
技巧 44　商品定价的基本方法
技巧 45　商品高价定位与低价定位法则
技巧 46　抓住消费心理巧用数字定价

7.5　网店营销推广的基本技巧
技巧 47　加入免费试用
技巧 48　参加淘金币营销
技巧 49　加入天天特价
技巧 50　加入供销平台
技巧 51　加入限时促销
技巧 52　使用宝贝搭配套餐促销
技巧 53　使用店铺红包促销
技巧 54　使用彩票拉熟方式促销
技巧 55　设置店铺 VIP 进行会员促销
技巧 56　运用信用评价做免费广告
技巧 57　加入网商联盟共享店铺流量
技巧 58　善加利用店铺优惠券
技巧 59　在淘宝论坛中宣传推广店铺
技巧 60　向各大搜索引擎提交店铺网址
技巧 61　让搜索引擎快速收录店铺网址
技巧 62　使用淘帮派推广
技巧 63　利用"淘帮派"卖疯主打产品
技巧 64　利用 QQ 软件推广店铺
技巧 65　利用微博进行推广
技巧 66　利用微信进行推广
技巧 67　微信朋友圈的营销技巧
技巧 68　利用百度进行免费推广
技巧 69　店铺推广中的 8 大误区

7.6　直通车推广的应用技巧
技巧 70　什么是淘宝直通车推广
技巧 71　直通车推广的功能和优势
技巧 72　直通车广告商品的展示位置
技巧 73　直通车中的淘宝类目推广
技巧 74　直通车中的淘宝搜索推广
技巧 75　直通车定向推广
技巧 76　直通车店铺推广
技巧 77　直通车站外推广
技巧 78　直通车活动推广
技巧 79　直通车无线端推广
技巧 80　让宝贝加入淘宝直通车
技巧 81　新建直通车推广计划
技巧 82　分配直通车推广计划
技巧 83　在直通车中正式推广新宝贝
技巧 84　直通车中管理推广中的宝贝
技巧 85　修改与设置推广计划
技巧 86　提升直通车推广效果的技巧

7.7　钻展位推广的应用技巧
技巧 87　钻石展位推广的特点
技巧 88　钻石展位推广的相关规则
技巧 89　钻石展位推广的黄金位置
技巧 90　决定钻石展位效果好坏的因素
技巧 91　用少量的钱购买最合适的钻石展位
技巧 92　用钻石展位打造爆款

7.8　淘宝客推广的应用技巧
技巧 93　做好淘宝客推广的黄金法则
技巧 94　主动寻找淘宝客帮助自己推广
技巧 95　通过店铺活动推广自己吸引淘客
技巧 96　通过社区活动增加曝光率 13
技巧 97　挖掘更多新手淘宝客 13
技巧 98　从 SNS 社会化媒体中寻觅淘宝客 14
技巧 99　让自己的商品加入导购类站点 14
技巧 100　通过 QQ 结交更多淘宝客 14

PART 8　不要让差评毁了你的店铺——应对差评的 10 种方案

PART 9　淘宝与天猫开店的区别
1. 淘宝、天猫开店申请与入驻区别
2. 淘宝、天猫店铺装修及运营区别
3. 淘宝、天猫店铺售后服务及客户权益区别
4. 2016—2017 年淘宝重要规则新变化

PART 10　皇冠店家装修特训视频教程
10.1　15 个网店宝贝优化必备技能视频教程
技能 01：调整倾斜的照片并突出主体
技能 02：去除多余对象
技能 03：宝贝图片照片降噪处理
技能 04：宝贝图片照片清晰度处理
技能 05：珠宝模特美白处理
技能 06：衣服模特上妆处理
技能 07：模特人物身材处理
技能 08：虚化宝贝的背景
技能 09：更换宝贝图片的背景
技能 10：宝贝图片的偏色处理
技能 11：修复偏暗的宝贝图片
技能 12：修复过曝的宝贝图片
技能 13：修复逆光的宝贝图片
技能 14：添加宣传水印效果
技能 15：宝贝场景展示合成

10.2　6 小时 Photoshop 照片处理视频教程

PART 11　超人气网店设计素材库
28 款详情页设计与描述模板（PSD 分层文件）
46 款搭配销售套餐模板
162 款秒杀团购模板
200 套首页装修模板
330 个精美店招模板
396 个关联多图推荐格子模板
660 款设计精品水印图案
2000 款漂亮店铺装修素材

淘宝天猫

开店、装修、管理、运营与推广

从入门到精通

（PC端+手机端）

凤凰高新教育 ◎ 编著

北京大学出版社
PEKING UNIVERSITY PRESS

内 容 提 要

为了帮助还没有开店或缺少经验的新手卖家掌握在淘宝天猫网上开店，作者根据自己多年网上开店心得，并结合众多淘宝皇冠店主和天猫旗舰店卖家的经验，精心策划了本书。

本书全面、系统地讲解了在淘宝网和手机淘宝上开店、装修、运营、管理和推广的基本方法和技巧。全书紧紧围绕"新手开店准备→寻找货源→宝贝拍摄→网店注册与开通→网店设计与装修→网店的营销与推广→手机淘宝"这条线索展开内容，采用图解及案例的方式详细地讲解了全套开店流程。需要指出的是，虽然淘宝、天猫店两者的开店流程基本相同，本书也是以淘宝为主线来进行讲解，但是还是有重要不同，针对这些不同的地方，本书特别在光盘中录制了视频录像，从申请与入驻、装修及运营、售后服务及客户权益3个维度全面介绍了淘宝与天猫开店的区别，让读者既精通淘宝开店，又精通天猫开店。

本书不仅适合想要全面了解淘宝天猫店铺经营各个细节的读者自学，还可作为各类院校或培训机构电子商务相关专业的教材。

图书在版编目（CIP）数据

淘宝天猫开店、装修、管理、运营与推广从入门到精通（PC端+手机端）/凤凰高新教育编著. —北京：北京大学出版社，2016.9
ISBN 978-7-301-27345-6

Ⅰ.①淘… Ⅱ.①凤… Ⅲ.①电子商务–商业经营–中国 Ⅳ.① F724.6

中国版本图书馆 CIP 数据核字（2016）第 181044 号

书　　名	淘宝天猫开店、装修、管理、运营与推广从入门到精通（PC端+手机端） TAOBAO TIANMAO KAIDIAN、ZHUANGXIU、GUANLI、YUNYING YU TUIGUANG CONG RUMEN DAO JINGTONG
著作责任者	凤凰高新教育　编著
责任编辑	尹　毅
标准书号	ISBN 978-7-301-27345-6
出版发行	北京大学出版社
地　　址	北京市海淀区成府路 205 号　100871
网　　址	http://www.pup.cn　　新浪微博：@北京大学出版社
电子信箱	pup7@pup.cn
电　　话	邮购部 010-62752015　发行部 010-62750672　编辑部 010-62570390
印 刷 者	三河市博文印刷有限公司
经 销 者	新华书店
	787 毫米 ×1092 毫米　16 开本　20.25 印张　彩插 2　482 千字 2016 年 9 月第 1 版　2020 年 3 月第 5 次印刷
印　　数	9001–10000 册
定　　价	49.00 元

未经许可，不得以任何方式复制或抄袭本书之部分或全部内容。
版权所有，侵权必究
举报电话：010-62752024　电子信箱：fd@pup.pku.edu.cn
图书如有印装质量问题，请与出版部联系。电话：010-62756370

Foreword 前言

21世纪，要么电子商务，要么无商可务。

——比尔·盖茨

中国互联网将从"网名时代""网友时代"提升到"网商时代"，五年后人们都将上网做生意。

——马云

目前，电子商务已经成为推动中国经济发展的一项重要产业，国家已在多领域、多层面推动和促进互联网电子商务产业的发展。而在中国推动电子商务成为现实的主要平台，当属淘宝天猫平台，人们只需动一动手指，就可以轻松成为新时代的"网商"，也正如此，每年踊跃加入淘宝天猫创业的新人络绎不绝！

网上开店与经营看似简单，其实这个过程涉及了许多知识。想经营好网店，成为优秀卖家，不仅需要经营者的一腔热情，而且需要熟悉开网店的整个流程，掌握科学的管理方法，懂得有效的营销技巧。只有做好充分的准备，才能让自己的网店从众多的网店中脱颖而出，赢得顾客和市场，最终走向成功！

为了帮助还没有开店或缺少经验的新手卖家掌握在淘宝天猫网上开店，作者根据自己多年网上开店心得，并结合众多淘宝皇冠店主和天猫旗舰店卖家的经验，精心策划了本书。书中不仅全面、系统地讲解了在淘宝网和手机淘宝上开店、装修、运营、管理和推广的基本方法和技巧，还将目前前沿、流行的营销理念运用到淘宝天猫网平台上，所有技术都在实际应用中获得显著效果，并且还在持续创造着惊人的效益！

◆ 本书特色

本书语言简洁、条理清晰，特别适合想在网上开店创业的初学者全面了解店铺经营的各个细节，是一本零基础、零成本开店的实战宝典。

● 手把手教你开店的全过程和营销的方方面面，真正做到只需这一本就可以解决开店的所有问题，从此网上开店不用愁。

● 压箱底的秘籍传授，包括39个"皇冠支招"实战经验和13个"经典案例分享"，

让你一开始就站在巨人的肩膀上。

● 汇总成功卖家的经验心得，精取成功卖家的方法，并将他们之所以成功的宝贵技巧加以总结和提炼，帮助你提高产品的销售量，赚取更多的利润，让你少走弯路。

◆ 超值光盘

本书配套光盘内容丰富、实用，不仅有与书中同步的操作视频录像，还有皇冠卖家运营实战经验的 PPT 演示等超值内容，能有效帮助淘宝卖家，尤其是新手卖家快速掌握如何在淘宝网与手机淘宝上开店运营，下列所示为配套光盘中赠送的部分内容。

（1）37 分钟的同步视频教程，全方位演示开店操作。
（2）PPT 课件，全程再现皇冠店家开店经验。
（3）6 小时的 Photoshop 照片处理视频教程。
（4）15 个网店宝贝优化必备技能视频教程。
（5）超人气网店设计素材库。
（6）《网店卖家必知的 12 大促销策略》电子书。
（7）《你不能不知道的 100 个卖家经验与赢利技巧》电子书。
（8）《新手开店快速促成交易的 10 种技能》电子书。
（9）淘宝与天猫开店的重要区别视频教程。
（10）手把手教你把新品打造成爆款视频教程。
（11）《10 招搞定"双 11""双 12"》电子书。

以上资源也可关注封底"博雅读书社"微信公众账号获取，找到"资源下载"栏目，根据提示下载资源。

◆ 本书适合读者

● 对网店一无所知的新人。
● 跟淘宝、天猫刚刚接触的新人。
● 想低成本或零成本创业的新人。
● 已有网店，但经营不好的人。
● 已有网店，想扩大经营范围、提升销量的人。

本书由凤凰高新教育策划并组织开店经验丰富的网店店主编写，同时也得到了众多淘宝天猫店主的支持，在此表示衷心的感谢。同时，由于互联网技术发展非常迅速，网上开店的相关规则也在不断地变化，书中疏漏和不足之处在所难免，敬请广大读者及专家指正。

读者信箱：2751801073@qq.com
投稿信箱：pup7@pup.cn

Contents 目录

第1章 新手开店，做好充分准备

1.1 认识电子商务 /2
    1.1.1 了解电子商务的起源 /2
    1.1.2 电子商务的分类 /2
    1.1.3 电子商务的发展 /3
    1.1.4 电子商务的特点 /4
1.2 为什么在网上开店 /5
    1.2.1 认识网上开店 /5
    1.2.2 开网店的好处 /7
    1.2.3 开网店的风险 /8
    1.2.4 对网民的消费现状进行分析 /9
1.3 常见网上开店平台 /12
    1.3.1 淘宝 /12
    1.3.2 天猫 /13
    1.3.3 京东商城 /14
    1.3.4 微店 /15
1.4 做好网上开店的准备 /16
    1.4.1 硬件准备 /16
    1.4.2 软件准备 /16
    1.4.3 做好网络畅通的准备 /18
    1.4.4 准备好自己的相关开店证件 /19
    1.4.5 申请开通自己的网上银行 /19

皇冠支招
招式01：什么样的人适合开网店 /20
招式02：掌握网店有哪些经营方式 /21
招式03：现在开网店是否还有机会 /23

案例分享 给自己一次创业的机会 /23

第2章 开网店，货源准备最重要

2.1 网上卖什么东西最火 /26
    2.1.1 哪些东西适合网上销售 /26
    2.1.2 当前网上热卖的宝贝 /27
2.2 热销商品种类分析 /27
    2.2.1 女装 /27
    2.2.2 手机 /28
    2.2.3 美容护肤 /28
    2.2.4 数码配件 /29
    2.2.5 男装 /30
2.3 在哪里寻找货源 /30
    2.3.1 批发市场 /30
    2.3.2 B2B电子商务批发网站 /31
    2.3.3 外贸尾单货 /32
    2.3.4 民族特色工艺品 /32
    2.3.5 库存积压的品牌商品 /33

- 2.3.6 换季、节后、拆迁与转让的清仓品 / 33
- 2.3.7 厂家直接进货 / 34
- 2.3.8 二手闲置与"跳蚤"市场 / 34
- 2.4 足不出户找好货源 / 34
  - 2.4.1 注册阿里巴巴 / 35
  - 2.4.2 在阿里巴巴批发进货 / 37

皇冠支招
- 招式01：分析自己销售商品的优势 / 39
- 招式02：防范进货陷阱和骗局 / 40
- 招式03：进货的要领与诀窍 / 41

案例分享 一款宝贝撑起一个店铺 / 43

第3章 拍好宝贝图片，做好产品展示

- 3.1 拍好宝贝图片的必备知识 / 46
  - 3.1.1 选购适宜的摄影器材 / 46
  - 3.1.2 摄影常用术语介绍 / 47
  - 3.1.3 搭建自己的摄影棚 / 48
  - 3.1.4 不同类型的商品拍摄 / 50
- 3.2 宝贝图片的标准与处理方式 / 53
  - 3.2.1 什么样的宝贝图片吸引人 / 53
  - 3.2.2 快速复制照片到电脑 / 54
  - 3.2.3 选择合适的图像优化软件 / 56
- 3.3 使用光影魔术手处理宝贝图片 / 57
  - 3.3.1 调整图片的宽度大小 / 57
  - 3.3.2 调整曝光不足的照片 / 57
  - 3.3.3 制作背景虚化照片效果 / 59
  - 3.3.4 给图片添加美观的边框 / 60
  - 3.3.5 添加图片防盗水印 / 61
- 3.4 使用Photoshop优化宝贝图片 / 62
  - 3.4.1 为图片添加效果辅助线 / 62
  - 3.4.2 为图片添加文字说明 / 63
  - 3.4.3 调整模特身材，提升服装宝贝效果 / 65

皇冠支招
- 招式01：相机的维护与保养技巧 / 66
- 招式02：拍照时合理使用光线 / 67
- 招式03：使用手机给商品拍照的技巧 / 68

案例分享 宝贝这样拍，不美都不行！ /068

第4章 开通店铺，注册并申请淘宝店

- 4.1 轻松注册淘宝开店平台 / 71
  - 4.1.1 申请淘宝账号 / 71
  - 4.1.2 登录淘宝账号 / 73
  - 4.1.3 激活支付宝账号 / 74
- 4.2 顺利开通第一个网上店铺 / 76
  - 4.2.1 支付宝实名认证 / 76
  - 4.2.2 淘宝身份信息认证 / 78
  - 4.2.3 填写店铺相关资料 / 80
- 4.3 设置店铺的基本信息 / 81
  - 4.3.1 为店铺添加Logo / 81
  - 4.3.2 为店铺添加详细介绍 / 83

皇冠支招
- 招式01：熟知店铺定位的常见误区 / 84
- 招式02：熟知淘宝网的开店流程 / 84
- 招式03：免费设置独家店铺地址 / 85

案例分享 移动互联网与PC互联网的思维区别 /086

第5章 好网店，一定做好宝贝上下架工作

- 5.1 普通商品发布技巧 / 90
  - 5.1.1 准备宝贝的图文资料 / 90
  - 5.1.2 发布并设置宝贝的类别 / 91

5.1.3 设置商品属性 /91
5.1.4 填写宝贝标题 /92
5.1.5 制定合理的商品价格 /93
5.1.6 设置商品规格 /93
5.1.7 上传宝贝主图和详情页面 /94
5.1.8 设置物流信息 /94
5.1.9 设置其他信息并成功发布宝贝 /95
5.1.10 以拍卖方式发布宝贝 /95
5.2 使用淘宝助理批量发布宝贝 /96
5.2.1 认识淘宝助理 /96
5.2.2 登录淘宝助理 /96
5.2.3 创建并上传自家宝贝 /97
5.2.4 代销商获取商品信息 /99
5.2.5 批量上传代销宝贝 /101
5.3 宝贝编辑技巧 /102
5.3.1 批量编辑宝贝信息 /102
5.3.2 管理店铺中的宝贝 /103
5.4 宝贝展示技巧 /105
5.4.1 让店铺动态展示宝贝 /105
5.4.2 设置掌柜推荐商品 /108
5.4.3 设置橱窗推荐 /109

皇冠支招
招式01：合理设置橱窗宝贝的显示方式 /109
招式02：合理安排好宝贝上架时间，让流量翻倍 /110
招式03：宝贝定价的方法与技巧 /111

案例分享 宝贝上架的黄金法则 /115

第6章 用好支付宝，保障交易安全

6.1 开通网上银行 /118
6.1.1 银行卡、网上银行和支付宝账户之间的关系 /118

6.1.2 办理网上银行 /119
6.2 支付宝充值、余额查询与转账 /120
6.2.1 登录支付宝账户 /120
6.2.2 往支付宝中充值 /121
6.2.3 查询支付宝账户余额 /122
6.2.4 使用支付宝转账 /123

皇冠支招
招式01：提高安全保障意识，开通短信校验服务 /125
招式02：设置和修改支付宝账户密码 /125
招式03：开通支付宝的手机版宝令 /126

案例分享 手机丢了，支付宝钱包的安全补救方法 /128

第7章 视觉营销，网店装修最关键

7.1 淘宝图片空间的使用 /130
7.1.1 关于淘宝图片空间 /130
7.1.2 打开淘宝图片空间 /132
7.1.3 上传图片到图片空间 /132
7.2 认识与订购淘宝旺铺 /133
7.2.1 认识淘宝旺铺 /133
7.2.2 旺铺的特点优势 /134
7.2.3 订购淘宝旺铺 /135
7.3 淘宝店铺页面装修技巧 /137
7.3.1 设置店铺的招牌 /137
7.3.2 设置店铺的色彩风格 /140
7.3.3 宝贝分类设计 /141
7.3.4 增加店铺导航分类 /143
7.3.5 添加店铺客服 /145
7.3.6 添加店铺收藏模块 /148
7.3.7 添加店铺友情链接 /151
7.3.8 添加宝贝排行榜 /152

皇冠支招
招式01：设计出好店招的技巧 / 153
招式02：店铺装修的技巧与误区 / 153
招式03：不同网店的装修建议 / 155

案例分享 让流量直线上升的美感店铺 /155

第8章 卖产品，客服也是重要的一环

8.1 售前客服应掌握的流程与技巧 / 159
　8.1.1 客服沟通的基本心态 / 159
　8.1.2 售前知识储备 / 160
　8.1.3 售前成交过程 / 161
　8.1.4 应对各种类型的顾客 / 162
8.2 为客户提供最好的售后服务 / 164
　8.2.1 制定合理的退货和换货政策 / 164
　8.2.2 特殊售后处理 / 166
　8.2.3 有效降低产品退换率 / 167

皇冠支招
招式01：客服与顾客沟通的技巧 / 168
招式02：分析询单转化率的影响因素 / 169
招式03：机智应对不同性格的顾客 / 170

案例分享 搞定中差评的几大方法 /173

第9章 谈生意，用千牛来搞定

9.1 安装好千牛平台 / 176
　9.1.1 下载并安装千牛 / 176
　9.1.2 设置千牛头像 / 176
　9.1.3 查找并添加好友 / 178
　9.1.4 加入别人建立的千牛群 / 179
　9.1.5 建立自己的买家群 / 180
9.2 用千牛沟通促成生意 / 182
　9.2.1 及时与买家沟通，促成订单 / 182
　9.2.2 设置自动回复，不让客户久等 / 183
　9.2.3 设置快捷短语，迅速回复客户 / 184
　9.2.4 妥善保存聊天记录 / 185
9.3 成交第一笔生意 / 186
　9.3.1 修改交易价格 / 187
　9.3.2 根据订单发货 / 188
　9.3.3 给买家评价 / 188
　9.3.4 系动自动回款 / 189

皇冠支招
招式01：不同类型的客户用不同的沟通方式 / 190
招式02：让千牛自动拦截骚扰信息 / 191
招式03：使用其他方式与买家交流 / 191

案例分享 一个成功卖家的淘宝玩转法 /193

第10章 快递发货，包装与物流不可忽视

10.1 宝贝的包装方法 / 197
　10.1.1 宝贝包装的重要性 / 197
　10.1.2 常见的宝贝包装方法 / 197
10.2 选择合适的送货方式 / 202
　10.2.1 快递公司 / 202
　10.2.2 邮政 / 202
　10.2.3 托运公司 / 203
10.3 国内常用的主流快递公司 / 204
　10.3.1 申通快递 / 204
　10.3.2 圆通速递 / 205
　10.3.3 中通快递 / 205
　10.3.4 顺丰速运 / 205
　10.3.5 韵达快递 / 206

皇冠支招
招式01：宝贝的包装技巧 / 206
招式02：快递省钱3招就好 / 207

招式 03：同城交易处理技巧　/ 208

> **案例分享**　宝贝破损少件的处理方法　/208

第11章　营销与推广，店内店外都要做

11.1　淘宝官方活动　/ 211
　　11.1.1　报名淘金币营销　/ 211
　　11.1.2　报名淘宝天天特价　/ 213
　　11.1.3　报名试用中心　/ 215
　　11.1.4　参加聚划算活动　/ 217
11.2　店内活动团团转　/ 219
　　11.2.1　使用宝贝限时打折　/ 219
　　11.2.2　使用宝贝搭配套餐　/ 223
　　11.2.3　使用店铺优惠券　/ 226
　　11.2.4　使用店铺红包　/ 227
　　11.2.5　设置 VIP 会员卡，提高销量　/ 229
11.3　淘宝网内免费推广技巧　/ 230
　　11.3.1　使用淘宝帮派拓展圈子　/ 230
　　11.3.2　加入淘宝商盟，分享店铺流量　/ 233
　　11.3.3　通过分类信息网站搞宣传　/233
11.4　淘宝网外营销技巧　/ 235
　　11.4.1　在论坛写出精华帖吸引人气　/ 235
　　11.4.2　使用阿里妈妈网外推广　/ 236
　　11.4.3　通过微信推广店铺　/ 237
　　11.4.4　通过 QQ 软件推广店铺　/ 238
　　11.4.5　利用百度推广店铺　/ 239

> **皇冠支招**
> 招式 01：产品推广中套餐的搭配技巧　/241
> 招式 02：精华帖题材的选用技巧　/ 241
> 招式 03：店铺推广中的 8 大误区　/ 242

> **案例分享**　打造爆款的 4 个步骤　/243

第12章　推广三大宝，直通车/淘宝客/钻石展位不能少

12.1　淘宝直通车基本技巧　/ 247
　　12.1.1　选择什么宝贝参加直通车　/ 247
　　12.1.2　加入直通车推广　/ 247
　　12.1.3　直通车的计费方式　/ 249
　　12.1.4　新建推广计划　/ 249
　　12.1.5　怎么分配推广计划　/ 250
　　12.1.6　推广新宝贝　/ 250
　　12.1.7　管理推广中的宝贝　/ 252
　　12.1.8　设置投放计划　/ 252
12.2　淘宝直通车高级技巧　/ 254
　　12.2.1　关键词的高级找词方法　/ 254
　　12.2.2　添加关键词的技巧　/ 254
　　12.2.3　直通车综合优化技巧　/ 255
　　12.2.4　优化直通车展现和点击量　/ 257
12.3　淘宝客推广技巧　/ 257
　　12.3.1　淘宝客的推广优势　/ 258
　　12.3.2　轻松参加淘宝客推广　/ 258
　　12.3.3　主动寻找淘宝客帮助自己推广　/ 260
　　12.3.4　通过店铺活动推广自己吸引淘客　/ 261
　　12.3.5　通过社区活动增加曝光率　/ 261
　　12.3.6　让产品吸引更多淘宝客推广　/ 262
12.4　利用钻石展位打开销售局面　/ 264
　　12.4.1　利用钻石展位扩大品牌效应　/ 264
　　12.4.2　用钻石展位打造爆款商品　/ 265

12.4.3 用钻石展位进行活动
引流 / 265
12.4.4 进行钻石展位的定位 / 266
12.4.5 用最少的钱购买最合适的钻石
展位 / 267

⭐ 皇冠支招

招式 01：选择直通车合适的投放
时间 / 268
招式 02：巧用 SEO 结合淘宝客推广
店铺 / 269
招式 03：决定钻石展位效果好坏的
因素 / 269

🔍 案例分享 节假日的促销策略 / 270

策略 1：错觉折扣，给顾客不一样的
感觉 / 270
策略 2：限时抢购，让顾客蜂拥
而至 / 270
策略 3：超值一元，舍小取大 / 271
策略 4：临界价格，顾客的视觉
错误 / 271
策略 5：阶梯价格，让顾客有紧
迫感 / 271
策略 6：降价加打折，给顾客双重
实惠 / 271

第13章 手机淘宝，商机不容错过

13.1 关于手机端淘宝店 / 273
13.1.1 分析手机淘宝店 / 273
13.1.2 手机店铺店标与店招的
设置 / 274
13.2 手机端页面的装修 / 274
13.2.1 手机店铺店标与店招的
设置 / 274

13.2.2 手机宝贝模块展示与
设置 / 276
13.2.3 手机宝贝详情页发布 / 280
13.3 手机端的运营推广 / 282
13.3.1 利用"码上淘"进行手机店铺
推广 / 282
13.3.2 设置"手机专享价" / 284
13.3.3 无线直通车 / 287
13.4 无线端淘宝工具的使用 / 290
13.4.1 支付宝的使用 / 290
13.4.2 手机千牛的使用 / 293
13.4.3 淘宝助理的使用 / 295

⭐ 皇冠支招

招式 01：手机淘宝营销的推广权重 / 296
招式 02：手机端修改交易价格 / 297
招式 03：用好手机直通车推广 / 298

🔍 案例分享 简述手机淘宝的发展与
未来 / 299

附 录 淘宝与天猫开店的区别

主题一：淘宝、天猫开店申请与入驻
区别 / 303
1. 淘宝、天猫店铺的基本区别 / 303
2. 淘宝、天猫入驻流程区别 / 305
主题二：淘宝、天猫店铺装修及运营
区别 / 308
1. 淘宝、天猫装修区别 / 308
2. 淘宝、天猫运营推广区别 / 310
主题三：淘宝、天猫店铺售后服务及客户权
益区别 / 312

第 1 章

新手开店,做好充分准备

本章导读

现今,很多人都想自主网上开店,因为与实体店铺相比,网上开店不仅节约了成本,而且在商品进货、出售、管理等诸多方面都明显优于实体店铺。不过,对于初涉网上开店的创业者来说,一些基础知识还是要先了解清楚。本章将会详细介绍这方面的内容。

知识要点

通过本章内容的学习,读者能够学习到网上开店的一些基础入门知识,包括对电子商务的认识、网上开店的方式及其经营优势等。学完后需要掌握的相关知识要点如下。

- 认识电子商务
- 了解网店的开店平台与方式
- 认识网上开店的优势
- 掌握网上开店的条件与流程

1.1 认识电子商务

电子商务是指在全球各地广泛的商业贸易活动中,在互联网开放的网络环境下,通过网络,实现消费者的网上购物、商户之间的网上交易和在线电子支付以及各种商务活动、交易活动、金融活动和相关的综合服务活动的一种新型的商业运营模式。

1.1.1 了解电子商务的起源

美国是世界上最早发展电子商务的国家,同时也是电子商务发展最为成熟的国家,一直引领全球电子商务的发展,是全球电子商务相对成熟发达的地区。自 2005 年以来,我国电子商务市场交易额稳定增长,企业的应用成效以及对经济、社会发展的推动作用日益明显。

在早期,以"易趣""当当网"等网站为代表的电子商务服务商在国外风险资本的介入下,成为中国电子商务最早的应用者,成为这一阶段中国电子商务的主体。而随着电子商务应用与发展的深化,目前,中国提供网上开店服务的大型购物网站有上百家,真正有一定影响力的则数量不多,例如,淘宝、天猫、京东、苏宁易购、唯品会等。

> **小二开店经验分享——电子商务与购物网站的关系**
>
> 购物网站是为买卖双方交易提供的互联网平台,卖家可以在网站上登出自己出售商品的信息,买家可以从中选择购买自己需要的物品。可以这么说,购物网站是电子商务的一种主要类型。

1.1.2 电子商务的分类

电子商务分为 ABC、B2B、B2C、C2C、B2M、M2C、B2A(即 B2G)、C2A(即 C2G)、O2O 等模式。

ABC,英文全称为 Agents to Business to Consumer。ABC 模式是新型电子商务模式的一种,被誉为继阿里巴巴 B2B 模式、京东商城 B2C 模式、淘宝 C2C 模式之后电子商务界的第四大模式。是由代理商（Agents）、商家（Business）和消费者（Consumer）共同搭建的集生产、经营、消费为一体的电子商务平台。三者之间可以相互转化。大家相互服务，相互支持，你中有我，我中有你，真正形成一个利益共同体。

B2B，英文全称为 Business to Business。B2B 是商家（泛指企业）对商家的电子商务，即企业与企业之间通过互联网进行产品、服务及信息的交换。通俗的说法是指进行电子商务交易的供需双方都是商家（或企业、公司），他们使用了 Internet 的技术或各种商务网络平台，完成商务交易的过程。这些过程包括：发布供求信息，订货及确认订货，支付过程及票据的签发、传送和接收，确定配送方案并监控配送过程等。

B2C，英文全称为 Business to Customer。B2C 模式是商家对消费者的模式，也是我国最早产生的电子商务模式，以 8848 网上商城正式运营为标志，如今的 B2C 电子商务网站非常多，比较大型的有京东商城、哈妹网等。

C2C，英文全称为 Consumer to Consumer。C2C 是用户对用户的模式，C2C 商务平台就是通过为买卖双方提供一个在线交易平台，使卖方可以主动提供商品上网拍卖，而买方可以自行选择商品进行竞价。

B2M，英文全称为 Business to Manager。B2M 相对于 B2B、B2C、C2C 的电子商务模式而言，是一种全新的电子商务模式。而这种电子商务相对于以上三种有着本质的不同，其根本区别在于目标客户群的性质不同，前三者的目标客户群都是以消费者的身份出现，而 B2M 的客户群是该企业或者该产品的销售者或者企业的工作者，而不是最终消费者。

M2C，英文全称为 Manager to Consumer。M2C 是针对 B2M 的电子商务模式而出现的延伸概念。B2M 环节中，企业通过网络平台发布该企业的产品或者服务，职业经理人通过网络获取该企业的产品或者服务信息，并且为该企业提供产品销售或者企业服务，企业通过经理人的服务达到销售产品或者获得服务的目的。

O2O，英文全称为 Online to Offline。O2O 是近年来新兴起的一种电子商务新模式，即将线下商务的机会与互联网结合在了一起，让互联网成为线下交易的前台。这样线下服务就可以用线上来揽客，消费者可以在线上筛选服务，另外成交后可以在线结算，很快达到规模。该模式最大的特点是"推广效果可查，每笔交易可跟踪"。

1.1.3 电子商务的发展

微软创始者比尔·盖茨曾经说过："21 世纪，要么电子商务，要么无商可务。"也就是未来的商务模式，不管做什么类型的生意，都涉及电子商务，不然很难有较大的发展。

目前国外的电子商务发展程度已经有相当高的水平，而中国还处在平稳上升阶段，还有很大的发展前途。打个比方，前几年做传统行业的，很难想象通过网络能够为自己的生意带来很大帮助，但近年来，各种大型本地生活站点开始频频发展，诸多做餐饮、电影票等行业的卖家，也通过在网上提供折扣信息进行推广，大大提高了其品牌的知名度并扩展了客源，真正做到了提升名气和赚钱两不误，如图 1-1 所示。

图 1-1

1.1.4 电子商务的特点

从电子商务的含义及发展历程可以看出电子商务具有如下基本特征。

普遍性，电子商务作为一种新型的交易方式，将生产企业、流通企业以及消费者和政府带入了一个网络经济、数字化生存的新天地。

方便性，在电子商务环境中，人们不再受地域的限制，客户能以非常简捷的方式完成过去较为繁杂的商务活动，如通过网银能够全天任意时间存取账户资金、查询信息等，同时使企业对客户的服务质量得以大大提高。

整体性，电子商务能够规范事务处理的工作流程，将人工操作和电子信息处理集成为一个不可分割的整体，这样不仅能提高人力和物力的利用率，也可以提高系统运行的严密性。

安全性，在电子商务中，安全性是一个至关重要的核心问题，它要求网络能提供一种端到端的安全解决方案，如加密机制、签名机制、安全管理、存取控制、防火墙、防病毒保护等，这与传统的商务活动有着很大的不同。

协调性，商务活动本身是一种协调过程，它需要客户与公司内部、生产商、批发商、零售商之间的协调，在电子商务环境中，它更要求银行、配送中心、通信部门、技术服务等多个部门的通力协作，电子商务的全过程往往是一气呵成的。

集成性，电子商务以计算机网络为主线，对商务活动的各种功能进行了高度的集成，同时也对参加商务活动的商务主体各方面进行了高度的集成。高度的集成性使电子商务进一步提高了效率。

1.2 为什么在网上开店

网上开店是一种在互联网时代背景下诞生的销售方式,区别于传统商业模式,与大规模的网上商城及零星的个人网上拍卖相比,网上开店投入不大、经营方式灵活,可以为经营者提供不错的利润空间,因而成为许多人的创业途径。

1.2.1 认识网上开店

网上开店是一种风险很小却大有前途的创业方式。据中国互联网络信息中心统计,我国的网民规模增长迅猛,互联网规模稳居世界第一位。在这个庞大的群体中,有超过一半的人在最近一年中通过互联网购买过商品或服务。而在欧美和韩国等互联网普及率较高的国家,每3个网民中就有2个人在网上购物。中国网络购物的潜力还远未被释放。可以想象,在这个大背景下投身网上开店,真可谓"赶早不如赶巧"。

据统计数据显示,2014年中国网络购物市场交易规模达6914.1亿元,同比增长49.8%,2014年我国社会消费品零售总额达到6.5万亿元,网络购物在社会消费品零售总额中的占比为10.6%,如图1-2所示为网络购物市场交易规模的发展。2014年中国网络购物市场中B2C市场交易规模为3053.8亿元,在中国整体网络购物市场交易规模中的占比达到44.2%,较2013年同期的38.8%提高了5.4个百分点,环比略降;从增速来看,2014年B2C网络购物市场同比增长70.4%,远超C2C市场36.6%的增速,如图1-3所示。

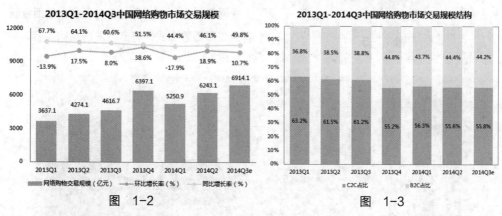

图 1-2　　　　　　　　　　图 1-3

从交易规模来看,在B2C市场中,天猫依然保持近六成的市场份额,京东占比达到19.3%,其余B2C企业中苏宁易购、国美在线、1号店、聚美优品的环比增速均高于B2C行业整体增速,唯品会、1号店和国美在线同比增速均高于B2C行业整体增速。从自主销售为主的B2C市场来看,京东占比超过五成,苏宁易购占比达到10.6%,唯品会及国美在线占比均超过5%,市场集中度依然较高,如图1-4所示。

随着京东及阿里的上市,两家企业的绝对优势在网络购物行业中已经确立,其他电商企业也纷纷在行业内寻找自己的生存空间,苏宁易购、国美在线及1号店稳步推进电商战略,

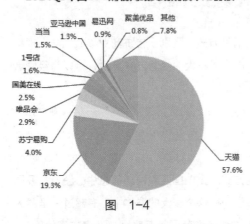

图 1-4

当当积极转型，唯品会及聚美优品等在垂直领域持续深耕壮大，网络购物行业竞争态势将持续演进，如图1-5所示。

在互联网时代，越来越多的人离不开网络，于是在网上开店做"掌柜"便成了很多年轻人的创业选择。在网上开个小店不用辞掉现有的工作，也不用花费太多的时间，最重要的就是投资少而且风险小，这对于那些刚刚毕业走上工作岗位的大学生或是有很多闲暇时间的上班族来说不失为一个好的选择。网上开店作为一种时髦的创业模式已经逐渐发展起来，其优势明显、前景广阔，更是众多无本创业者的绝佳创业机会。

所谓网上开店，简单来说就是经营者自己搭建或在相关网站平台上（如淘宝网）注册一个虚拟的网上商店（以下简称网店），然后将待售商品的信息发布到网页上，如图1-6所示的网上鞋店。而其他对商品感兴趣的浏览者通过浏览这些商品信息进行查阅，然后通过网上或网下的支付方式向经营者付款，最后经营者通过邮寄等方式，将商品发送至购买者。

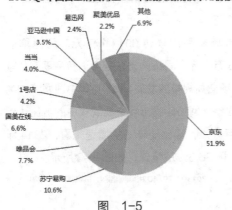

图 1-5

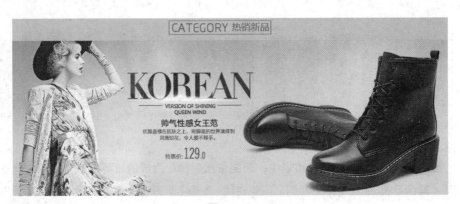

图 1-6

网上购物的商品范围越来越广泛，甚至超越了传统购物方式，为越来越多的人尤其是年青一代所接受和喜爱。一方面网购人群不断发展、壮大，另一方面越来越多的人想利用这个机会实现自己的创业梦想，所以，近年来网上开店形势十分火爆。淘宝商从最早的集市卖家一天几单、几十单发展到现如今动辄几千单甚至上万单的规模。

1.2.2 开网店的好处

在网上开店具有实体店无法比拟的优势,除了适合于各类人群之外,通常来说,还具有几大优点,如不用投入太多的资金,风险特别小,营业时间、地理位置和店面大小等都不受限制。下面详细介绍与实体店相比网上开店有哪些好处。

1. 投入资金少

现在想要自主创业的人越来越多,但是一提到创业,首先闪过的念头就是钱从哪里来?我没有钱,怎么当老板?如果开一个实体店,你需要租赁经营办公场所,购买办公用具,需要准备相当的库存,另外,还有不菲的物业费、水电费、管理费等各项支出,有的还需要雇营业员、收银员、导购员、清洁员等,这些都是一笔不小的开支,不少人因此望而却步,而看上去是零成本的网上商店则给人们带来了创业的希望。网店激起了很多人自主创业的梦想。那么网上开店从哪些方面节约了创业资金呢?概括地说,主要体现在这几个方面。

● 没有昂贵的店铺门面租金,网上经营店铺的主要方式是从淘宝、拍拍等专业商务网站获取空间,这些专业商务网站几乎都是免费开店。

● 不需要租赁仓库,较好地解决存货问题,网店是虚拟店铺,大多是小额进货或者代理销售,这样不需要租赁仓库解决存货问题。

● 所需人手少,小网店只需店主一个人就够,网上店铺大多属于小规模店铺,人手需要较少,大多可由店主自己经营管理。

● 开网店所卖商品比较灵活,风险不大,店主可以随着流行趋势或者店主个人的兴趣爱好改变商品结构、转行经营,风险成本比较低。

2. 无地域限制

如果说实体店的购买人群仅限于店铺周边的人群,那么网店完全没有地域限制,网店针对的购买群体可以是自己所在城市之外、省外、全国甚至全世界的购买者,可以说只要商品有吸引力,那么店主就要做好随时接待来自各地买家的准备。

同时由于无地域限制,以及购买群体的广泛分布性,开网店后,店主可以将自己所在地的特色商品、特色小吃等在网店上销售,这样其他地区的人们也能方便地买到卖家所在地的各种特产了,图1-7所示为特产出售。

图 1-7

3. 无时间限制

传统实体店一般营业时长为 8~12 小时，如果老板或店员有事，商店还需要暂停营业，对于时间就是金钱的经营者来说，是莫大的损失。如果遇上恶劣天气，商店即使开门营业，销售额也会大打折扣。很多经营者为了不影响生意，只能吃住都在店里，寸步不离店铺，比朝九晚五的上班族还受限制一些，而且个人生活质量也大打折扣。

相反，网上商店完全不受时间限制，只要客观条件允许可以一天 24 小时，一年 365 天不停地运作，不管刮风下雨，不管白天晚上，消费者可以随时访问网店进行购物，开网店也不会因为延长营业时间而增加开支，店主完全可以在享受生活的同时，把店铺打理得井井有条。

4. 实现多品经营

开实体店需要登记营业范围，同时还要考虑店铺面积和商品摆放得美观有序，一般情况下，实体店都是专营或者增加一些有关联的商品，例如，化妆品专卖店就专营化妆品，服装店就专营服装、服装配饰。所以，选择经营种类一定要慎重，如果选择失误就很容易失败。

网上开店经营商品的种类可以按个人的实际情况来确定，范围非常灵活。空间大，不会存在东西不够摆放的问题。只要你愿意，可以在网店经营很多商品，不限种类。可以同时经营化妆品、电子产品、创意品等。在经营过程中，如果发现某类商品销售业绩良好，可以加大营销力度，也可以专卖；如果发现其他销售好的商品，可以马上引入店中进行销售。在网上开店限制相对较少。

5. 开店方便快捷

网上开店一般只需要简单地在网站注册即可，在网上耐心地花费几分钟时间就可以拥有一家属于自己的店铺了。经营者不用花费大量的时间奔波于工商局和税务局之间办理让人头疼的各种手续。

 小二开店经验分享——网店商品的价格优势

网上店铺经营的商品价格比实体店的商品价格低，其商品价格一般只是实体店的 50%~80%，有的甚至在 30% 以下，网店在价格方面的优势是吸引更多消费者的主要原因。

1.2.3 开网店的风险

虽然网上开店具有众多的优点，但作为一种需要投入资金和精力的经济行为，较高的回报同样就伴随着一定的风险，创业者对此一定要有足够的风险意识。开网店的风险有以下几点。

1. 网店竞争激烈

现实生活中的店铺，大多位置都在商圈内，周围有一定的潜在客户群，客户群也较为稳定，竞争相对来说比较小。但是开网店就完全不同了，网店的竞争激烈程度远远高于实体店，网上开店是把全国的经营商的网上店铺放在同一个平台上让大家同台竞争，谁的商品新颖、价格便宜、品种多，谁的店铺就有优势，就能吸引消费者浏览点击。

2. 网店库存

网店仓库有几种模式，或是直接发单去厂家发货，或者自己进货。厂家发货可能会不注意产品，随便发货，给售后带来一定影响。自己进货则需要一个囤放货物的仓库，增加了一笔开支。

> 小二开店经验分享——网店风险的预防措施
>
> 网店风险的预防措施可以从以下几方面着手。
>
> 货源：确定好销售对象，然后寻找满足要求的厂家，了解生产厂家的生产、销售、资本情况，确定自己所销售的物品，要求厂家随时把最新的潮流物品单寄给网店，好定货，谈好买卖意见。
>
> 客源：严格做好自己接单发货的工作，不允许出现漏洞，提高信用度，让更多的客户相信网上购物；洽谈网购业务时，要注意留下好的印象，服务态度很重要，相信好的服务是成功的一半。
>
> 仓库：大的物件可以直接发单到厂家，在这之前发货问题必须和厂家谈妥。小的物件，精细度要求高的，则自己妥善保管好，必须做到将没有瑕疵的物品发给买家。

1.2.4 对网民的消费现状进行分析

目前，随着商家对网上销售的重视程度和消费者网上购物的接受程度的不断提高，网上购物市场正逐渐成为国内社会消费品零售市场中不可小视的力量，传统企业开始拿出更大的精力经营网上交易，也取得了显著的效果。与此同时，更多的互联网企业也准备开始网上交易市场的征程，百度、迅雷等中国互联网巨头相继推出自己的网上交易平台。

1. 网上顾客群的特点

随着中小企业电子商务的应用趋向常态化，网络零售业务日常化，网络购物市场主体日益强大。

（1）网络消费者性别结构

网络消费者主要以女性消费者为主。喜欢消费和购物是女人的天性，当女性网民所占的比例和数目达到一定量时，网络消费中女性就会占到主要的地位。

像淘宝网、天猫、京东商城等大型的网站，女性消费品的浏览量和成交量占多数。可见，女性消费者是未来网络营销的主要对象。

但是,方便快捷作为网络购物的一大优点,也越来越多地被男性消费者推崇。男性消费者通常不愿意花更多的时间在购物上,而网上购物恰恰满足了这部分人群对于购物时间的苛刻要求。所以,如何有效地吸引住这部分男性消费者,是日后购物网站营销策划的重点。

(2)网络消费者的年龄结构

网络消费者主要以18~35岁的中、青年为主。这部分消费者对网络的依赖性强,在网上停留的时间较长,他们易接受新事物,比较喜欢超前和新奇的商品,也比较容易被新的消费动向和商品所吸引。所以网上购物很容易吸引住这部分人群的眼球。大型购物网站推出的主打商品大多面向年轻人,有的网站甚至还有专售稀奇古怪玩意儿的店面,专门吸引年轻消费者。据调查,销售业绩还不错。

但是,从近几年来看,30岁以上各年龄段网民比例均有所上升,这主要是由于互联网的门槛降低,网络渗透的重点从低龄群体逐步转向中高龄群体所致。由此可知,中老年网络消费者也会日趋增多,中国网络消费者的年龄结构也会日渐成熟化。

(3)网络消费者的学历结构

经常在网上消费的人群学历相对较高。这类人群相对容易接受新事物,购物比较理性,且对网上购物有一个比较全面的、系统的了解。其中大学生、自由职业者和白领阶层占了网络消费者的一大部分。这类人群接受过更多的关于网络的教育,有更多的时间接触网络,并且网上销售商品的优惠、个性、品种繁多、省时省力等优点也引起了他们的注意力。网上购物越来越成为他们的主流购物方式。

(4)网络消费者的职业结构

我国网络消费者主要由学生、自由职业者和上班族组成。学生消费者比重较大,是由于学生占我国整个网民群体比重大,而且这类学生一般家庭收入较稳定,自己虽没有经济收入,但有一笔稳定的零花钱或者生活费,可以作为网上购物的资金。

学生人群虽然占整个网络消费者的比重较大,但目前真正的网络消费的"中流砥柱"是有一定经济收入的上班族和自由职业者。这类人群往往有比较稳定的收入,对网上购物比较推崇,是现阶段网络营销的主要目标。

(5)网络消费者的城乡结构

网络消费者现阶段仍然主要以城市消费者为主,原因是农村网民受制于经济社会发展水平滞后、互联网条件不足、硬件设备落后等因素,占整体网民的比例较小。

但是,值得期待的是,目前"三网融合方案"已经获得通过,在部分农村地区已经开始试点推广,这将会对农村互联网的发展带来质的变化,未来农村网民的规模会加快增长。而且,随着物流基础设施规模的扩大,物流技术装备水平的进步,相信农村网络消费者占总消费者的比重会有所增长。

2. 网民购物心理分析

如果卖家经销的商品能满足顾客的需求,成交的概率就会大增。要想使销售量大增,必须将网民的心理摸透,这样才能"对症下药"。从购买动机来看,可以将网民的购买动机归纳为理智动机和感情动机两大类。

（1）理智动机

实用：实用即求实心理，是理智动机的基本点，即立足于商品的最基本效用。消费者在选购商品时不过分强调商品的美观悦目，而以朴实耐用为主，在实用动机的驱使下，顾客偏重产品的技术性能，而对其外观、价格、品牌等方面的考虑则在其次。

经济：经济即求廉心理，在其他条件大体相同的情况下，价格往往成为左右顾客取舍某种商品的关键因素。折扣券、拍卖之所以能牵动千万人的心，就是因为"求廉"心理，图1-8所示为各店铺打折促销活动。

   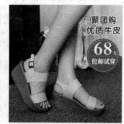

图 1-8

可靠：可靠实质上是"经济"的延伸。名牌商品在激烈的市场竞争中具有优势，就是因为其具有上乘的质量。所以，具有远见的商家总是在保证质量的前提下打开产品销路的。

安全：随着科学知识的普及、经济条件的改善，顾客的自我保护和环境保护意识不断增强，对产品安全性的考虑越来越多地成为顾客选购某一商品的动机。"绿色产品"具有十分广阔的前景，充分考虑这一购买动机来促进销售。

美感：爱美之心人皆有之，美感性能也是产品的使用价值之一。消费者在选购商品时不以使用价值为宗旨，而是注重商品的质感和个性，强调商品的艺术美。

使用方便：省力省事无疑是人们的一种自然需求。商品尤其是技术复杂的商品，使用快捷方便，将会更多地受到消费者的青睐。带遥控的电视机，只需按一下，"傻瓜"照相机以及许多使用方便的商品走俏市场，正是迎合了消费者的这一购买动机。

售后服务：产品质量好，是一个整体形象。有无良好的售后服务往往成为左右顾客购买行为的砝码。为此，提供详尽的说明书，进行指导，及时提供免费维修，实行产品质量保险等都成为商家争夺顾客的手段。

（2）感情动机

感情动机不能简单地理解感情动机为不理智动机。它主要是由社会的和心理的因素产生的购买意愿和冲动。感情动机很难有一个客观的标准，但大体上是来自下述心理。

好奇心理：所谓好奇心理，是对新奇事物和现象产生注意和喜好的心理倾向，或称为好奇心。古今中外的消费者，在好奇心理的驱使下，大多喜欢新的消费品，寻求商品新的质量、新的功能、新的花样、新的款式。

求新心理：消费者在选购商品时尤其重视商品的款式和眼下的流行样式，追逐新潮。对于商品是否经久耐用，价格是否合理则不大考虑。

炫耀心理：消费者在选购商品时，特别重视商品的品牌和象征意义。商品要名贵，牌子要响亮，以此来显示自己地位的特殊，或炫耀自己的能力非凡。这多见于功成名就、收入丰厚的高收入阶层，也见于其他收入阶层中的少数人。他们是消费者中的尖端消费群，购买倾向于高档化、名贵化、复古化。

攀比心理：消费者在选购商品时，不是由于急需或必要，而是仅凭感情的冲动，存在着偶然性的因素，总想比别人强，要超过别人，以求得心理上的满足。人家有了大屏幕彩色电视机、摄像机、金首饰，自家没有，就不管是否需要，是否划算，也要购买。

从众心理：女性在购物时最容易受别人的影响，例如，许多人正在抢购某种商品，她们也极可能加入抢购者的行列，或者平常就特别留心观察他人的穿着打扮，别人说好的，她很可能就下定决心购买；别人若说不好，则很可能放弃。

尊重心理：顾客是商家的争夺对象，理应被商家奉为"上帝"。如果服务质量差，即使产品本身质量好，顾客往往也会弃之不顾，因为谁也不愿花钱买气受。因此，应该真诚地尊重顾客的经济权力，有时尽管商品价格高一点，或者质量有不尽如人意之处，顾客感到盛情难却，也乐于购买，甚至产生再光顾的动机。

仔细分析顾客的心理需求，察觉到顾客想要什么，然后投其所好，便能大大激发顾客的购买欲望。

1.3 常见网上开店平台

网上开店需要一个好的平台，一般是通过大型网站注册会员进行售卖，创业者通过注册成为网站会员，然后依靠其网站开设店铺。在人气高的网站上注册建立网店是目前国内最火的开店方式，目前常见的网上开店平台分别有淘宝、天猫、京东以及微店等。

1.3.1 淘宝

淘宝网是亚洲最大网络零售商圈，致力于打造全球首选网络零售商圈，由阿里巴巴集团于2003年5月10日投资创办。淘宝网目前业务跨越C2C（个人对个人）、B2C（商家对个人）、B2B（商家对商家）三大部分。

截至2013年，淘宝网拥有近5亿的注册用户数，每天有超过6000万的固定访客，同时每天的在线商品数已经超过了8亿件，平均每分钟售出4.8万件商品，创造270.8万个直接且充分的就业机会。

2015年，"双11"当天，淘宝交易额突破912亿元。随着淘宝网规模的扩大和用户数量的增加，淘宝也从单一的 C2C、B2C 网络集市变成了包括 C2C、团购、分销、拍卖等多种电子商务模式在内的综合性零售商圈，已经成为世界范围的电子商务交易平台之一。图 1-9 所示为淘宝网首页。

图 1-9

小二开店经验分享——淘宝企业店铺

淘宝网企业店铺于 2015 年 6 月 5 日正式上线，企业店铺即通过企业营业执照认证开设的店铺类型。

企业店铺优于个人店铺的权益主要有以下几点。

一冠以下的企业店铺可以发布的商品数量提升至一冠店铺的发布标准。

企业店铺可在原有基础上额外奖励 10 个橱窗推荐位。

企业店铺在淘宝店铺赠送的基础上再赠送 18 个子账号。

企业店铺名可使用关键词：企业、集团、公司、官方、经销等。

信用分条件上：店铺信用等级大于 0 即可报名直通车。

1.3.2 天猫

天猫，中国线上购物的地标网站，亚洲最大的综合性购物平台，拥有 10 万多品牌商家。每日发布大量国内外最新商品和独家商品。

"天猫"（英文 Tmall，也称淘宝商城、天猫商城）原名淘宝商城，是一个综合性购物网站。2012 年 1 月 11 日上午，淘宝商城正式宣布更名为"天猫"，是马云淘宝网全新打造的 B2C（Business-to-Consumer，商业零售）。其整合数千家品牌商、生产商，为商家和消费者之间提供一站式解决方案。提供 100% 品质保证的商品，7 天无理由退货的售后服务，以及购物积分返现等优质服务。图 1-10 所示为天猫首页。

图 1-10

1.3.3 京东商城

京东是中国最大的自营式电商企业，在线销售计算机、手机及其他数码产品、家电、汽车配件、服装与鞋类、奢侈品、家居与家庭用品、化妆品与其他个人护理用品、食品与营养品、书籍与其他媒体产品、母婴用品与玩具、体育与健身器材以及虚拟商品等 13 大类约 3150 万种 SKU 优质商品。

作为中国 B2C 市场的 3C 网购专业平台，京东商城无论在访问量、点击率、销售量以及业内知名度和影响力上，都在国内 3C 网购平台中具有较大影响力。未来，京东商城将坚持以"产品、价格、服务"为中心的发展战略，不断增强信息系统、产品操作和物流技术三大核心竞争力，始终以服务、创新和消费者价值最大化为发展目标。图 1-11 所示为京东首页。

图 1-11

1.3.4 微店

微店是2013年开始崛起的新兴网购平台。2014年1月,电商导购APP口袋购物推出"微店"。2014年5月,腾讯微信公众平台推出"微信小店"。2014年10月,京东拍拍微店也宣布完成升级测试,并与京东商城系统实现全面打通,开始大规模招商。与此同时,淘宝微店也大举进入,图1-12所示为微店首页。

图 1-12

微商交易平台类似PC端建站的工具,不同于移动电商的APP,主要利用HTML5技术生成店铺页面,更加轻便,商家可以直接装修店铺,上传商品信息,还可通过自主分发链接的方式与社交结合进行引流,完成交易。图1-13所示为微店界面,图1-14所示为某个微店页面。

图 1-13

图 1-14

1.4 做好网上开店的准备

开网店虽然免去了实体店的选址、装修等环节,但一些最基本的软硬件配置设施必须具备,所以要为网店的开张做好准备。

1.4.1 硬件准备

不管实体开店还是网上开店,硬件都是基础和根本,但是,网上开店的硬件不同于实体开店。要在网上开店需要的硬件包括电脑、数码相机、多功能一体机等,这些硬件不一定全部配置,但是要尽量地做到配齐,这样就可以方便经营。

1. 电脑

现在快节奏的生活、工作,都需要方便的移动办公设备。电脑是必配的,也是网络销售的基础硬件。网上开店最好能拥有一台方便携带、随时随地都能投入工作的笔记本电脑。用笔记本电脑可以更加快速、方便地与自己的客户和厂家进行沟通,还可以及时查看和回复买家的留言,此外,它还可以起到移动硬盘的作用。当然,如果没有条件,也可以配一部台式电脑,只要时间分配适当,同样可以达到事半功倍的效果。

2. 数码相机

对于很多店铺而言,数码相机也是基本的装备。因为大部分的买家都是通过图片和文字叙述了解商品的。有了自己的数码相机,就可以自由地将自己的产品多角度地反映在买家面前,使买家更加直观地感受和了解物品。

因此,好的数码相机和娴熟的拍摄技术就显得尤为重要。当然,在拍摄技术方面,可以多请教一下相关的专业人士,也可以通过网络搜索一些拍摄方面的技巧,而且后面的内容页会讲到。快速掌握拍摄技能,以免出现高质量的数码相机拍摄出低水准图片的尴尬。

3. 多功能一体机

此类设备不属于必备硬件,但当店铺达到一定规模时,打印和扫描相关文档的数量会相对增多。例如需要将大量的包裹单、需要将厂家商品图片批量扫描到网店,这时一台集打印、复印、扫描于一体的设备就很有必要了。

1.4.2 软件准备

网店是通过联网的电脑进行管理和经营的,因此卖家需要具备一定的电脑使用技能,包括在线与买家交流、对自己网店商品的更新等,经常要用到的软件就包括即时聊天工具、免费邮箱、图片处理工具等。

1. 图片处理软件

用数码相机拍摄的商品图片需要上传到网店,但为了让商品图片更吸引买家,在上传之前一般要对照片进行处理，例如添加文字说明、添加漂亮边框、组合多张图片等，这就需要图片处理软件来帮忙了，例如美图网提供的在线图像制作软件"美图秀秀"，如图 1-15 所示。

图 1-15

 小二开店经验分享——其他图像制作软件

除了美图秀秀，还有光影魔术手、可牛图片处理、iSee 等。当然，最权威的软件还是 Photoshop，它能够实现所有能想到的图片后期处理效果，但由于其操作比较专业，所以建议普通用户还是选择便于上手、操作简单的图像处理软件。

2. 即时聊天工具

"阿里旺旺"是淘宝网官方指定的在线交易沟通工具，阿里旺旺的聊天记录可以作为交易纠纷的依据之一，所以在淘宝网上开店的卖家一定要下载安装此聊天工具。

旺旺通过官方网站 http://work.taobao.com 即可下载，需要注意的是，这里提供了买家版、卖家版（千牛）两种不同类型的聊天工具，如果是打算网上开店的用户，一定要选择"千牛：卖家工作台"，如图 1-16 所示。

图 1-16

3. 数据处理软件

在网店开设过程中，不管是对于店铺的日常管理，还是商品的文字描述，都需要用到各种办公编辑软件，其中最普遍的就是图 1-17 所示的文字处理软件 Word 及图 1-18 所示的数据管理软件 Excel。

图 1-17　　　　　　　　　　　　　图 1-18

对于 Office 套装软件，相信大家都耳熟能详，而其中最为人称道的 Word 和 Excel，相信很多朋友也有所了解，至于它们的使用方法，大家可参考相关专业书籍。

1.4.3　做好网络畅通的准备

目前，电脑接入 Internet 的方式有多种，既可以有线接入，也可以无线接入；既可以通过电话线拨号连接，也可以通过社区宽带直接连接。下面，介绍几种常见的接入方式，用户可以根据自己实际情况选择合适的上网方式。

1. 通过电话 ADSL 拨号连接

ADSL 拨号上网是目前最常见的、使用最广泛的一种上网方式，特别适合家庭用户。电脑使用 ADSL 连接上网，必须先要安装一部电话。

ADSL 具有传输速度快、接入方便的优点。它与普通电话共存于一条电话线上，互不影响，在现有电话线上安装一台 ADSL 终端设备和一只电话分离器，通过网卡与电脑连接即可。

2. 小区宽带连接

目前，有许多网络运营商将上网宽带安装在社区中，用户可以通过社区的宽带与家中的电脑相连，即可让电脑上网。这种接入方法不需要安装电话，只需在用户的电脑中安装一块网卡，然后由运营商派技术人员上门安装，用一根网线将用户电脑与社区宽带的路由器相连即可。

目前，常见的社区网络运营商有长城宽带、电信宽带、艾普宽带等。它主要的特点是价格便宜，带宽高，但是稳定性不好，上网高峰时段人太多的话就比较容易掉线。

3. 通过无线上网

所谓无线上网，就是不管何时何地，都可以通过无线接入的方式，实现上网操作。目前实现无线上网的方式主要有两种。目前实现移动上网的方式有 WLAN 无线和移动通讯上网两种。

1.4.4 准备好自己的相关开店证件

要在网上开店，需要准备相关的证件以备开店时认证使用，这里主要分为个人和企业。

淘宝开店个人卖家需要：卖家身份证正反面扫描件，卖家手持身份证照片，卖家半身像，银行卡一张，手机一部（需与开通银行卡注册的手机号一致）。

淘宝企业开店卖家需要：企业执照、企业注册号、企业对公账号、企业缴税证明、企业法人或者代理人身份证件、企业其他资质和品牌资质等。

1.4.5 申请开通自己的网上银行

网上银行（Internetbank or E-bank），简单地说，就是银行提供的，让客户能够在网络中自助查询、办理各种金融业务的服务。而开设网店，首先就得拥有一张银行卡，并且开通网上银行功能。

对于淘宝开店的用户来说，网上银行主要有如下两个优势。

1. 服务方便快捷

通过网络银行，用户可以享受到方便、快捷、高效和可靠的全方位服务。网络银行的服务，不受时间、地域的限制。

2. 操作简单易用

网上通信方式灵活方便，用户只需要有台电脑，就可以登录网银在线客户端，实现各种银行充值提现功能，并且一般网银都有独立的在线客服，便于用户与银行之间的沟通。

目前国内银行的网上银行业务，优点各不相同，但开通申请流程基本上都是一样的，我们只需持个人身份证到柜台向银行申请开通网上银行及电子支付功能即可。

皇冠支招

前面给初学者介绍了相关知识的应用，下面，给淘宝新手介绍一些自己的感悟和技巧分享的内容。

招式 01：什么样的人适合开网店

网上开店有赚钱的，也有不赚钱的。其实，并不是每个人都适合开网店，也就是说，不是每个开网店的人都能赚到钱。若想把网上开店当成自己的第一职业，就更加需要根据实际情况而定。那么，究竟什么样的人更适合网上开店呢？

1. 企业管理者

对于小型企业，网上开店无可厚非的是一种必然的选择，过去，那些名不见经传的中小企业，要想把产品送进百货商场的大门简直比登天还难，可如今网络店铺给他们提供了一个广阔天地，解开了中小企业产品"销售难"的死结。不受地理位置、经营规模、项目等因素制约，只要上网就能资源共享，中小企业在网络店铺上与知名大品牌实现了平等。如图 1-19 所示，在淘宝网女鞋页面中，一同销售的有达芙妮、卓诗尼品牌，还有另一些不知名的品牌。

图 1-19

2. 拥有货源的人

无论是网上开店还是实体店，货源都是最主要的。拥有货源的商户可以通过网上商店进行更好的销售推广，一次投资，多方推广，马上就可以得到立竿见影的效果。

3. 需要处理手中旧货的人

每个人都会有一些物品像鸡肋，食之无味，弃之可惜。对于它们，网上商店就像以往的跳蚤市场，只不过是用来交易各种旧东西而已。当然以前的跳蚤市场是面对面，而现在科技进步了，跳蚤市场改称网上商店，开始采用网上交易。在所有网上开店的卖家中，这类人群占有不小的比例。

4. 初次创业者

现代社会中，很多人都梦想自己创业，但面对形形色色的压力和风险又望而却步。对于这类人群而言，通过网上开店开始自己的创业生涯，无疑是个很好的选择。

网上开店资金要求低，风险小，经营十分灵活，而且经营得好不但会赢得第一桶金，而且有可能真正利用网络创出一番天地。即使无法通过网上开店获得理想的利润，也可以从中获取宝贵的创业经验，为将来的发展奠定基础。经过一段时间的网上开店，能够结识很多人，获得很多信息，也许对以后的发展有所帮助。

5. 全职企业白领

那些有固定工作时间的企业白领，也是可以网上开店的。在晚上或休息时间照顾自己的网店，是一件非常有意义的事情，不仅可以给自己多赚些零花钱，还可以缓解白天紧张的情绪。并且在这里可以体会当老板的感觉，还可以结识更多志趣相投的朋友。

6. 拥有自己实体店的人

许多有实体店面的经营者在网上开家分店，把潜在客户拓展到网上，增加一个销售渠道。网上开店为这类人群提供了一个广阔的天地，不受地理位置、经营规模、项目等因素制约，只要上网就能资源共享，实体店在网络上与知名大品牌实现了平等，而且还可以开展以前想都不敢想的全球经营。

7. 大学生

一些大学生平时的功课比较轻松，有较多的空余时间，而利用这些时间上网玩游戏的人不在少数。其实，与其将时间浪费在游戏上面，还不如在网上尝试一下创业的滋味。由于大学生接受新事物的能力较强，对网络的应用更是得心应手，所以上网开店不失为赚钱的另一种手段。现在很多大学生在做网络销售，而通过网上开店获得人生第一桶金的更是数不胜数。

8. 绝对网虫型

假如你是一个绝对的网虫，那也是有利的资源，有时间又努力，就一定会有所收获。通过网络可以学到更多先进的技术，可以把自己的网店打理得更好，花大量的时间来推广自己的网店是绝对值得的。

如果你喜欢网络，有精力长时间面对电脑，并希望过着属于自己的IT白领生活，那么开网店就绝对是一个很不错的选择。

▶ 招式02：掌握网店有哪些经营方式

网上开店有多种方式，不同的开店方式需要的开店成本也不同，对销售盈利的结果也会产生一定的影响。要选择适合自己的开店方式，首先需要对各种网上开店方式进行性价分析和比较。

1. 兼职网上开店

这是最易实施的一种经营方式。经营者将网店作为自己的副业，以增加更多的收入来源为目的。例如现在许多在校学生就喜欢利用课余时间经营网店；也有不少上班族利用工作的便利开设网店。

> **小二开店经验分享——兼职类型店主适宜经营什么？**
>
> 这种兼职类型的店主由于时间少，所以最适合经营虚拟类的物品，只需要很少的时间进行店铺打理、上货、充值收账即可全面实现店铺的运转。

2. 全职网上开店

这就相当于是投资创业了，经营者将全部的精力都投入网店的经营上来，将网上开店作为自己的事业来做,将网店的收入作为个人收入的主要来源。因此,这种经营方式所要付出的精力及财力也较多,网上店铺的经营效果也会更好一些。

3. 实体店兼营网上店铺

已经拥有实体店铺的经营者,为了扩大生意的受益面而兼营网上店铺,这也是现在比较普遍的一种开店模式。此种网店因为有网下实体店铺的支持,在商品的价位、销售的技巧方面都更高一筹,也容易取得消费者的认可与信任。

> **小二开店经验分享——实体兼网店类店主该如何经营?**
>
> 这种类型的店主通常都有自己的固定货源,所以最缺少的不是本钱,而是时间,通常可以请专业的客服来打理自己的店铺,只需要定时收账即可。

综合对比,了解了以上几种网店的经营方式,再结合自身的情况,切合实际地做好开店前的市场调查、商品定位分析等工作,就能轻松地判断出自己适合选择哪种经营方式来营造自己的网店了。

4. 公司(企业)型网上开店

目前,还有很多做批发的公司或者企业、厂家,也有向网上市场进军的念头。而且随着手机等数码产业在网络中的极度膨胀,有这种想法的公司企业也越来越多。

一般而言,企业开发网上市场,主要从形象、销售入手,可以搭建官网(形象展示)、商务平台(阿里批发加淘宝天猫零售),形成良好的循环系统,扩展网上生意。

对于这些企业公司而言,可以直接招聘相关人才从零开始拓展业务,当然,这种方式周期长,成本也不小。对于一些线下业务繁忙的群体来说,也可以直接找一些有经验的电商服务公司合作,让它们协助提供产品摄影、网店装修、网店托管运营等服务,图1-20所示为国内知名的网店服务公司——四川网传信息技术公司(http://www.j87.cn/)。

图 1-20

> **小二开店经验分享——自营还是请人代运营好?**
>
> 这个要根据自身情况而定,自运营投入比较大,技术实力、人员配置等都需要从零起步,如果自己或公司有足够的精力和人手,愿意投入时间人力来搭建,就可以自营;而如果需要快速开展网上业务,那么就可以选择专业的运营公司合作代运营,只要货品有优势,相信很容易找到合作伙伴。但是一定要找一家有实力和信誉度良好的服务商。

▶ 招式03:现在开网店是否还有机会

淘宝赚钱不呢?当然赚,每年淘宝"双11""双12",淘宝加天猫整个销售额都能达到几百亿元,而这些都是由一个个现实生活中的淘宝卖家一手创造的。随便搜索一个大卖家,每天的销量都是传统行业的好几倍。

那么,淘宝卖家是不是百分百赚钱么?很遗憾,这是否定答案,你看到的是成功的淘宝掌柜,还有更多掌柜在茫茫淘宝大军中沉沦。这里面的原因多种多样,有的是因为产品本身质量差、价格没优势;而有的是因为不懂网店经营,也不会推广营销。

所以,淘宝开店是否赚钱受多种因素影响,其中关键在于你如何选择,如何去做。产品不好就去跑产品,不会管理店铺就去学习或者找更熟悉的人合作。

没有夕阳的产业,只有晚到或者中途散场的人!就目前来说,我国的电子商务还在蓬勃发展期,特别是一些二线、三线城市,可开发市场潜力非常大。

虽然现在网上开店的人很多,但是要知道,目前每年每月每日都有很可观的"网购新人"加入到网上购物队伍中,开一个网店,只需从这部分人中拉一部分作为客户就已足够,毕竟竞争大,市场也在不断扩张,而不是如线下实体一样,市场在萎缩,竞争也更激烈。

所以,与其关注开网店晚不晚这个问题,不如将重点放在如何寻找好的货源;如何装修好店铺;如何做好店铺推广这些更实际、更有效的问题上。

案例分享:给自己一次创业的机会

一天下午,我和朋友在露台喝茶,我们在讨论现今可以做个什么兼职时,突然想到为什么不能在淘宝开个网店呢,这样既不影响工作,又可以赚点外快。

于是我说干就干,先找来了如何在网上开店的书,认真学习研究了几天,当时还并没有想好卖什么。但仍然决定先把网店注册好了再说,可谁知开网店并没有我想象的那么简单,要身份证拍照实名认证,后来由于工作的原因,我不得不将开网店的事暂时先搁在一旁了,但是开网店最初的梦想并没有因为工作的忙碌、生活的琐碎让我

将其抛之脑后。

也许是上天眷恋，今年工作上有了很大的调动，时间也有了相对的空档，就连开店也分分钟搞定了。可是货源却是个难题，每天苦苦地在阿里寻找货源，可始终没找到满意的产品，而去批发市场进货对我们这种兼职卖家又不适合。最后在一个经销商朋友的帮助下，拿到了现在的货源（服装批发的分销），经过一番折腾，店开起来了，我最初的梦想终于实现了！虽然店开起来了，但是由于厂家不能提供样图或数据包，而产品大部分对我来说是昂贵的，要自己拿回来拆包拍照很不现实，即使有些拿回来，自己也拍不出好的效果，另外对图片处理也一窍不通，因此小店大部分的图片是从网站上截下来的，产品图极其简单，进过小店的买家们都会说，产品图太少，宝贝详情不够。这些我自己也知道，可是心有余而力不足。

其实开网店也是非常辛苦的，刚开始走了很多弯路。举个例子，在将图片上架时，不知道用淘宝助理，加上业务不熟练，就在"我要卖"里一个个编辑，常常搞到深更半夜才上架了十几个宝贝，更为悲惨的是，那时也不知道宝贝说明里的图片是要在网上相册里才能显示的，结果搞了半天，上架了十几个宝贝后才发现，怎么我的图片都是叉叉呀。之后又是到淘宝社区学习，又是向别人请教，才明白怎么回事，终于上架成功。那一阵我好像走火入魔一样，工作上没心思，家务也不想做，一天到晚只想自己的网店。虽然我很努力也很想用心去服务我的每一位客户，可是理想很丰满，现实很骨感。店铺开了整整一个月却无人问津，有时好不容易等来一个"叮咚"的声音，谁料想却是各种各样如何提升店铺信誉的广告。我不明白自己这样辛苦到底是为了什么，每天早起晚睡又得到了什么，心里越想越不是滋味，甚至想过要放弃。可就在我万念俱灰，被消极、负面的情绪包围时，我在论坛的一个帖子中偶然看到这样一句话"当你选择放弃时，其实已经离成功不远了"。瞬间，心中又多一个呐喊声：路是自己选择的，就算是跪着走，也得把它走完。就在"放弃"与"坚持"两者争斗之际，突然一个悦耳动听的声音"叮咚"响了起来，啊！竟然是一个买家，还不是朋友，是一个陌生人。我当时心中的那个感觉，真可谓久旱逢甘露！经过一场唇战，终于不负众望，成功拿下自己店铺的第一个订单。

我开店到现在有半年时间了，卖了差不多六百多件服装。从开店一个多月才激动地迎来第一位客人，到现在已经走上了正轨。虽然淘宝生意现在做得很难，我需要学习的也还很多，但我一定会坚持下去。现在我仍然热衷于淘宝，因为这是我喜欢的一件事，我愿意满心欢喜地看着自己的店铺一个信誉、一个信誉地增加，而不在乎这个时间是多么的漫长！我会继续努力，去实现自己最初的梦想，将店铺做大做强。

第 2 章

开网店，货源准备最重要

本章导读

我们开网店之前，最重要的就是先寻找到货源，这要求商品既要有新意，又要做工精细，并且价格还要低廉。也就是说，从自己熟悉的渠道和平台进货，控制商品质量和成本，做到低价进货是关键。如果能找到这样的货源，就相当于为赚钱奠定了基础，所以在网店开张之前，我们新卖家一定要选择好自己的销售物品。

知识要点

通过本章内容的学习，主要让大家明白和正确认识到，要开网店，前提是要寻找到好的货源。学完本章内容后需要掌握的相关知识要点如下。

- 了解网上现今最热卖的商品
- 了解货源的获取途径
- 了解网民的消费现状
- 掌握进货的一些技巧

2.1 网上卖什么东西最火

在网上开店,首先要有适合网店销售的商品,不是所有的物品都适合网上销售,也不是所有适合网上销售的产品一定适合个人销售。

2.1.1 哪些东西适合网上销售

通过对网上出售产品的统计发现,适合网络销售的商品一般具备以下特点。

● 体积较小。主要是方便运输,降低了运输成本。

● 附加值较高。价值低于运费的单件商品是不适合网上销售的。

● 具备独特性。网店销售不错的商品往往都是独具特色或者十分时尚的物品。

● 价格优惠。如果在实体店可以用相同的价格买到,就不会有人在网上购买了。

● 通过网站信息就可以激起浏览者的购买欲。如果必须亲眼见到才可以达到购买所需要的信任,那么该商品就不适合在网店销售。如果有品牌商品进货渠道的可以考虑做品牌商品,因为这类产品的知名度较高,即便买家不看到实物,也知道商品的品质。

● 网下实体店没有,只有网上才能买到。例如外贸订单产品或者直接从国外带回来的产品。

小二开店经验分享——网店不可销售的商品

网上开店也要注意遵守国家法律法规,不要销售以下商品。

(1)法律法规禁止或限制销售的商品。如武器弹药、管制刀具、文物、淫秽品、毒品。

(2)假冒伪劣商品。

(3)其他不适合网上销售的商品。如医疗器械、药品、股票、债券和抵押品、偷盗品、走私品及以其他非法来源获得的物品。

(4)不具有所有权或支配权的物品。

2.1.2 当前网上热卖的宝贝

在确定卖什么的时候,要综合自身财力、商品属性以及物流运输的便捷性,对售卖商品加以定位。而且更要先了解目前网络热卖的商品。

网上开店卖什么最热门,哪些商品是人们在网上最喜欢购买的呢?据淘宝网最新统计显示,女装、鞋子、珠宝饰品、箱包都成为人们搜索最多的关键词,图2-1和图2-2所示为热销类目,这些关键词从一个方面显示出人们的购物倾向,也为准备在网上开店的人们提供了开店导向。

图 2-1　　　　　　　　　　　　　　　图 2-2

2.2　热销商品种类分析

定位与选择合适的商品,是网上开店成功的第一步,只有这样才能有更大的发展空间,网上销售的商品每天都在扩充,绝大多数在实体商店中销售的商品,在网上也能购买到。据统计2015年度"女装"居淘宝各平台交易份额首位,"手机、护肤彩妆、数码配件、男装"等也均在各平台中排名前十。

2.2.1　女装

在众多经营网店的个体户中,赚钱最快的当属女装店铺。五彩缤纷的时装在给人们生活带来美和享受的同时,也给店主带来了不菲的收入。图2-3所示为女装搜索排行,图2-4所示为女装成交排行。

> **小二开店经验分享——服装类图片的注意事项**
>
> 服装店铺的商品图片不仅要吸引人、清晰漂亮,还要向买家传达丰富的商品信息,如商品的大小、感觉等这些看不准、摸不着的信息。

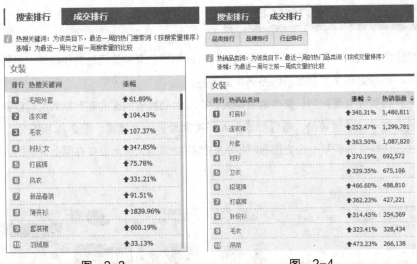

图 2-3　　　　　　　　　图 2-4

2.2.2　手机

　　手机不仅是一种通信工具,还是时尚的代表——拥有一部或几部"很炫"的手机是一件"很酷"的事。所以,网上推出的最新款手机永远不会缺少年轻人的追捧,并由此带动了相关彩铃、配件、充值卡等商品的销售。图2-5所示为手机搜索排行,图2-6所示为手机成交排行。

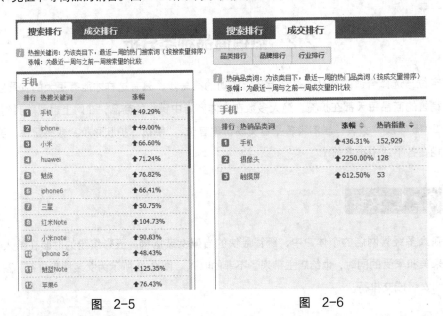

图 2-5　　　　　　　　　图 2-6

2.2.3　美容护肤

　　女人爱漂亮是从古到今都没办法改变的事实,并且有愈演愈烈之势。因此,化妆品市场的前景极其广阔。越是有钱的女人越想留住青春年华,在化妆品方面的消费舍得下本钱。另外,化妆品是天天要用的东西，所以也属于消耗品。一旦用上你店里的哪一款觉得好用，一定会继续在你店里买的。图 2-7 所示为美容护肤品搜索排行，图 2-8 所示为美容护肤品成交排行。

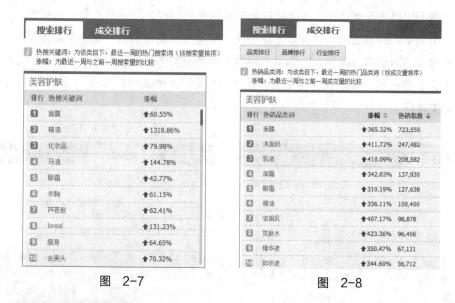

图 2-7　　　　　　　　　　图 2-8

2.2.4　数码配件

在网上购买数码家电及相关配件的人越来越多。因为此类产品通常都具备一定的品牌因素，所以大家只要选好品牌后参考价格就可以决定是否购买，而不需要去考虑诸如生产日期和尺寸大小之类的问题。一般买家在网上购买此类产品时都很谨慎，比较以后才去购买，同样品牌的商品价格是很重要的因素。图 2-9 所示为数码配件搜索排行，图 2-10 所示为数码配件成交排行。

图 2-9　　　　　　　　　　图 2-10

2.2.5 男装

在网上卖男装与女装相比，男装店铺有着更好的口碑。即便是 A 货，它们也绝不会看上去有丝毫的粗制滥造。尽管其数量还是不能与女装店比肩，但是每家店铺却各有特色，不像女装店那样鱼龙混杂。通常有两类店铺是目前男装店里最具投资价值的，一类是外贸店，另一类是专卖大牌尾单货。图 2-11 所示为男装搜索排行，图 2-12 所示为男装成交排行。

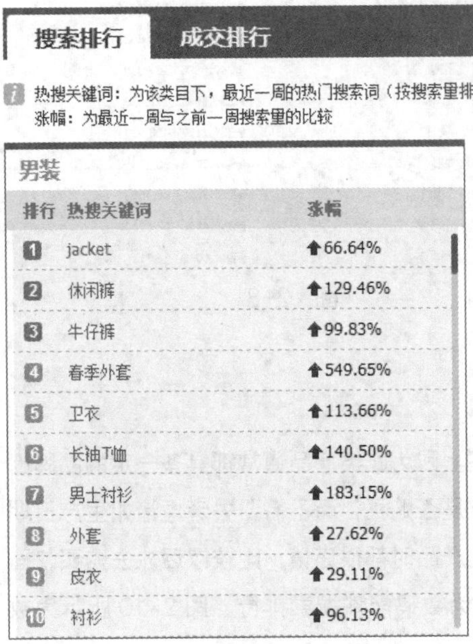

排行	热搜关键词	涨幅
1	jacket	↑66.64%
2	休闲裤	↑129.46%
3	牛仔裤	↑99.83%
4	春季外套	↑549.65%
5	卫衣	↑113.66%
6	长袖T恤	↑140.50%
7	男士衬衫	↑183.15%
8	外套	↑27.62%
9	皮衣	↑29.11%
10	衬衫	↑96.13%

图 2-11

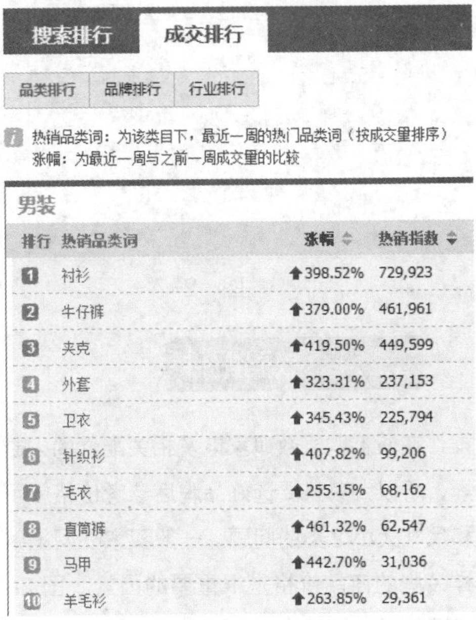

排行	热销品类词	涨幅	热销指数
1	衬衫	↑398.52%	729,923
2	牛仔裤	↑379.00%	461,961
3	夹克	↑419.50%	449,599
4	外套	↑323.31%	237,153
5	卫衣	↑345.43%	225,794
6	针织衫	↑407.82%	99,206
7	毛衣	↑255.15%	68,162
8	直筒裤	↑461.32%	62,547
9	马甲	↑442.70%	31,036
10	羊毛衫	↑263.85%	29,361

图 2-12

2.3 在哪里寻找货源

确定了卖什么之后，就要开始找货源了。网上开店之所以有利润空间，成本较低是重要的因素。拥有了物美价廉的货源，便取得了制胜的法宝。不管是通过何种渠道寻找货源，低廉的价格是关键因素。找到了物美价廉的货源，网上商店就有了成功的基础。

2.3.1 批发市场

批发市场产品多样、地域分布广泛，能够小额批发，更加适合以零售为主的小店。批发市场的商品价格一般比较便宜，这也是经营者选择最多的货源地。图 2-13 所示为咸宁义乌小商品城。

从批发市场进货一般有以下特点。

图 2-13

- 进货时间、数量自由度很大。
- 品种繁多、数量充足，便于卖家挑选。
- 价格低，有利于薄利多销。

一般批发商不会轻易地将最实在的价格告诉初次接触的客人，而是根据经验和标准去衡量，然后才酌情开价。

2.3.2 B2B 电子商务批发网站

全国最大的批发市场主要集中在几个城市里，而且很多卖家也没有条件千里迢迢地去这几个批发市场。所以，阿里巴巴、生意宝等作为网络贸易批发的平台，充分显示了其优越性，为很多小地方的卖家提供了很大的选择空间。它们不仅查找信息方便，也专门为小卖家提供相应的服务，并且起批量很小。图 2-14 所示为阿里巴巴批发网站。

图 2-14

网上批发是近几年开始兴起的新事物，网络进货相比传统渠道进货的优势已经很明显。

（1）成本优势，可以省去来回于批发市场的时间、交通成本、住宿费、物流费用等。

（2）选购的紧迫性减少，亲自去批发市场选购由于时间所限，不可能长时间慢慢挑选，有些商品也许并未相中但迫于进货压力不得不赶快选购，网上进货则可以慢慢挑选。

（3）批发数量限制优势，一般的网上批发基本上都是10件起批，有的甚至是1件起批，这样在一定程上增大了选择余地。

（4）其他优势，网络进货还能减少库存压力，还具有批发价格透明、款式更新快等优点。

> **小二开店经验分享——其他第三方淘宝大学**
>
> 除了阿里巴巴、慧聪网等线上综合批发平台，还有一些垂直性的货源在线批发网站。

2.3.3 外贸尾单货

外贸尾单货就是正式外贸订单的多余货品。我们都知道，外商在国内工厂下订单时，一般工厂会按5%～10%的比例多生产一些，这样做是为了万一在实际生产过程中出现次品，就可以拿多生产的数量来替补，这些多出来的货品就是我们常说的外贸尾单货了。这些外贸尾单货价格十分低廉，通常为市场价格的两三折，品质做工绝对保证，这是一个不错的进货渠道。

外贸尾单货有个优点就是性价比高，通常我们所卖的几十元的产品出口都是几十美元或是更高的价格。但缺点是颜色和尺码不成比例，不能按内销厂家的货品那样齐码齐色。这种情况下，其价格比商场或其他地方的便宜，但又不会造成市场上雷同。由于外商检验非常严格，外贸货的质量是非常不错的。

2.3.4 民族特色工艺品

作为民族工艺品其价值很高，其民族特色足以使它在琳琅满目的商品中鹤立鸡群。网络店主之所以愿意用这类产品来充实自己的店铺，不仅是因为它们稀有、能吸引人的眼球，而且还拥有其他产品无法取代的特点，例如具有很强的个性、丰富的文化底蕴、富含淳朴气息、民族特色和地域特色等。图2-15所示为具有民族特色的酒袋，图2-16所示为具有民族特色的钱包。

图 2-15

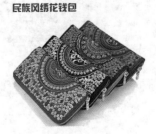

图 2-16

2.3.5 库存积压的品牌商品

现今,物质生产高速发展,新技术、新产品层出不穷,更新速度加快,库存商品及闲置物资越来越多,而地区间、国际间的经济发展不平衡为库存积压商品的发展提供了广阔的市场,"旧货""库存货"市场得以迅速发展。当前传统意义的"旧货"概念正在被打破,很多崭新的商品在市场的更新换代中积压下来,但仍具有完善的使用价值,"旧货"成为多品种、多层次、数量巨大的各类库存商品及闲置物资的代名词,其交易额已占到各旧货市场交易额的60%以上。

有些品牌商品的库存积压很多,一些商家干脆把库存全部卖给专职网络销售卖家。不少品牌虽然在某一地域属于积压品,但网络覆盖面广的特性,完全可使其在其他地域成为畅销品。如果能经常淘到积压的品牌服饰、鞋等货物,拿到网上来销售,一定能获得丰厚的利润。这是因为品牌积压库存有其自身优势。

- 质量好,竞争力强。
- 需求量大,市场前景看好。
- 利用网络的地域性差异提高价格。

2.3.6 换季、节后、拆迁与转让的清仓品

在很多情况下,商家因换季节等原因而清仓处理,因为这时他们已经收回成本或是赚够了,剩下的能卖多少就卖多少,根本无关紧要。这时候,对网店的店主来说蕴含着良好的商机,但在进货时也要小心,如下面几类产品最好不要大量进货。

(1)日用品

日用品随处可见,在超市也很容易买到。若在网上购买加上邮寄费用后和在超市购买的成本差不多,买家肯定是不愿意在网上买的,他们更愿意去超市,因为觉得那样更有质量保障。此外,网上经营日用品的店随处可见,而且销量都不是很大。所以遇到这类产品换季、节后、拆迁与转让清仓时,最好少进或不进,以免滞销。

(2)高科技产品,如电脑、手机等

这类产品更新换代快,价格变化也快,所以还是小心为好。有人经不住店家的蛊惑,一下子进了几十部手机,以为自己能大赚一笔,结果赔得一塌糊涂。因为游说他进货的卖家是知道这种产品不久会降价的信息后才处理的,一时贪小便宜的店主接了个"烫手山芋"。所以在购进这类产品时一定要非常谨慎,免得一不小心就被套进去了。

(3)有效期限短的商品要慎进

这类产品保质期短,若进多了还没有等你卖完就过期了,肯定是不适合多进的。像服装、装饰品等可以考虑别人处理时多进一些。

2.3.7 厂家直接进货

一件商品从生产厂家到消费者手中,要经过许多环节,其基本流程是:原料供应商→生产厂家→全国批发商→地方批发商→终端批发商→零售商→消费者。

如果是进口商品,还要经过进口商、批发商、零售商等环节,涉及运输、报关、商检、银行和财务结算。经过如此多环节、多层次的流通组织和多次重复运输过程,自然就会产生额外的附加费用。这些费用都被分摊到每一件商品上,所以,对于一件出厂价格为30元的商品,消费者往往需要花300元才能买得到。

如果可以直接从厂家进货,且有稳定的进货量,无疑能够拿到理想的价格。而且正规的厂家货源充足,信誉度高,如果长期合作的话,一般都能争取产品调换和退货还款。但是,一般能从厂家拿到的货源商品并不多,因为多数厂家不屑与小规模的卖家打交道,但有些网下不算热销的商品是可以从源头进货的。一般来说,厂家要求的起批量非常大。以外贸服装为例,厂家要求的批发量至少要在近百件或上千件,达不到要求是很难争取到合作的。

2.3.8 二手闲置与"跳蚤"市场

虽然二手物品具有不合时宜、无法保证品质、价格低廉、不可退换等缺点,但它还是具有许多适合在网上销售的特点。

- 二手闲置商品不用担心压货。
- 有利于改掉浪费的习惯。
- 物尽所能,为他人行方便。
- 货源广,成本低。

闲置物品不会一直增加,卖掉一件就少一件。那么,卖光这些闲置二手货后怎样保持现有的经营特色继续经营下去呢?其实有一个地方能收集到便宜的二手货,那就是跳蚤市场。

"跳蚤市场"是欧美国家对旧货地摊市场的别称,它由一个个地摊摊位组成,市场规模大小不等,所售商品多是旧货,如多余的物品及未曾用过但已过时的衣物等。小到衣服上的饰物,大到完整的旧汽车、录像机、电视机、洗衣机,一应俱全,应有尽有,价格低廉,仅为新货价格的10%~30%。

2.4 足不出户找好货源

阿里巴巴不仅有批发进货,还有小额的拍卖进货,这都是淘宝卖家很喜欢的进货方式。阿里巴巴推出"诚信通"已经多年时间了,一般,如果是两年或三年以上的诚信通会员,"诚信通指数"达到近百或上百的都比较值得信赖,不过,这也只能作为一个参考,具体情况还要进一步沟通。而且阿里巴巴有很强大的搜索功能,进货时可以最大限度地对产品进行多家对比。

和商家沟通时尽量使用贸易通，如果产生纠纷，可以作为证据之一。第一次进货的时候也可以选择本地的厂家或公司，这样方便上门取货。

网络进货不比批发市场，因为存在着一定的虚拟性，所以大家选择商家的时候一定要谨慎再谨慎。一定要选择比较可靠的公司进行交易。下面就讲述通过阿里巴巴网站批发商品。

2.4.1 注册阿里巴巴

如果在电子商务交易平台上进行批发，首先需要免费注册，注册阿里巴巴会员很简单，只需根据提示操作即可。下面就讲解如何在阿里巴巴上注册会员的具体步骤。

第1步 在浏览器地址输入网站地址 http://www.1688.com/ 进入阿里巴巴首页，❶单击登录框下方的"免费注册"链接，如图2-17所示。

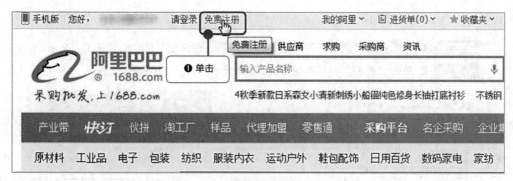

图 2-17

第2步 在打开的网页中，❷输入电子邮箱地址及验证码；❸单击"下一步"按钮，如图2-18所示。

第3步 ❹输入手机号码，单击"免费获取校验码"按钮，输入验证码；❺单击"下一步"按钮，如图2-19所示。

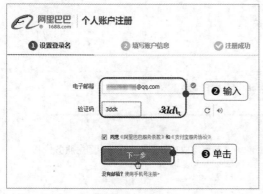

图 2-18

图 2-19

第4步 在打开的页面中会提示验证邮件已发送到邮箱，❻单击"立即查收邮件"按钮，如图 2-20 所示。

第5步 进入邮箱登录页面，❼输入邮箱地址及登录密码；❽单击"登录"按钮，如图 2-21 所示。

图 2-20

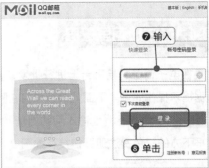

图 2-21

第6步 ❾单击打开"阿里巴巴中国站新用户确认通知信"邮件，如图 2-22 所示。

第7步 ❿单击"重要，请点击这里完成注册！"按钮，如图 2-23 所示。

图 2-22

图 2-23

第8步 进入"填写账户信息"页面，⓫输入登录密码及会员名；⓬单击"确定"按钮，如图 2-24 所示。

第9步 即可注册成功，如图 2-25 所示。

图 2-24　　　　　　　　　图 2-25

2.4.2 在阿里巴巴批发进货

批发市场产品多样、地域分布广泛,能够小额批发,更加适合以零售为主的小店。批发市场的商品价格一般比较便宜,这也是经营者选择最多的货源地,如咸宁义乌小商品城。

第1步 在浏览器地址处输入网站地址 http://www.1688.com/ 进入阿里巴巴首页;❶单击登录框下方的"请登录"链接,如图2-26所示。

第2步 在打开的网页中,❷输入登录名及登录密码;❸单击"登录"按钮,如图2-27所示。

图 2-26   图 2-27

第3步 ❹在"搜索"文本框中输入"单鞋 女";❺单击"搜索"按钮,如图2-28所示。

图 2-28

第4步 此时,跳转至搜索页面,可以进行分类筛选,❻或直接单击搜索页中需要进货的产品,如图2-29所示。

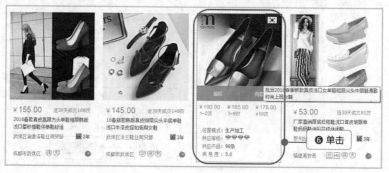

图 2-29

第5步 进入该商品详情页面中,查看相关信息,如图2-30所示。

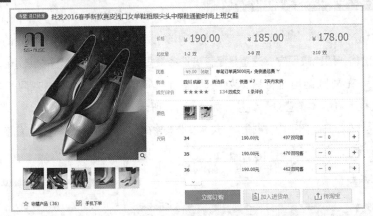

图 2-30

第6步 ❼ 如果对商品都满意,那么就可以直接设置购买颜色及尺码数量;❽ 单击"立即订购"按钮,如图2-31所示。

第7步 ❾ 在打开的订购页面中填写收货信息;❿ 单击"确认收货信息"按钮,如图2-32所示。

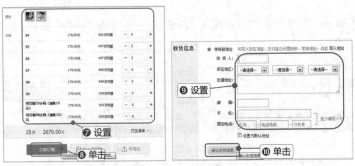

图 2-31　　　　　　　图 2-32

第8步 确认订单无误后,⓫ 单击"提交订单"按钮,如图2-33所示。

图 2-33

第9步 接下来在打开的支付页面中，根据提示即可完成支付。

皇冠支招

前面给初学者介绍了相关知识的应用，下面，给淘宝新手介绍一些自己的感悟和技巧分享的内容。

▶ 招式01：分析自己销售商品的优势

网店可卖商品的详情，以及购物网站的卖家分布情况，只能作为我们选择自己所销售商品的参考，具体该选择什么商品，还需要根据自己拥有的资源来决定。每个人所在地区不同，能够接触的商品货源渠道也不同，准备开网店前，我们就应该把自己的各种货源渠道进行分析，然后从中选择最有优势的商品。

如果是已经拥有实体店铺的商家，那么本身就占有了商品优势，将自己实体店铺的商品在网店中销售，货源是现成的，无须单独进货，同时还扩大了自己商品的销售区域，而且实体店与网店经营两不误。对于实体店而言，通过网店可以增加宣传力度，吸引潜在顾客；对网店而言，由于具备了实体店铺的支持，将会在很大程度上增加网上买家的信任度。

如果只是想开个网店小试身手，那么应该选择自己所熟悉的行业或渠道，这无论对于商品的利润、进货或者日后的退换货，都有一定的便利性。如自己在服装行业工作，对特定的服装渠道比较熟悉，就可以经营服装；对化妆品行业较为熟悉或熟悉其渠道，就可以经营化妆品。接着分析所选择商品的优势，要体现在以下几个方面。

（1）品牌

自己所选择商品的品牌，是具备一定影响力呢，还是不知名的小品牌？品牌在网上购物中的影响比现实中更为重要。由于无法看到商品实物，因此很多买家在选购商品时，对品牌的依赖是非常大的，毕竟一个影响力大的品牌，在一定程度上间接体现了其产品质量的优良。图2-34所示为目前在淘宝网上卖得好的实力大品牌。

图 2-34

（2）价格

自己将要销售商品的价格，在同类商品中是否有优势？绝大多数买家选择网上购物，就是因为网上销售的商品价格明显低于实体店中的价格。同时在选购商品时，也会在同类商品中进行对比，如果商品各方面都一致，只是价格存在差异的话，那么价格低的卖家，无疑更容易把自己的商品卖出去。

商品的销售价格＝卖家的进货价格＋卖家的利润。在利润固定的情况下，能找到价格更低的货源渠道，就意味着商品的销售价格可以更低一些，在同类商品中就更具有竞争力，更容易吸引买家。

> **小二开店经验分享——商品销售中价格所占的比重**
>
> 很多买家在类似淘宝网等网站购物时，通常都会选择"价格从低到高"的搜索显示方式。也就是说越便宜的商品，会出现在最前面，也最容易出售。所以说商品的价格是决定买家是否购买的最直接因素。

（3）售后

商品的售后服务是非常重要的，尤其对于一些在售后需求上显著的商品，如手机、电脑等。购买这类商品的顾客，在选购商品的同时，也会关注商品的售后服务，如果卖家能提供更加完善的售后服务，那么无疑可以打消买家的后顾之忧，让买家更放心地选择购买自己的商品。

常见商品的售后服务，如服装类的调换，数码电器类的包退、包换以及保修时间等。而商品的售后服务，同样是来自卖家的供货商所提供的服务，因此在选择商品渠道商时，同样需要关注渠道商所能提供的商品售后服务。

▶ 招式02：防范进货陷阱和骗局

网络进货与批发市场进货相比，还是有差异的，因为网络毕竟存在着一定的虚拟性，所以选择商家时一定要谨慎小心，选择比较可靠的商家进行交易。在网络上批发进货时应注意如下事项。

1. 注意批发商提供的地址

一般来说，批发商会有一个固定的地址，如果是个人供应商的话，那么进价可能就要贵一些了。所以网上还是公司批发商居多。而他们都会有一个固定的地址。你可以在百度或其他搜索网站搜索一下，这样可以找到更多信息，仔细看看有没有漏洞，如是否和供应商提供的公司名称相符等。

2. 观察网站的营业资格

一般的骗子网站都没有营业执照，可以要求其出示营业执照等证明。不过需要注意的是，一些比较高明的骗子网站也会用图片处理软件伪造一份营业执照，在观察营业执照时需要仔细辨认，查看是否有涂改痕迹；而正规的注册公司网站则会主动出示他们的营业执照。可以去各地的工商部门官方网页查询。但不是所有地区的工商部门官方网站都可以查询，这样的话，也可以打电话到当地的工商部门查询。

3. 注意批发商的电话号码

其实，电话号码也可以很好地查出很多问题，首先，可以直接打他们所在城市的114，查一下这个号码的归属；其次，也可以去网上搜索这个电话号码，这样就能发现问题，例如这个电话对应的公司名称、公司地址等，如图2-35所示。

图 2-35

4. 注意批发商提供的网址

如果供应商有自己的销售网站，那就要仔细看看了，你可以多研究它里面的商品，然后提问题，通过询问，你应该也可以了解一二，如果连提出来的问题都没有办法好好回答的话，那么，其真实性就很值得怀疑了，但也存在很多训练有素的骗子，所以问问题的时候，一定要问得细，是骗子总会有漏洞的。

5. 注意批发商提供的汇款途径

如果用户从网络进货，一定会存在汇款等问题。用什么方式汇款，也是可以查到很多疑点的。一般来说，实体公司进行网络批发的时候，要是很正规，提供的应是公司账号，而不是个人账号。另外，多和供应商谈，有的供应商也是同意通过支付宝汇款的。还有一种办法，就是选择快递公司的货到付款服务。

6. 网站是否支持上门看货

如果不能支持上门看货，那就要先考虑一下这个商家是不是骗子公司了。当然有些公司由于代理数量比较多，可能会对上门看货提出一定的要求，如有的公司会要求必须一次性批发50件并预交定金之后才支持上门看货，一是为了最大限度地优化客服工作程序，二是最大限度地保证对每一位经销商的正常服务，这样的要求也是可以理解的。所以在是否支持上门看货这一点上，还需要大家更加仔细地辨别、分析，不能一概而论。

7. 要看网站的发货速度

有些网站的发货速度非常慢，可能下了订单之后两三天甚至五六天才发货，严重影响了顾客对卖家的信任，造成了客户资源的流失。所以在选择批发网站时，一定要看网站对发货速度的承诺。发货以后还要看网站是否支持退换货，有些网站以次充好或者在产品发生质量问题时以各种理由搪塞并拒绝退换货。这一点也需要加以注意。

▶ 招式03：进货的要领与诀窍

现在对于很多淘宝网的新手卖家来说最头疼的问题可能就是怎样进货。进货的时候一定要掌握一定的方法和技巧，才能游刃有余，事半功倍。达到预期的效果，不然就会浪费很多时间和金钱。

1. 进货成功需要掌握的要领

对于店主来说，进货是一门大学问。进货时，掌握一定的要领，有助于进货的成功。一般来说，进货成功的要领有以下几个方面。

（1）从顾客需求出发

顾客的需求可作为决策的向导，进货时可以遵循以下要领：设置工作手册，设立顾客意见簿，有意识地记录顾客对商品的反映，然后将这些意见整理；建立缺货登记簿，对顾客需要的、但缺货的商品进行登记，并以此作为进货的依据；应对顾客意见簿进行长期检查，用心聆听顾客们的建设性意见。

这样可以准确预测市场，了解顾客对商品的质量、品种、价格等方面的需求，从而采购到适销的商品，避免积压库存而造成不必要的损失，使经济效益得到提高。

（2）进货时机巧把握

对于货源不足、供不应求的商品，应根据市场需求来开辟货源，随时掌握进货情况，随供随进；对季节生产、季节销售的日常用品，应该本着"季初多进，季中少进，季末补进"的方针；新产品要先试销，打开销路后，进货量应从少到多。

（3）比较供货商

为了进到价格合理、品质优良的产品，可以让多家供货商提供价格表，以作参考，然后从中挑选合适店铺经营的商品。

（4）先进货后付款

进货后再付款可以更多地赚取利润，对中小型店铺还能起到规避风险的作用。

掌握以上各条进货要领，就会进到称心如意的商品，能够更加符合顾客的意愿，满足市场的需要。

2. 怎样进货才能有大利润

开店做生意，进货是很重要的一环。进货也是一门学问，如进货的数量、质量、品种如何确定，什么时候补货及如何确定补货的数量，作为网店的经营者都应该了解。在进货时需要掌握如下的要领。

（1）对店铺的经营了如指掌

店主要想将进货工作切实抓好，就要对店铺的经营洞悉分明。只有这样才能采购到顾客喜欢的商品。这就需要店主尽量在短时间内积累大量的店铺经营经验，从而增加对所购商品的判断能力。

（2）货比三家

为了使进货价格最合理，可以向多家供货商咨询，并从中挑选出各方面都适合的。

（3）勤进快销

勤进快销是加快资金周转、避免商品积压的先决条件，也是促进网店经营发展的必要措施。店铺经营需投入较少的资金，经营种类齐全的商品，从而加速商品周转，将生意做活。当然，也不是进货越勤越好，需要考虑网店的条件及商品的特点、货源状态、进货方式等多种因素。

（4）积累丰富的商品知识

一些店主在进货时通常会一味杀价，而对于其他交易条件从不考虑。这样一来，就会十分容易陷入别人的圈套。倘若供货商知道进货者有这种习惯，一定会有所准备地提高价格，来等待进货人员砍价。因此店主在进货时应该洞悉市场动向，积累丰富的商品知识，这样才不至于被欺骗。

（5）按不同商品的供求规律进货

对于供求平衡，货源正常的商品，少销少进，多销多进。对于货源时断时续，供不应求的商品，根据市场需求来开辟货源，随时了解供货情况，随时进货。对于采取了促销措施，仍然销量不大的商品，应当少进，甚至不进。

（6）注意季节性

新手往往并不知道一些季节性的商品一般会比市场提前两到三个月出货，例如，在炎炎夏季时，批发市场的生产厂家们已经在忙着准备秋衫了。在春季时，生产厂家们已经在准备夏天随处可见的太阳镜了。如果不明白这个道理，还在大张旗鼓的进夏季尾货，还在为占了厂家清季而处理的便宜货得意时，乐的可是批发商，而你进的货也可能会因转季打折而卖不了好价钱，或需求少影响到销售量，所以看准季节时机慎重进货也是一个方面。

（7）进货的数量

进货数量包括多个方面，如进货总额、商品种类数量等。确定进货金额有个比较简单的方法，即把整个店铺的单月经营成本加起来，然后除以利润率，得出的数据就是每月要进货的金额。

进货商品种类第一次应该尽可能的多，因为需要给顾客多种选择的机会。当对顾客有了一定了解时，就可以锁定一定种类的产品了，因为资金总是有限的，只有把资金集中投入到有限的种类中，才可能实现单个产品进货量大，要求批发商给予更低的批发价格。

案例分享： 一款宝贝撑起一个店铺

2011年2月11日，我注册了淘宝女装C店，取名"小米美衣"。最开始模仿当时淘宝上有名的皇冠店铺"1987流行馆"卖T恤，坚持一个月后，只收获了4笔订单。我日思夜想，无处下手。

4月开始，我将目光转向广州本地的女装市场。这里货源价格低廉，自产自销。

逛了几天市场后，我发现很大一部分商家都在做纯色长裙，松紧腰，颜色包括白、粉、青、浅蓝、深蓝、紫色、黑色7种，长度有66cm、85cm和100cm 3种，销售火爆。有些店铺在价格便宜的档口，甚至出现抢货的情况。为了冲信誉，21元/条的拿货价，我定价29.9元/条。拍照时搭配店铺的T恤，并做全店的两件包邮活动，这样T恤存货也被带动起来。

为了吸引更多买家，我把7个颜色分别建了宝贝链接，那时重复铺货还没有被禁止。由于每个宝贝的上架周期为7天，每到快下架时候，分链接总会吸引来一批自然流量。并在每个分链接后附上总链接地址，提醒买家转到总链接购买，这样总链接的宝贝在自然搜索时，会排在前面。由于我是当时全淘宝长裙类目卖得最便宜的，2010年夏天，这款长裙的月销量就突破1000条，整个夏季共卖了4000条长裙，店铺信誉仅靠一款单品就升到4钻。

尝到第一季的甜头后，我总结经验：铺再多的货也没用，关键是爆款。善于利用本地货源优势，爆款带来的好处就会有很多，例如人气排名靠前、提升关联销售、增加收藏量及吸引新客户等。

2011年冬天，我通过跑市场和网上测试，选中了一款棉裤，进价35元/条，售价49元/条，将月销量冲到1000件。一个冬天下来，净利润40000元。当时，店里总共也就几十款宝贝，其中爆款的分链接和总链接就有3个，其他的SKU都是围绕着爆款，和爆款相搭配的，这样能带起关联销售的产品。这个阶段，我开始测试直通车，当时每个点击平均花费0.3~0.5元，就可以排到前几页位置。每天消费30~500元钱，可以带来几十笔订单。

通过2011年一年的摸索，我更加坚定了走爆款之路。并明确把店铺SKU划分为跑量款和利润款两种。2012年4月店铺一下子就火爆了。我开始铺货，各种各样的长裙、短裙、连衣裙、纯色的、花朵的；纯情风、波西米亚风；各种长度的，辅之少量爆款的T恤。一个月后，店铺升冠，到季末店铺升至两冠。每天100多个包裹，也吸引来很多小额批发，更有中国香港、中国台湾的买家。

2012年冬天，我打造出了自己淘宝生涯最强大的一个爆款——月销量逼近8000件。21.9元/条的冬款毛线短裙，共10多种花色，2条包邮，进价12~15元，爆款带来关联销售。这个爆款帮我在这个冬天，赚到了净利18万元。

2012年一整年，我埋头钻研淘宝推广渠道，并沉淀下一套利用直通车，辅以淘宝客来快速打造爆款的方法，即每天早晚各花2小时，挨个调整爆款直通车的200个关键词并不断测试合理出价，让一款宝贝完胜支撑起整个店铺。

拍好宝贝图片，做好产品展示

本章导读

我们卖家都知道，网店的销售主要是通过图片形式将商品展现给买家，因此，如何拍摄出好的商品图片，然后再对其进行编辑处理，从而达到最佳呈现状态是非常重要的，在本章中，我们就来学习产品拍摄与处理相关的知识和技巧。

知识要点

通过本章内容的学习，读者能够学习到产品的拍摄与美化处理等内容。学完后需要掌握的相关技能知识如下。

- 了解宝贝的拍摄技巧
- 掌握从相机中导出照片的方法
- 掌握宝贝图片的常规处理技巧

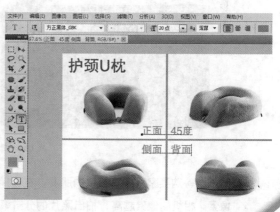

3.1 拍好宝贝图片的必备知识

若想将商品展现得更逼真,首先需要拍出好的商品实物照片。虽然拍照人人都会,但如何拍出赚钱的商品图片,却不是一件简单的事情,因为这也需要一些拍摄的技巧,当然也离不开相应的拍摄器材的支持。

3.1.1 选购适宜的摄影器材

数码相机是拍摄商品照片必备的器材,目前主流的家用数码相机像素都在 1000 万以上,完全可以拍出非常清晰的照片。当然如果拥有专业或准专业的单反相机,那么拍摄出的相片质量会更好。图 3-1 所示分别为一款卡片家用相机与一款单反相机。

图 3-1

对于准备购买家用数码相机的朋友,在选择时主要考虑以下几个因素。

像素:相机的像素越高,拍出照片的分辨率越高,也就越清晰。在像素方面,尽量选择当前主流像素级别,如目前相机的像素大致有 800 万、1000 万、1200 万等,可根据自己喜好与预算来选择。

CCD 尺寸:相机的感光元件,这是衡量一款相机性能的重要指标,CCD 尺寸越大,拍摄出的照片也就越细腻,目前主流家用相机的 CCD 尺寸多为 1/2.3 英寸,部分相机甚至达到了 1/1.6 英寸。

感光度：相机的感光度决定着相机在一些特殊环境中拍摄照片的质量。高感光度相机，即使在较黑暗的环境中，也能拍摄出清晰的照片。目前主流家用相机的感光度范围是 160～3200，并可在不同范围内进行手动或自动调节。

微距拍摄：在拍摄商品实物图时，不可避免地要拍摄商品的细节大图，这就要求相机具备较好的微距拍摄效果。目前主流家用相机都支持微距拍摄，选购时可实际拍摄来对比效果。

目前市场上相机种类繁多，并且各品牌主流相机的性能也大致相同，我们在选购数码相机前，可以先到专业数码类网站中了解并对比，然后结合自己对品牌的喜好，来选购最中意的相机。

> **小二开店经验分享——数码相机的选择**
>
> 现在的数码相机品牌众多，好品质的产品也比比皆是。对于一般的卖家而言，可用后期图片处理软件来辅助，所以在此项硬件投资上持"实用"原则即可。

3.1.2 摄影常用术语介绍

就算是普通的相机用户，在拍摄店铺的商品图片时，也需要掌握一些比较常见的摄影术语，这有利于提升自己的拍摄技术，以便获得更好的商品图片，下面就来看一下常见术语的含义。

1. 有效像素

有效像素英文名称为 Effective Pixels。与最大像素不同，有效像素是指真正参与感光成像的像素值。我们在购买数码相机时主要就是看有效像素的数值，而不是最高像素的数值。

2. 快门

用于控制曝光时间长短的装置，快门一般可分为帘幕式快门、钢片快门与镜间叶片式快门三种，常用普通数码相机的快门大多在 1/1000s 之内，基本上可以应付大多数的日常拍摄，目前最高的快门速度可达 1/12000s 以上。

3. 焦距

透镜中心到焦点的距离叫焦距，焦距的单位用毫米（mm）来表示，一个镜头的焦距通常标在镜头前面，如 50mm（这就是我们所说的"标准镜头"）、28~70mm（是最常用的标准变焦镜头）、70~210mm（是长焦镜头）等。

4. 景深

景深指影像相对清晰的范围，景深的长短取决于 3 个因素：相机与拍摄对象的距离、镜头焦距、所用的光圈。例如，在同样光圈、拍摄距离下，28mm 镜头的景深远远大于 70mm 镜头的景深。

3.1.3 搭建自己的摄影棚

在整个淘宝卖家开店过程中，拍照无疑是万里长征第一步，怎样拍好宝贝照片，成了众多新手卖家最关注的问题。要知道一般小卖家，不可能有专业的摄影棚，如果在室外还好，如果是室内，往往由于晚上家里灯光太暗而影响整个商品的拍摄。这里就教大家轻松搭建一个小型淘宝摄影棚，以便更好地拍摄淘宝商品。

1. 摄影背景棚

卖家可以使用废旧的包装纸盒，比较大的那种，然后去掉顶面，就可以作为简易的摄影棚，当然有条件也可以直接淘宝买现成的淘宝摄影棚（根据你拍的产品类型选择大小），图3-2所示为纸箱和摄影棚。

图 3-2

> 🔍 **小二开店经验分享——选择合适的背景**
>
> 有了简易背景棚，还需要相应的背景，一般可选择纯色的素描纸、毛毡布、粗麻纱等，有条件的还可以选择能够产生投影的倒影板，再使用一些其他小物件作为搭配。

2. 摄影灯光

一般拍摄小物件，我们只需要3盏灯即可，分别为左右两侧各一面，顶部一面。追求性价比的话，可以选择5500色温的摄影用常亮灯，如图3-3所示。为了追求更好的光影效果则可以选择400W以上的闪光灯，如图3-4所示。

图 3-3

图 3-4

> 🔍 小二开店经验分享——选择合适的光源
>
> 常亮灯作为持续光源，和普通室内灯一样，能够一直提供照明。针对新手，不需要太多打光技巧，能够更快地拍摄出商品照片最重要；而使用闪光灯，虽然拍出的效果非常好，但也需要一定的布光能力，价格更高，一般卖家可以直接选择常亮的灯光设备。

不管用什么灯，都必须配上对应的灯架，同时用上柔光罩，会让你的灯光更加柔和，拍出的照片效果才会没那么生硬，图 3-5 所示为基本完善的简易摄影棚，它包含背景箱、灯架、灯罩（柔光罩）、灯光。

当然，这里的小棚只适合拍摄一些首饰、五金件、食品等小物品，如果拍摄服装、真人秀等照片，则需要更专业的设备，图 3-6 所示为摄影台，图 3-7 所示为背景墙。

图 3-5

图 3-6

图 3-7

> 🔍 小二开店经验分享——专业设备太贵怎么办？
>
> 摄影台可以用比较大的层板代替，下面用板凳支撑，这样拍摄平铺服装效果很好；而背景墙则可以用普通墙面，或者比较素的墙纸代替。

3. 其他摄影器材

对于拍摄网店商品而言，辅助器材还有三角架、反光板（伞）、灰卡、黑卡等，其中三角架是必备的，我们拍摄的商品图片都是静态图片，三角架可以有效地稳定相机，避免出现由于手拿相机细微的颤抖而产生的照片模糊。尤其对于需要拍摄大量商品图片的卖家而言，这一点尤为重要。

通过反光设备，则可以让灯光（尤其闪光灯）发生的光线方向发生改变，为模特补光后可以使其面色更加白晰，服装色彩更柔和，图3-8所示分别为反光伞和反光板，卖家可以根据自身需求选择。

图 3-8

灰卡是精确控制曝光和白平衡的最有利武器，如图3-9所示。如果我们拍摄场景的光线过亮或过暗，就可能导致曝光或者白平衡出现偏差。而用灰卡就能将复杂光线场景一律平衡为18%的中性灰，辅助获得精确的曝光数值和白平衡数值，使照片真实还原。

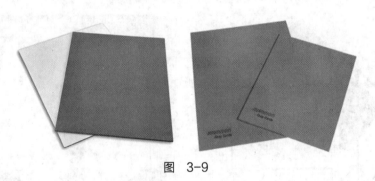

图 3-9

3.1.4 不同类型的商品拍摄

目前网店中销售的商品，主要可以分为服饰类、化妆品类、数码类以及生活用品类，对于不同类型的商品，拍摄方案、拍摄技巧也各不相同。下面针对这4类商品提供相应的拍摄方案、建议和技巧，广大卖家在拍摄商品图片时可以作为参考。

1. 服饰类拍摄方案

服装类商品在拍摄时，一般选择两种拍摄方案，一种是真人试穿，另一种是将服饰水平摆放好直接拍摄。

对于真人试穿拍摄，建议在户外进行，因为户外的光线比较好，照出来的衣服色彩还原度也比较高，图片看上去真实可信，如图3-10所示。如果选择在室内进行拍摄，则最好能够提供一面纯白色的背景，如较为光滑的白色墙面、铺上白色绘图纸的墙壁等，相信绝大多数用户都能满足这个需求，如图3-11所示。

图 3-10　　　　　　　　　图 3-11

而仅对于衣服拍摄，就涉及衣服的摆放，一般情况下都选择纯色的背景，然后将衣服摆放在背景上，根据衣服的特性进行摆放，尽量让其看上去显得修身，能突出立体感。同时可以在衣服旁边摆放一些其他物件，这样可以起到点缀作用，如图 3-12 所示。

图 3-12

> 小二开店经验分享——室内拍摄服装类宝贝的技巧
>
> 对于室内拍摄而言，为了光线更加充足，有条件的用户可以采用 1～2 盏布光灯。一般来说，细腻质料的衣服适合用柔和光，而粗糙质料的衣服适合直接打光，以挽回质料差的感觉。

为了通过照片更加逼真全面地展现出实物，我们通常需要从各个角度对服饰进行拍摄，下面大致列出不同服饰需要拍摄哪些角度的照片。

● **外套类**：正面、背面、内里，细节图则为衣领、袖口、衣兜、拉链扣子以及衣服材质细节。

- 毛衣类：正面、背面，细节图则为衣领、袖口、工艺与材质细节等。
- 衬衫类：正面、背面，细节图则为衣领、袖口、衣兜。
- 裤子类：正面、背面，细节图为拉链、裤兜。
- 鞋类：正面、侧面、底部，细节图则为材质特写、特色设计等。

以上无论哪种服饰，在拍摄时，均要考虑如何能够全面地将服饰的各个层面展现出来，具体如何拍摄，卖家可以结合自己的经验来操作。如果是品牌服饰，那么可以单独拍摄品牌LOGO位置以及服饰吊牌。

2. 化妆品拍摄方案

化妆品类商品一般采用盒装或者瓶装，体积均较小，在拍摄环境选择上也非常方便，如一张桌子、一个凳子均可，为了彰显出质感，可以采用白纸作为底面，效果如图 3-13 所示。

图 3-13

另外，很多化妆品采用透明玻璃瓶，在这类商品的拍摄上，可以采用黑色背景纸，从而突出商品的轮廓与层次。

在拍摄用光上，由于化妆品类本身体积较小，因此可以因地制宜来选择光源，如室内拍摄可以采用台灯、日光灯等。

3. 数码类拍摄方案

数码类商品同样不需要太大的拍摄空间，这里建议大家采用鞋盒或者其他纸箱（内面为白色的）作为拍摄空间，好处是拍摄出的照片布光均匀，并且可以避免由于数码类商品表面比较光滑而产生反光或倒影，也可以直接拿在手中，以正在使用的方式拍照，如图 3-14 所示。

图 3-14

对于表面反光的数码商品，在拍摄时不建议使用相机闪光灯，而采用光照面积比较广泛的光源，同时光源距离商品不宜太近。

> 小二开店经验分享——拍摄的图片中，经常出现数码相机的投影怎么办？
>
> 对于带有屏幕的数码类商品，在使用相机拍摄时，往往会在屏幕中留下相机的倒影，对于这种情况，我们可以在一张白纸上剪出与相机镜头大小相同的洞，然后将白纸套到镜头上再拍摄。

4. 生活用品类拍摄方案

生活用品类覆盖的范围比较广，材质体积也各不相同，拍摄照片时，需要根据商品的特性采用不同的拍摄方式，如体积大的需要较大的拍摄空间；材质较亮的不宜采用闪光灯；等等。对于居家类生活用品，我们可以进行简单搭配后再拍摄，这样更容易展现出商品在实际使用中的装饰效果。

拍摄这类商品最重要的就是白平衡，也就是将商品的原色在照片中展现出来，这也需要根据不同商品不同环境来反复调整，如图3-15所示。

图 3-15

3.2 宝贝图片的标准与处理方式

使用数码相机拍摄好商品照片之后，接下来就需要将照片复制到电脑中，然后根据宝贝图片的标准进行修饰与美化。

3.2.1 什么样的宝贝图片吸引人

毫不夸张地说，图片是网络销售的灵魂。拥有好的图片就等于有好的点击率，有了好的点击率那成交率也会增加，一批好的网上商品图片的标准是怎么规定的？一般来说，好的图片应具备色彩真实、图片清晰、细节表现得当这3个要素。那么怎样才能使店铺商品图片具备这3个要素，吸引更多的买家呢？

1. 尺寸统一

淘宝网店的图片,可以有不同大小的图,店主可以把图片做成正方形或长方形(横竖都可以),但最好使图片大小一致,这样看起来比较美观,如图3-16和图3-17所示。

图 3-16　　　　　图 3-17

2. 突出主体

店铺商品图片一定要注意突出主体,如果主体都不明显,那么怎么吸引买家眼球,可以学习图片构图技巧,以便更好地突出主体。

3. 画面效果

使用图片时一定要加强画面效果,抓住买家眼球。其实加强画面效果的方法很多,例如利用"趣味中心"来拍摄、色彩搭配、运用光线等方法。

3.2.2 快速复制照片到电脑

使用数码相机拍摄好商品照片之后,接下来就需要将照片复制到电脑中,进而对照片进行修饰与美化,以及将照片上传到店铺中。

目前的数码相机多数都通过存储卡来进行数码相片的存储,而用户日常拍摄的照片都保存在这里。要读取内容,最为简单的方法就是直接将存储卡通过读卡器接入电脑。

第1步 ❶ 取出数码相机底部的SD存储卡,如图3-18所示。

第2步 ❷ 将SD存储卡插入专用的读卡器设备,如图3-19所示。

图 3-18　　　　　图 3-19

第3步 ❸ 将读卡器插入电脑的 USB 接口，如图 3-20 所示。系统会自动将存储卡识别为移动设备。

第4步 ❹ 弹出"自动播放"窗口，单击"导入图片和视频"链接，如图 3-21 所示。

图 3-20　　　　　　　图 3-21

第5步 弹出"导入图片和视频"窗口，开始查找所有图片与视频文件，并显示已找到文件数量，如图 3-22 所示。

第6步 查找完成后，❺ 输入图片名称；❻ 单击"导入"按钮，如图 3-23 所示。

图 3-22　　　　　　　图 3-23

第7步 开始导入所有图片与视频文件，如图 3-24 所示。

第8步 稍等片刻，即可完成图片与视频的导入，如图 3-25 所示。

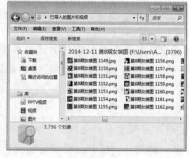

图 3-24　　　　　　　图 3-25

> 小二开店经验分享——多个图像的选择
>
> 　　按住 Ctrl 键单击鼠标可以连续选择多个图像文件，按 Ctrl+A 快捷键可以快速选择当前文件夹中的所有文件。

3.2.3 选择合适的图像优化软件

对商品照片进行美化与修饰，都是通过相应的软件来实现的，目前常用的照片修饰软件主要有 Photoshop、光影魔术手、美图秀秀、可牛影像。

1. Photoshop

Photoshop 是当前世界上最流行的专业图像处理软件，其应用领域也非常广泛，常见的平面广告、封面设计等作品，基本都是使用 Photoshop 设计的，Photoshop 提供的图像处理功能非常全面，只要我们能想到的，都可以通过 Photoshop 设计出来，是图片设计的首选。

2. 光影魔术手

光影魔术手提供了绝大多数常用的图片处理功能，其智能化操作使得处理图片更加简单，毕竟我们要制作的图片只是在网店中传播，对处理水平以及设计能力要求不是太高，因而使用光影魔术手基本能满足广大卖家的图片设计需求。

3. 美图秀秀

美图秀秀是一款很好用的免费图片处理软件，新手不用学习就会用。它独有的图片特效、美容、拼图、场景、边框、饰品等功能，加上每天更新的精选素材，可以让普通用户 1 分钟做出影楼级照片，还能一键分享到新浪微博、人人网。

4. 可牛影像

可牛影像是新一代的图片处理软件，它包括图片编辑、管理、浏览及各类图片趣味应用服务。拥有一键磨皮、美白祛痘、瘦脸瘦身、魔术场景、图片去水印等多种编辑功能，更有百余种照片特效，可以让用户数秒即可制作出带有一些特殊效果的照片，无需专业学习，使用非常简单。

5. iSee 图片专家

iSee 软件（个人图片专家）是一款功能全面的数字图像浏览处理工具，除了看图软件常有的功能外，还有改变图片大小，转换图片格式，查看 dll、exe 中 ico，生成图片说明，多画面浏览等功能。

小二开店经验分享——商品图片需要进行哪些修饰

针对网店中的各类商品，常用的修饰主要有以下几种。

● 更换图片背景：这是最常用的修饰方法，我们在拍照时，会连同商品背景一起拍摄，为了将商品从图片中更清晰地突显出来，可以将图片的背景更换为纯色背景或者其他底纹背景。

● 调整图片色调：由于光线、相机以及显示器等因素，拍摄出的照片可能与实物在色调上存在一定差异，这时就需要对图片色调进行调整，使其尽可能与实物相近。

● 调整图片大小：高像素相机拍摄出的照片，分辨率一般较高，而网店中商品图片尺寸在 500～800KB 就足够了，这时就需要对图片的大小进行调整。

● 添加其他元素：这一点主要用于对图片进行修饰，我们可以在图片中添加各种图形或文字，使图片整体更加生动活跃，吸引买家。

● 添加图片水印：为了防止自己的图片被他人盗用，一般网店中的商品都会添加自己的店铺水印。

3.3 使用光影魔术手处理宝贝图片

对于我们大部分卖家而言，都并非是专业的图片处理高手，那么使用光影魔术手就正合适，处理宝贝图片操作简单，且还有一键智能处理功能，下面将详细介绍在光影魔术手中对宝贝图片进行处理技巧。

3.3.1 调整图片的宽度大小

淘宝对于上传的图片进行了严格限制，例如店招不能超过 100KB，店铺 LOGO 标志大小必须为 80KB 以下，宽度不能超过 80 像素 ×80 像素等。因此，如何对图片进行大小优化处理显得尤为重要。

  光盘同步文件

原始文件：光盘 \ 素材文件 \ 第 3 章 \01.jpg
结果文件：光盘 \ 结果文件 \ 第 3 章 \01.jpg
同步视频文件：光盘 \ 同步教学文件 \ 第 3 章 \3-3-1.mp4

第1步 在光影魔术手中打开图片"01.jpg"，❶ 单击"另存"按钮，如图 3-26 所示。
第2步 打开"另存为"对话框，❷ 单击"修改大小"按钮；❸ 拖动文件大小滑块调整大小；❹ 单击勾选"采用高质量 JPEG 输出"复选框；❺ 单击"保存"按钮，如图 3-27 所示。

图 3-26

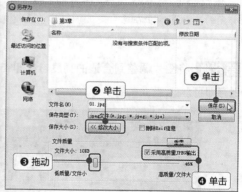

图 3-27

3.3.2 调整曝光不足的照片

因为拍摄时光线不佳而导致照片出现曝光问题，是我们时常会遇到的。这其实是一个小问题，通常光影魔术手即可轻松修复它。

光盘同步文件

原始文件：光盘\素材文件\第 3 章\02.jpg
结果文件：光盘\结果文件\第 3 章\02.jpg
同步视频文件：光盘\同步教学文件\第 3 章\3-3-2.mp4

第1步 启动光影魔术手程序，打开需要调整的曝光不足的图片"02.jpg"，❶ 在右侧的"基本"面板中向右拖动"亮度"滑块，如图 3-28 所示。

第2步 将亮度滑块直接拖动至 100 处，❷ 单击"一键补光"按钮，如图 3-29 所示。

图 3-28   图 3-29

小二开店经验分享——一键补光的使用

在调整图片亮度时，先自定义拖动亮度滑块，再单击"一键补光"按钮，这样是因为补光的基础是建立在已自定义调整后的亮度值上，而不是原始打开的图片数据基础上。

第3步 将图片调整到合适的亮度，❸ 单击"另存"按钮，如图 3-30 所示。将图片另行保存即可。

图 3-30

3.3.3 制作背景虚化照片效果

有些商品照片可能会出现背景过多,而喧宾夺主,造成商品不够突出的情况。这时可以使用虚化效果将照片主体物品以外的其他景物模糊处理,以增加整张照片的观赏性。进行图片背景虚化操作的方法如下。

  光盘同步文件

原始文件:光盘 \ 素材文件 \ 第 3 章 \03.jpg

结果文件:光盘 \ 结果文件 \ 第 3 章 \03.jpg

同步视频文件:光盘 \ 同步教学文件 \ 第 3 章 \3-3-3.mp4

第1步 打开图片"03.jpg",❶ 在首页右侧功能界面中单击"数码暗房"选项卡;❷ 单击选择"对焦魔术棒"选项,如图 3-31 所示。

第2步 ❸ 在右侧的"对焦魔术棒"面板中拖动滑块,设置对焦半径以及虚化程序,如图 3-32 所示。

图 3-31

图 3-32

第3步 ❹ 在图像中拖动鼠标涂抹需要显示的部位,即将商品显示出来,如图 3-33 所示。

第4步 完成后,❺ 在"对焦魔术棒"面板中单击"确定"按钮,即可完成背景虚化,如图 3-34 所示。

图 3-33

图 3-34

3.3.4 给图片添加美观的边框

淘宝店铺上的商品图片，大多都被添加了一些美丽的边框，对于新开店的朋友来说，也可以通过光影魔术手来实现这一特色。添加边框的具体操作方法如下。

> 光盘同步文件
>
> 原始文件：光盘\素材文件\第 3 章\04.jpg
> 结果文件：光盘\结果文件\第 3 章\04.jpg
> 同步视频文件：光盘\同步教学文件\第 3 章\3-3-4.mp4

第1步 打开需要添加边框的图片"04.jpg"，❶ 指向"边框"按钮；❷ 在展开的列表中选择"花样边框"功能项，如图 3-35 所示。

第2步 打开"花样边框"对话框，❸ 在右侧单击选择要应用的边框样式；❹ 单击"确定"按钮即可实现边框的添加，如图 3-36 所示。

图 3-35

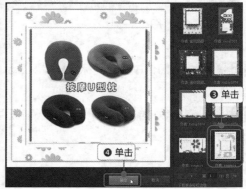

图 3-36

3.3.5 添加图片防盗水印

辛苦拍摄的商品图片,却被一些不劳而获的淘宝店主直接拿来用,这就需要为商品图片加上防盗水印;另外,制作精美的图片水印也能起到宣传自己店铺的作用。添加水印的具体操作方法如下。

> **光盘同步文件**
> 原始文件:光盘\素材文件\第 3 章\05.jpg、标志.jpg
> 结果文件:光盘\结果文件\第 3 章\05.jpg
> 同步视频文件:光盘\同步教学文件\第 3 章\3-3-5.mp4

第1步 打开需要添加水印的宝贝图片"05.jpg",❶ 单击右上角的"水印"按钮;❷ 在打开的"水印"面板中单击"添加水印"按钮,如图 3-37 所示。

第2步 ❸ 在打开的对话框中选择图片"标志.jpg";❹ 单击"打开"按钮,如图 3-38 所示。

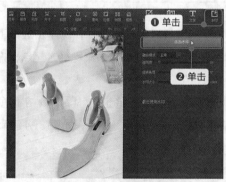

图 3-37

图 3-38

第3步 ❺ 设置水印图片的融合模式为"正片叠底";❻ 拖动透明度滑块、水印大小滑块,分别调整其透明度及大小,如图 3-39 所示。

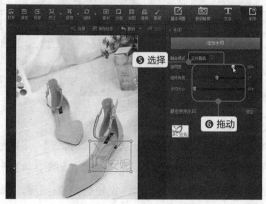

图 3-39

> **小二开店经验分享**
> ——水印只能是图片格式
>
> 在光影魔术手中,添加水印时,无论是文字还是图片,都需要先存储为图片格式,才能添加。

3.4 使用 Photoshop 优化宝贝图片

对于我们卖家来说，Photoshop 是图片处理与设计的首选。无论是处理宝贝图片，或者店铺装修设计，都会非常方便与实用，下面将详细介绍在 Photoshop 中对宝贝图片进行处理的技巧。

3.4.1 为图片添加效果辅助线

好的图片需要配上好的文字说明，这样才能更具有吸引力，利用光影魔术手为图片添加文字，具体操作方法如下。

> **光盘同步文件**
> 原始文件：光盘 \ 素材文件 \ 第 3 章 \06.jpg
> 结果文件：光盘 \ 结果文件 \ 第 3 章 \06.psd
> 同步视频文件：光盘 \ 同步教学文件 \ 第 3 章 \3-4-1.mp4

第1步 启动 Photoshop，打开需要添加文字的宝贝图片"06.jpg"，❶单击选择工具箱中的"钢笔工具" ；❷在选项栏中选择"路径"按钮；❸单击鼠标确定起点，拖动绘制路径，如图 3-40 所示。

第2步 按 Ctrl+J 组合键新建"图层 1"，❹单击选择"画笔工具"；❺在选项栏中设置画笔大小与样式；❻单击打开"窗口"菜单；❼单击"路径"命令，如图 3-41 所示。

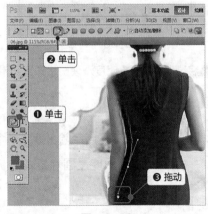
图 3-40

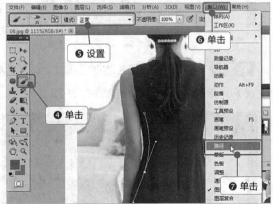
图 3-41

第3步 ❽在"路径"面板下方单击"用画笔描边路径"按钮；此时，即可沿路径绘制一条线；❾单击"工作路径"；❿在打开的快捷菜单中单击"删除路径"命令，如图 3-42 所示。

第4步 ⓫在图层面板中拖动"图层 1"至下方的"新建图层"按钮处，复制图层 1 样式，如图 3-43 所示。

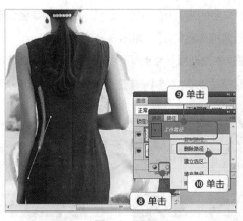 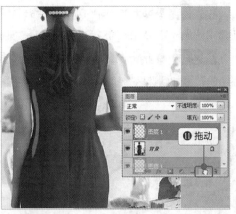

图 3-42　　　　　　　　　　　图 3-43

第5步　选择"图层1副本"图层,拖动调整其位置至人物腰部右侧,⑫单击打开"编辑"菜单;⑬指向"变换"选项;⑭在下一级菜单中单击"水平翻转"命令,使线条走势符合人体曲线,如图3-44所示。

第6步　调整好曲线位置后,⑮单击打开"文件"菜单;⑯单击"存储为"命令,如图3-45所示。在打开的对话框中对图片进行保存即可。

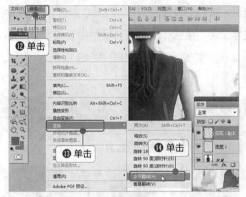 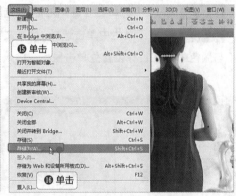

图 3-44　　　　　　　　　　　图 3-45

3.4.2　为图片添加文字说明

好的图片需要配上好的文字说明,这样才更具有吸引力,在 Photoshop 中为图片添加文字,具体操作方法如下。

　光盘同步文件

原始文件:光盘\素材文件\第3章\07.jpg
结果文件:光盘\结果文件\第3章\07.psd
同步视频文件:光盘\同步教学文件\第3章\3-4-2.mp4

第1步 启动Photoshop，打开需要添加文字的宝贝图片"07.jpg"，按Ctrl+J组合键新建"图层1"，❶在工具箱中单击选择"矩形选框工具" ，如图3-46所示。

第2步 ❷单击设置前景色为灰色，在图片中拖动鼠标绘制矩形纵向线框；❸单击选项栏中的"添加到选区"按钮 ；❹继续绘制矩形横向线框，绘制十字形线框，如图3-47所示。

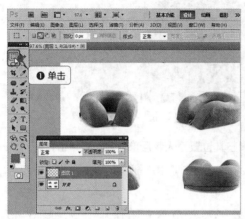
图 3-46

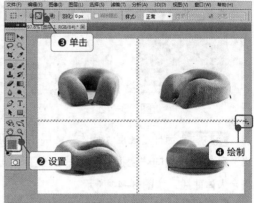
图 3-47

第3步 按Alt+Delete组合键，快速填充选区，按Ctrl+D组合键取消选择，如图3-48所示。

第4步 ❺在工具栏中单击选择"横排文字工具"按钮 ；❻在选项栏中设置文字字体、大小与颜色；❼在目标位置处单击鼠标，输入文字"护颈U枕"，如图3-49所示。

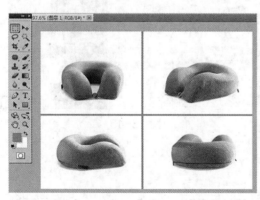
图 3-48

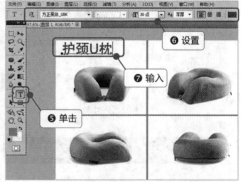
图 3-49

第5步 ❽单击工具箱中的"移动工具"按钮 ，确定输入，并拖动调整文字位置；❾继续单击"横排文字工具"按钮；❿在选项栏中设置文字字体、大小与颜色；⓫在目标位置处单击鼠标，输入文字"正面 45 度"，按Enter键，换行输入"侧面 背面"文字内容，如图3-50所示。

第6步 ⓬单击"移动工具"按钮，确定输入，拖动调整文字位置，如图3-51所示。

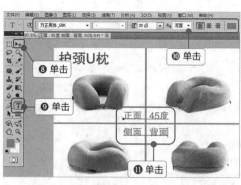

图 3-50

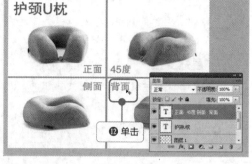

图 3-51

3.4.3 调整模特身材,提升服装宝贝效果

在拍摄的服装图片中,对于模特的胖瘦、高矮、妆容,我们都可以在后期进行处理,以提升宝贝效果。例如,将服装模特的身材处理得更为高挑,具体操作方法如下。

> **光盘同步文件**
>
> 原始文件:光盘\素材文件\第 3 章\08.jpg
> 结果文件:光盘\结果文件\第 3 章\08.psd
> 同步视频文件:光盘\同步教学文件\第 3 章\3-4-3.mp4

第1步 打开需要调整模特身高的图片"08.jpg"。❶ 单击工具栏中的"矩形选框工具"按钮 ;❷ 拖动鼠标在腿部以下创建选区,如图 3-52 所示。

第2步 按 Ctrl+T 快捷键,❸ 拖动"自由变换"定界框下方的控制点,把腿部拉长至适合的位置,如图 3-53 所示。按 Enter 键确定,按 Ctrl+D 组合键取消选择即可。

图 3-52

图 3-53

皇冠支招

前面给初学者介绍了相关知识的应用，下面，给淘宝新手介绍一些自己的感悟和技巧分享内容。

▶ 招式 01：相机的维护与保养技巧

购买相机后，对相机进行适当的维护保养，可以使相机保持最佳工作状态，方便拍摄，也可延长相机的使用寿命。将有关数码相机的使用、维护、保养等内容分为以下几点。

1. 镜头的清洁技巧

相机镜头是非常精密的部件，其表面做了防反射、增透的镀膜处理，一定要注意不能直接用手去摸，因为这样会粘上油渍及指纹，对镀膜伤害很大，而且对照片的质量也会有影响。

相机使用后，镜头多少都会沾上灰尘，最好的方法是用气吹将其吹掉，或者用软毛刷轻轻刷掉。如果吹不去也刷不掉，那就要使用专用的镜头布或者镜头纸轻轻擦拭，如图 3-54 所示，但是不到万不得已尽量不擦拭镜头，更不要用纸巾等看似柔软的纸张来清洁镜头，这些纸张都含有较容易刮伤镀膜的木质成分，一不小心会严重损害相机镜头上的易损镀膜。

图 3-54

2. 液晶屏的保护

彩色液晶显示屏是数码相机重要的特色部件，因此在使用过程中需要特别注意保护。首先要注意避免被硬物刮伤，有些相机彩色液晶显示屏的表面有保护膜，有些没有，没有保护膜的彩色液晶显示屏是非常脆弱的，任何刮伤，都会留下痕迹，你可以考虑为其配上保护膜，这对日常使用有一定保护作用。

3. 存储卡的维护与保养

存储卡在摄影过程中扮演着相当重要的角色。但是，由于存储卡的使用比较简单，经常会因为使用者的大意而导致存储卡损坏。

储存卡也要避免在高温、高湿度的环境中使用和存放，不要将其置于高温和直射阳光下。避免触及存储卡的存储介质。避免重压、弯曲、掉落、撞击等物理伤害，远离静电、磁场、液体和腐蚀性的物质。如果长期使用，在拆卸存储卡时会因插槽的接触点脏了，而导致存储、读取信息的故障，这时您可以使用压缩空气将灰尘吹去，而千万不要用小的棍棒伸进去擦，否则可能引起更大的问题。

4. 电池的使用和保养

数码相机对电力的需求特别大。因此，可重复使用存储电量大的锂电池和镍氢电池越来越受到用户的欢迎。但无论是锂电池还是镍氢电池,其使用、保存、携带都有很多要注意的地方。

镍氢电池的记忆效应尽管很低但仍然存在,这种效应会降低电池的总容量和使用时间。随着时间的推移,可存储电量会越来越少,电池也就会消耗得越来越快。因此,应该尽量将电力全部用完再充电。如果使用的是锂离子电池,记忆效应的问题就不需要考虑了,每充放一次,就会减少一次电池寿命。

> **小二开店经验分享——电池的长期保存技巧**
>
> 当您打算长时间不使用数码相机时,必须将电池从数码相机或充电器中取出,并保留约70%的电量,然后存放在干燥、阴凉的环境中,而且不要将电池与一般的金属物品存放在一起,这点对于非充电电池尤其重要。锂离子充电电池在长期不使用时,应该至少每半年进行一到两次充放电循环。

5. 温度对相机的影响

数码相机有严格的操作温度,其不适合在寒冷环境和高温环境下进行拍摄。高温会影响黏合光学透镜的粘合剂,也会影响照相机内的其他部件。而在寒冷的环境下,相机容易出现润滑剂凝固、机件运转失灵、电池效率降低等问题。因此,使用数码相机时应该远离热源和冷源,如暖气片以及其他发热或者制冷设备等。

▶ **招式 02:拍照时合理使用光线**

不同的商品,拍摄时光线对其产生的影响会不同。例如在拍摄表面粗糙的商品(棉麻制品、皮毛等)时,为了体现质感和层次感,建议采用侧光或侧逆光,即从物品的侧面打光。这样会使物品产生一些阴影,显出商品表面明暗起伏的特点,立体感更强,如图 3-55 所示。要避免光线从物体的正面照射。如果商品的表面光滑(金属饰品、瓷器等),拍摄时就要采用柔和的散射光线,或者采用间接光源,也就是经过反射的光线,效果如图 3-56 所示。

图 3-55

图 3-56

招式03：使用手机给商品拍照的技巧

手机的照相功能越来越强大了，不过要想使用手机拍出高品质的照片，也要掌握一些技巧。

1. 选准焦点

不同的焦点，能营造不同的效果。选择焦点时，应使被拍摄对象处于画面中间，一般情况下应该选取画面上最吸引人的部分。

2. 注意光线

光线充足，拍摄效果才好。调整拍摄角度，注意观察光线的照射方向，尽量使被拍摄物体能自然地被光线照射到。

3. 持稳拍摄

照相手机的延迟现象比较明显，在按下快门的瞬间如果手出现抖动，拍出的照片就会模糊不清。所以在拍摄时一定要持稳手机，同时在按下拍摄键后一定要停顿一下，稍等一两秒再看拍摄效果。

4. 随拍随设置

一般手机的内存都不大，装不了多少照片，最好随时拍摄随时挑选，并注意调整图像分辨率。

案例分享：宝贝这样拍，不美都不行！

商品摄影师做的是一个技术活，如果拍得不好，将最终影响店铺销售业绩。因此，如果对拍摄没有把握，也可以选择专业的网店服务公司、摄影公司代拍，通常情况下在"淘宝网"里即可查找筛选出符合自己需求的进行图片拍摄及后期处理的店铺。

图3-57所示即为一个高级摄影师在接到化妆品拍摄生意后，对化妆品拍摄的摆位及效果图。

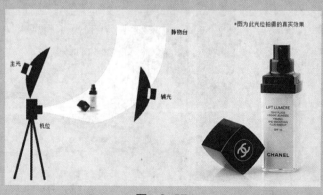

图 3-57

对化妆品的拍摄，该摄影师的标准主要有以下几点。

（1）化妆品摆放：要考虑颜色的搭配，最好是明暗穿插，例如样图中，盖子是黑色，瓶体是粉色，把盖子拿掉后放在旁边可以让画面更加丰富。另外，宝贝最好是稍微侧一些可以看到另外的几个面。

（2）主光：主光是宝贝受光的主要光源，它的位置决定图片的光感。此图主光降得很低，基本上与产品是垂直的，灯心一定要对准宝贝。主光位置为侧逆方向。这样可以让瓶体通透。

（3）辅光：辅光顾名思义就是辅助主光的另一个光源，它可以调整画面的反差，增加画面的层次感。辅光的位置在前侧，与主光的光比为1：2，切记化妆品拍摄一般情况下光比不会太大。

（4）光位微调：若要将化妆品拍得更有生命力，光感是第一位的，除了掌握反差外，微调光位，让光线勾画出化妆品的轮廓也很重要，这里需要摄影师一点一点地挪动灯位，找到能够勾勒轮廓的最佳位置。

（5）机位：此图的相机位置比较低，基本上与产品水平，这样拍摄可以使产品更加挺拔。

（6）静物台：拍摄化妆品时静物台要使用光面亚克力板，这样倒影可以通过拍摄完成，无需后期添加，会更加自然，显得高档。

第4章

开通店铺，注册并申请淘宝店

本章导读

对网店相关基础知识有一个大致了解并准备了相关宝贝资料后，就可以注册与开通店铺。本章主要讲解如何申请开通店铺，并设置店铺的基本信息。通过本章的学习，读者可以对使用淘宝和支付宝的基本功能有一个初步的认识，为深入学习淘宝网买卖交易打下基础。

知识要点

通过本章内容的学习，读者能够学习到店铺的开通以及设置等知识。学完后需要掌握的相关技能知识如下。
- 掌握申请淘宝账号的方法
- 掌握店铺开通方法
- 掌握支付宝的实名认证方法
- 掌握店铺基本信息的设置技巧

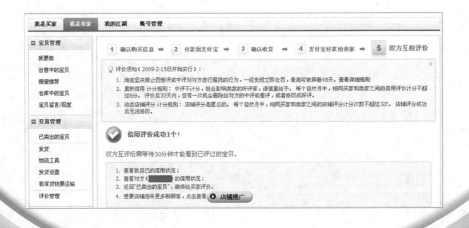

4.1 轻松注册淘宝开店平台

我们想要在淘宝网上拥有一家小店，自己当店长，首先要拥有自己的淘宝网账户。我们可以通过邮箱或手机号码两种方式申请并激活淘宝网账户。

4.1.1 申请淘宝账号

邮箱是网络交易中的重要信息工具，建议用户注册新浪邮箱，然后就可以注册成为淘宝网会员了。注册邮箱账号并使用邮箱注册淘宝网会员，具体操作步骤如下。

第1步 ❶ 登录 http://www.taobao.com/ 网址，进入淘宝网官方主页面，单击"免费注册"链接，如图4-1所示。

第2步 进入淘宝网账户注册界面，❷ 单击"使用邮箱注册"链接，如图4-2所示。

图 4-1

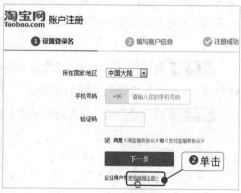

图 4-2

> 小二开店经验分享——淘宝账号的两种注册方式
>
> 注册淘宝账号有手机注册和邮箱注册两种方式，通常企业用户选择邮箱注册方式较为方便。

● 手机号注册：使用手机号注册淘宝账号的用户需要注意填写的手机号码，必须是未被注册使用过的手机号。

● 电子邮箱注册：如果手机号已经在淘宝网上注册过账号的用户，可以使用电子邮箱来注册淘宝账号。

第3步 ❸输入电子邮箱地址及验证码；❹单击"下一步"按钮，如图4-3所示。

第4步 ❺输入手机号码；❻单击"免费获取校验码"按钮，如图4-4所示。

图 4-3　　　　　　　　　图 4-4

小二开店经验分享——什么是校检码

校检码是淘宝网推出的一种防止恶意注册的方式，它通过手机进行认证，从而有效避免有人恶意注册淘宝账号，造成资源浪费。另外，这里输入的手机号码必须真实有效，否则无法接收淘宝网发送的校检短信，也就无法继续注册。

第5步 淘宝网将以短信形式发送6位数的校验码到手机上，❼输入短信中的校验码；❽单击"下一步"按钮，如图4-5所示。

第6步 提示验证邮件已发送到邮箱，❾单击"立即查收邮件"按钮，如图4-6所示。

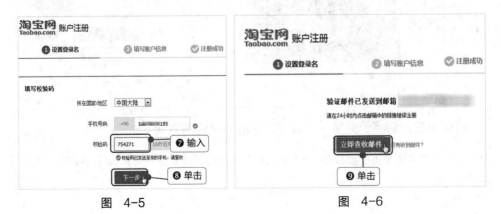

图 4-5　　　　　　　　　图 4-6

第7步 ⑩ 进入申请的邮箱，查看收件箱中的邮件，单击邮件链接，如图4-7所示。

第8步 ⑪ 打开当前信件，单击下方的验证链接，如图4-8所示。

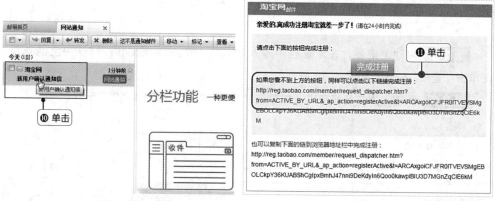

图 4-7　　　　　　　　　　　　　　图 4-8

第9步 进入"填写账户信息"界面，⑫ 输入登录密码并设置会员名；⑬ 单击"确定"按钮，如图4-9所示。

第10步 稍等片刻，提示注册成功，如图4-10所示。

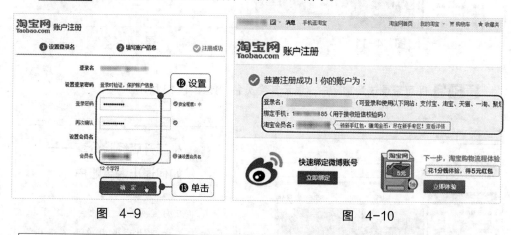

图 4-9　　　　　　　　　　　　　　图 4-10

> **小二开店经验分享——淘宝会员名一经注册成功就不能再进行修改**
>
> 　　淘宝网规则中明文规定：淘宝用户名一经注册成功就不能修改。它不仅仅对应一个会员的个人账户，同时还对应该会员的实际身份、支付宝账号、会员个人信用，并且与交易记录相关联。随意改动既不利于会员的交易安全，也不利于淘宝维护安全的交易环境。更多淘宝会员名注册的规则与实施细则可查看淘宝官网规则频道。

4.1.2 登录淘宝账号

注册成为淘宝网会员后，即可使用该账号登录到淘宝网，具体操作步骤如下。

> **光盘同步文件**
>
> 同步视频文件：光盘\教学文件\第4章\4-1-2.mp4

第1步 启动浏览器，在地址栏中输入 http://www.taobao.com/，打开淘宝网首页，❶单击"登录"链接，如图4-11所示。

第2步 ❷输入用户名和密码；❸单击"登录"按钮，如图4-12所示。

图 4-11

图 4-12

第3步 即可登录该淘宝账户，显示其会员名，如图4-13所示。

图 4-13

> **小二开店经验分享——**
> **如何退出淘宝账户**
>
> 单击淘宝网左上角的会员名下拉按钮，在打开的面板中单击"退出"命令，即可退出该账户。

4.1.3 激活支付宝账号

注册为淘宝网会员时，用户可以选择自动创建支付宝账号。淘宝网将为用户自动创建一个以注册邮箱为账户名的制版费账号。激活支付宝账户的具体操作步骤如下。

第1步 登录淘宝网以后，❶单击"我的淘宝"链接，如图4-14所示。

第2步 进入"我的淘宝"页面，❷在页面中单击"实名认证！"链接，如图4-15所示。

图 4-14　　　　　　　　　　　图 4-15

第3步 进入"支付宝注册"页面，❸填写身份信息；❹单击"确定"按钮，如图4-16所示。

第4步 ❺设置支付方式；❻单击"同意协议并确定"按钮，如图4-17所示。

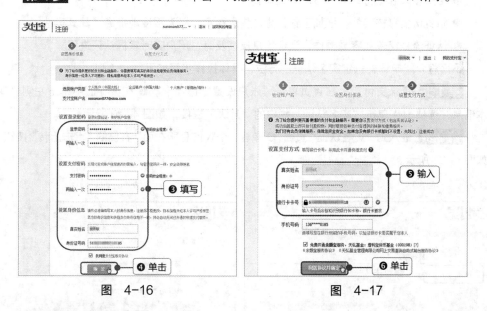

图 4-16　　　　　　　　　　　图 4-17

第5步 ❼输入手机短信中收到的校验码；❽单击"确认，注册成功"按钮，如图4-18所示。

第6步 此时，即可成功开通支付宝服务，如图4-19所示。

图 4-18　　　　　　　　　　　图 4-19

4.2 顺利开通第一个网上店铺

在前面注册申请了淘宝账号及支付宝账号后,接下来就可以进行店铺的开通操作。首先需要对支付宝账号进行实名认证操作,然后进行淘宝开店认证。相关认证成功后即可顺利开通自己的淘宝店铺。

4.2.1 支付宝实名认证

支付宝认证后,相当于拥有了一张互联网身份证,可以在淘宝网等众多电子商务网站开店、出售商品。让我们来看看新的支付宝认证系统有什么优势。

● 支付宝认证为第三方认证,而不是交易网站本身认证,因而更加可靠和客观。
● 由众多知名银行共同参与,更具权威性。
● 除身份信息核实外,增加了银行账户信息核实,极大程度地提高了其真实性。
● 认证流程简单并容易操作,认证信息反馈及时,用户实时掌握认证进程。

下面将介绍申请支付宝实名认证的方法,具体操作步骤如下。

第1步 登录支付宝,在首页单击"账户设置"选项卡。❶ 在该界面中单击左侧"基本信息"选项;❷ 单击"实名认证"栏中的"升级"链接,如图 4-20 所示。

第2步 进入到"实名认证"页面,❸ 单击"个人信息所在面"右侧的"点击上传"按钮,如图 4-21 所示。

图 4-20

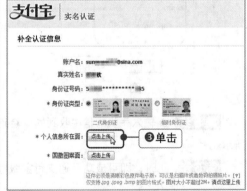

图 4-21

第3步 ❹ 在打开的对话框中选择身份证正面图片;❺ 单击"打开"按钮,如图 4-22 所示。

第4步 开始上传,❻ 上传成功后,在弹出的对话框中单击"继续上传另一面"按钮,如图 4-23 所示。

图 4-22

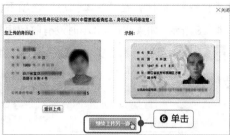

图 4-23

第5步 ❼ 在打开的对话框中选择身份证背面图片；❽ 单击"打开"按钮，如图4-24所示。

第6步 身份证背面图片上传成功后，❾ 单击"确定"按钮，如图4-25所示。

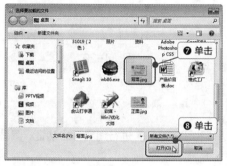

图 4-24

图 4-25

第7步 ❿ 返回认证界面，填写身份证到期时间以及个人常用地址；K 单击"提交"按钮，如图4-26所示。

第8步 证件进行人工审核，需要等待，如图4-27所示。

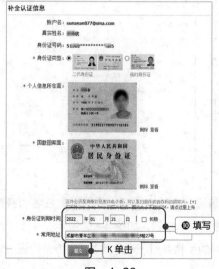

图 4-26

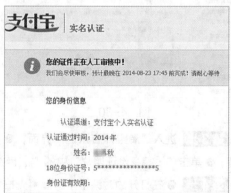

图 4-27

第9步 48 小时之内，会收到支付宝发来的手机短信，提示"证件审核通过，在支付宝查看详情"。此时，在"基本信息"选项下，⑫单击"实名认证"栏中的"查看"链接，如图 4-28 所示。如果超过 48 小时没有收到短信提示，那么需要重新扫描身份证图片并上传。

第10步 可以查看到实名认证已通过，如图 4-29 所示。

图 4-28

图 4-29

4.2.2 淘宝身份信息认证

在淘宝店开店之前，必须先完成支付实名认证和开店认证，进行淘宝开店认证，具体操作步骤如下。

第1步 登录淘宝网，进入到卖家中心。❶单击"马上开店"按钮，如图 4-30 所示。

第2步 进入"免费开店"界面，❷单击"淘宝开店认证"右侧的"立即认证"链接，如图 4-31 所示。

图 4-30

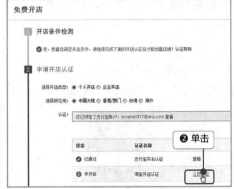

图 4-31

第3步 进入"淘宝开店认证"界面，❸填写与支付宝认证一致的真实姓名和身份证号码；❹单击"手持身份证照片"中的"上传并预览"按钮，如图 4-32 所示。

第4步 ❺在打开的对话框中选择事先拍好的手持身份证半身照片"手持身份证.jpg"；❻单击"打开"按钮，如图 4-33 所示。

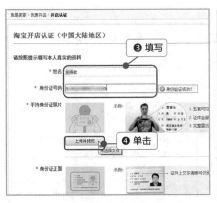

图 4-32

图 4-33

第5步 ❼ 在弹出的对话框中拖动浮框至身份证处,预览证件信息是否清晰可见; ❽ 单击"确认"按钮,如图 4-34 所示。

第6步 ❾ 重新上传身份证正面图片,如图 4-35 所示。

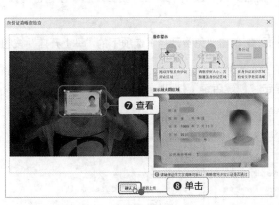

图 4-34

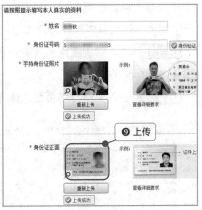

图 4-35

第7步 ❿ 填写联系地址、手机及短信验证码;⓫ 单击"提交"按钮,如图 4-36 所示。

第8步 弹出提示对话框,⓬ 单击"确定"按钮,确认在认证过程中不修改本人真实资料,如图 4-37 所示。

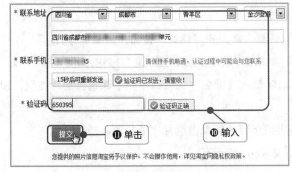

图 4-36

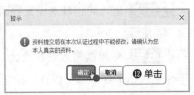

图 4-37

第9步 等待人工审核,如图 4-38 所示。

第10步 审核完成后,即可查看到淘宝开店认证已通过,如图 4-39 所示。

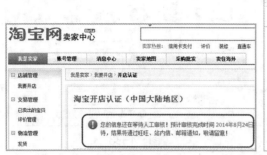

图 4-38

图 4-39

4.2.3 填写店铺相关资料

登录淘宝网,在淘宝网卖家中心,"我是卖家"选项下单击"我要开店"按钮,可以建立一个网上店铺。具体操作方法如下。

第1步 进入到淘宝网卖家中心界面,❶单击"免费开店"选项下的"马上开店"按钮,如图 4-40 所示。

第2步 进入免费开店页面,❷单击"创建店铺"按钮,如图 4-41 所示。

图 4-40

图 4-41

第3步 弹出"签署开店协议"对话框,❸单击"同意"按钮,如图 4-42 所示。

第4步 此时,即可成功创建店铺,❹单击"完善店铺基础信息"按钮,如图 4-43 所示。

第5步 进入店铺基本设置界面,❺输入店铺名称、店铺简介;❻选择经营类型,如图 4-44 所示。

第6步 ❼继续输入联系地址、店铺介绍;❽单击选择主要货源、是否有实体店、工厂等单选按钮;❾单击"保存"按钮,如图 4-45 所示。

第7步 此时,"保存"按钮右侧出现"操作成功"字样 保存 ✓操作成功 。

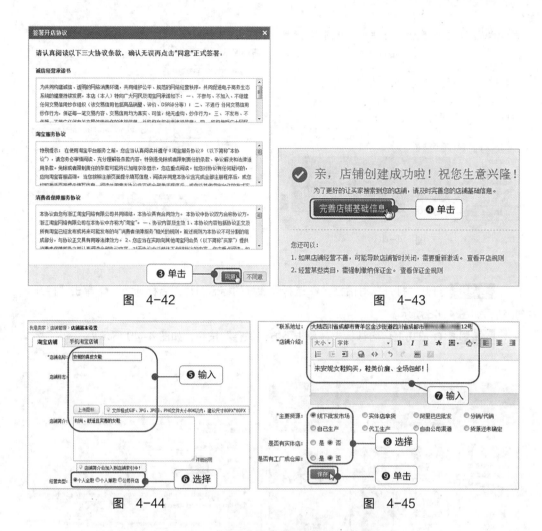

图 4-42

图 4-43

图 4-44

图 4-45

4.3 设置店铺的基本信息

有了自己的店铺之后，卖家应该对店铺的一些基本信息进行详细设置，日后可以让买家对店铺更了解，同时感受到卖家对店铺的重视程度。

4.3.1 为店铺添加Logo

所谓店标，是指店铺的标志图片，一般在店铺的左上角出现。店标可分为静态店标与动态店标，文件格式一般为GIF、JPG、JPEG、PNG，文件大小在80KB以内，建议尺寸80像素×80像素。

一个精致而有特色的店标能在顾客脑海中树立起店铺的形象，提高店铺知名度，所以在网络店铺的个性化设计过程中，为店铺添加Logo图标也是重要环节，具体操作方法如下。

第1步 ❶在"淘宝网卖家中心"界面左侧单击"店铺基本设置"链接，如图4-46所示。

第2步 在"店铺标志"栏中单击❷"上传图标"按钮，如图4-47所示。

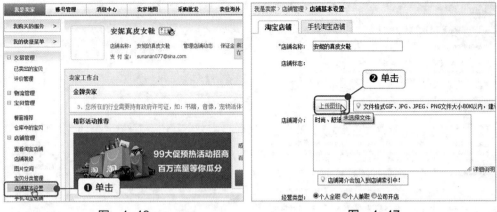

图 4-46　　　　　　　　　　　　　图 4-47

第3步 打开"打开"对话框，❸选择设置好的标志图片"店标.jpg"；❹单击"打开"按钮，如图 4-48 所示。

第4步 ❺成功上传店铺标志，单击下方"保存"按钮，如图 4-49 所示。

图 4-48　　　　　　　　　　　　　图 4-49

第5步 此时，即可在"我是卖家"首页查看到店铺标志，如图 4-50 所示。

图 4-50

4.3.2 为店铺添加详细介绍

在淘宝网，进入任意一家店铺，都会有一个不同版式的店铺介绍，这个介绍信息一要成为店主对网店经营的一种概括，二要独特、新颖，在最短时间内吸引顾客，如图 4-51 所示。

图 4-51

设置店铺介绍，具体操作方法如下。

第1步 ❶ 在"淘宝网卖家中心"界面左侧单击"店铺基本设置"链接，如图 4-52 所示。

第2步 打开店铺介绍管理网页，❷ 在"店铺介绍"栏中输入店铺的介绍信息；❸ 设置文本字符格式；❹ 单击"保存"按钮，如图 4-53 所示。

图 4-52

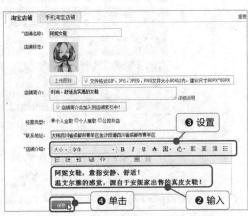

图 4-53

皇冠支招

前面给初学者介绍了相关知识的应用，下面，给淘宝新手介绍一些自己的感悟和技巧分享的内容。

▶ **招式01：熟知店铺定位的常见误区**

在做店铺定位的过程中，很多新开店的朋友都会进入这样的误区。没有计划，不懂货源，也不知道行业潜规则，就这样盲目开店，人云亦云。其中有些直接是跟风模仿，抄袭别人的店铺，完全没有自己的特色和规划，结果店铺越做越小，越做越差，有些甚至直接就关门歇业了。

那么新手需要怎样避开这些误区，或是走出这些误区呢？

● 挖掘自己的兴趣特长，你对哪个行业、哪个产品比较了解，比较熟悉，你就做哪个。

● 找到商品后，以目标客户为导向进行调整，从你的目标客户需求出发，他们希望买到什么样的产品？得到什么样的服务？

▶ **招式02：熟知淘宝网的开店流程**

我们在网上开店就要了解网上开店的流程，只要遵循这些的流程，掌握适当的方法，店铺很快就可以进入正轨，图4-54所示为开店的流程图。

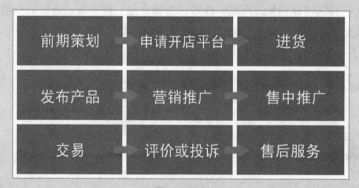

图 4-54

（1）前期策划：开店之前要清楚地知道自己想开一家怎样的店铺。在这点上，网店与实体店没有什么区别，寻找好的市场，让自己的商品有竞争力才可能取得成功。

（2）申请开设店铺：申请店铺时要详细填写自己店铺所提供商品的分类，然后你要为自己的店铺起个响亮的名字，名字响亮与否也会对买家选择店铺造成一定的影响。

（3）进货：了解渠道和平台，然后有选择地进货，在这一环节中一定要注意控制成本。选择别人不容易找到的特色商品，是一个好的开始，质优价廉的商品才能留住客户。

（4）上传商品：把每件商品的名称、产地、性质、外观、数量、交易方式、交易时限等信息上传到店铺中，名称要尽量全面，特点突出，因为买家搜索该类商品时，是通过名称搜索的；为了增加吸引力，图片的质量应尽量好；说明也应尽量详细。

（5）营销推广：为了提升自己店铺的人气，要进行营销推广，不只限于网络推广，要网上网下多种渠道一起推广。

（6）售中服务：顾客在决定是否购买的时候，可能会需要很多你没有提供的信息，他们也许需要你解答问题，卖家应及时并耐心地回复。

（7）交易：成交后，买家所买商品的款项金额，会由第三方保管，等买家确认收货后，金额会如数转入卖家支付宝中。

（8）评价或投诉：信用是网上交易中双方非常看重的因素，为了共同建设信用环境，交易完毕，买卖双方应互相给予对方评价。如果交易满意，买家最好给予好评，卖家要通过良好的服务获取对方的好评。如果交易不满意，买家会给予差评，或者向网站投诉，以减少损失，并警示他人。如果卖家投诉，卖家则应尽快处理，以免给自己的信用留下污点。

（9）售后服务：完善周到的售后服务是使生意保持兴隆的重要手段，要随时与客户保持联系。

▶ 招式03：免费设置独家店铺地址

新手卖家在设置店铺信息时，可以为店铺申请一个独特的二级域名，也就是店铺地址，样式通常为http://××××.taobao.com，这样更便于买家访问以及网店的宣传推广，设置二级域名，具体操作方法如下。

第1步 ❶在"淘宝网卖家中心"界面左侧单击"店铺管理"栏中的"域名设置"链接，如图4-55所示。

第2步 进入"域名设置"页面，❷单击"更改域名"链接，如图4-56所示。

图 4-55　　　　　　　　　　　图 4-56

第3步 ❸输入个性域名；❹单击"查询"按钮，查询是否有卖家已经使用了这个域名；❺如该域名可用，单击"申请绑定"按钮，如图4-57所示。

第4步 ❻在弹出的对话框中单击"确定"按钮，确定更改域名，如图4-58所示。

图 4-57　　　　　　　　　　　　图 4-58

> **小二开店经验分享——申请域名的注意事项**
>
> 基本规则，域名不能低于4个字符，不能超过32个字符。只能含有"字母""数字""-"，并且"-"不能出现在最前面或最后面。
> 已经被使用的域名是不能申请成功的。
> 涉及相关非商品性品牌、著名城市地区名、专有词汇、著名网站等，不能申请成功。
> 驰名商标，以及受商标法约束的部分普通商标，不能申请成功。

第5步 ❼ 在规则界面中单击勾选"同意以上规则"复选框；❽ 单击"绑定"按钮，如图4-59所示。

第6步 此时，即可成功绑定域名，如图4-60所示。

图 4-59　　　　　　　　　　　　图 4-60

案例分享：移动互联网与PC互联网的思维区别

我们发现，很多创业者并未真正把握移动互联网的内涵，许多人仅仅是把Web网站称作APP，仍然沿用PC互联网时代的做法。

用微信圈卖货。前天，遇到一位后生想要在微信圈卖货，席间一位互联网老兵非常深刻地说：你好不容易混了一个土豪圈，现在用微信朋友圈卖货，钱没赚到多少，人可能就得罪完了！

购物平台O2O。许多人一提起O2O，就准备建一个商城，全市建立物流、冷链。最后一公里确实体现了O2O的特性，可是商城呢？在渠道去中心化的今天，硬生生建一个商城，难道又要回到流量引流的老路？

开发无功能亮点的APP。在APP市场里，用于社交的、商业服务的APP泛滥了。APP安装成本一直居高不下，多数应用生出来就是为了被淘汰。如果你也准备做一个APP，请扪心自问：你抓住了用户使用场景，还是杜撰了用户使用场景？

我不得不说，在移动互联网时代创业，请放弃PC时代的三大思维模式。

● 放弃入口思维

在PC互联网时代，一直流行一种思维：流量至上。

按照流量逻辑，大家发现：网站的上游是导航，导航的上游是搜索，搜索的上游是浏览器，浏览器的上游是输入法，输入法的上游是杀毒软件，杀毒软件的上游是操作系统。经过多年尝试之后，事实证明：导航、搜索引擎、浏览器、杀毒软件具有清晰的盈利模式，尤其是搜索。于是，大约十年的互联网"战争"，都围绕这些关键节点而展开。这种思维衍生出来的创业逻辑就是要控制流量节点，例如，建立门户网站。

在这种情况下，社会化媒体（也就是所谓的Web2.0）并未获得真正的发展与重视。因为代表个人的媒体形式，受限于搜索引擎、受限于各个首页。

在这种情况下，电商的营销也被流量入口限制着。即使你懂得社会化手段，懂得如何通过信任关系提升转化率，你的增长速度仍然非常缓慢。

移动互联网通过3个革命冲破了流量思维，移动生态于是呈现出碎片化、去中心化的状态。这3个革命因素是：无限制的粉丝机制、大数据、应用场景。

Twitter与新浪微博对于移动互联网的贡献，就在于粉丝关注关系与信息转发机制，从而证实了这样的革命将新浪门户、天涯社区推向没落。微信公众号更是借势微信的强社交关系，将粉丝机制推向更新的高度。在这样的机制下，信息的传递广度与速度远远超越2009年以前的任何方式。这也带来自媒体的春天：关注可以超越门户、超越搜索引擎，品牌可以快速建立与传播。——这就是罗辑思维的新时代：在这个时代，你不一定需要建立多么大的平台，可是你的影响力一样会十分巨大。

大数据则解决了另一个问题：转化率。近两年的网站运营实例告诉我们，即使你的网站在流量上并不出色，可是如果你能够掌握精准的用户数据，你一样可以抄流量的后路！围绕用户数据细分、筛选，你可以获取细分需求的用户，个性化提供他们所需要的服务。如果你是一名通过O2O原理卖菜的菜贩子，你完全可以逐步积累精准的数据，然后进行数据跟踪。这样，你就是一名比别人转化率高10倍的菜贩子！这就是革命！

我们用百度新推出的百度直达号，来理解另一个概念——应用场景。所谓场景，就是你正在进行旅行，你到了一个陌生的城市。如果这时是中午11点，你必然会通过手机上的百度地图，寻找适合自己并在附近的餐厅。而百度直达号的作用就是迅速建立餐厅与你之间的链接，并不需要让用户再一次使用大众点评等工具，一次解决选择、对话、优惠、到达等问题。

场景,将所谓入口彻底改变,用户与他所需服务之间不再是信息,而直接是一种连接!

● 放弃卖货的思维

PC互联网已经完成了一个使命,那就是B2C。移动互联网还将完成一个使命,这就是O2O。

PC互联网对于传统行业具有巨大冲击,然而移动互联网很可能将传统行业颠覆!苏宁、万达近期的变化,证明了传统商业的畏惧。

可是我们必须思考一个问题:营销革命对于商业的改变究竟在哪里?

我们不得不观察近期的这些案例:罗永浩的锤子手机、黄太吉的煎饼果子、雕爷牛腩,还有最近罗振宇在罗辑思维上卖的月饼。这些案例为什么被追捧?但是看起来又那么不靠谱?这些案例与传统商业的不同究竟在哪里?

我和许多人一样,从商业和未来角度并不看好许多名噪一时的项目。但是如果我们更深入地去研究这些案例,就可以发现另一种天地:罗永浩卖的是手机吗?黄太吉卖的是煎饼果子吗?罗振宇今天可以卖月饼,过年会不会卖猪肉?

于是,我们发现了关键点:新营销带来了盈利模式的革命;如何抓住用户才是最关键的任务;服务才是核心产品。

最近,还接触过几个本地传统品牌,我们发现,互联网化绝对不是上网卖货!如何抓住用户,如何在互联网时代重构业务,这才是关键。开一个简单的微信微店,未必就比建立一个天猫、京东商城网销体系的效果差!因为,如果你在货品上,没有独特优势的话,上天猫有可能就是自取灭亡。

● 放弃产品体验的思维

营销模式变了,于是盈利模式变了,这一切最后必将落实到自己的产品。自2000年起,以客户为中心的原理,就开始主宰着市场。可是到了2014年,还有许多人仍然沿用着20世纪以产品为中心的思想。

以产品为中心的表象如下。

类似"李宁"这样的品牌为什么没有一个更好的发展?是质量问题?是供应链问题?是销售渠道问题?还是销售员素质问题?不是,这一切都不是关键。就算"李宁"采用"凡客诚品"的营销方式,可能结局仍是一样。小米的成功在哪里?雷军天天跟粉丝在一起。凡客诚品的失败在哪里?陈年天天跟产品在一起。这个时代,产品的质料、做工都在其次,用户的需求才是关键。

互联网产品经理经常认为:我的产品模仿了硅谷的经验,我的产品很牛。问题在于中国用户是否喜欢?中国用户需要的功能与使用体验究竟是什么?我们从成功的产品可以看到,用户体验绝不是界面好看与否,而是要看产品管不管用。例如,滴滴打车需要解决的是用户能不能打到车,出租司机的使用比例究竟有多少。必须认识到,全流程的服务体验才是产品体验。

忘了所谓产品吧,未来一切皆服务。

在移动互联网时代创业,一定要记住:一切都是为了客户服务,未来的渠道是去中心化的工具,你提供的是一种服务体验。

第5章

好网店，一定做好宝贝上下架工作

本章导读

淘宝店铺成功开通以后，卖家就需要将宝贝的相关资料准备好，然后上传至店铺中，而且经常需要对宝贝进行编辑处理，使其处于最佳展示状态。在本章，我们就来学习产品发布、编辑和展示有关的知识与技巧。

知识要点

通过本章内容的学习，读者能够学习到宝贝的发布、编辑与展示等。学完后需要掌握的相关知识技能如下。

- 掌握宝贝的发布技巧
- 掌握淘宝助理批量发布宝贝技巧
- 掌握宝贝的发布与编辑
- 掌握宝贝的展示技巧

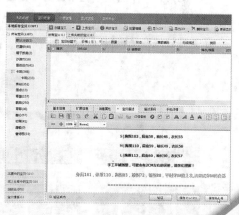

5.1 普通商品发布技巧

在商品发布之前,我们需要先准备商品的实物图片与资料,然后逐步发布商品。为了使自己的商品更加吸引买家,还应该掌握对商品命名的技巧,以及怎样合理地给商品定价。

5.1.1 准备宝贝的图文资料

我们在发布商品前,首先需要准备好商品的相关资料,这主要包括经过处理后的商品图片、关于商品的介绍内容等。对于商品图片,建议保存为 JPG 格式,这里提示一点,就是淘宝详情页面默认最宽能够显示 750 像素的图片,如果全屏显示,可以显示 950 像素的图片,但一般情况下,都是采用左右双栏,所以我们在处理图片时,最好将宽度控制在 750 像素。

对于商品描述内容,可以先在记事本等程序中撰写并整理好,然后直接保存为文本文档,当发布商品时,打开文档复制内容就可以了。

另外,一个店铺中通常会发布数量较多的商品,为了避免商品资料混乱,还应该采用合理的结构保存,通常来说,将不同商品的相关资料分类保存到不同的文件夹中,图 5-1 所示为建议的商品资料保存结构。

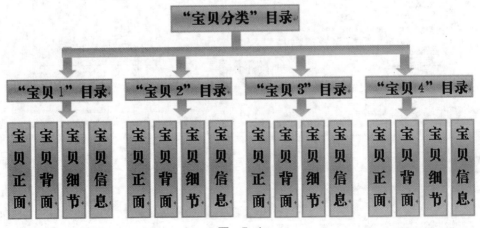

图 5-1

5.1.2 发布并设置宝贝的类别

准备好宝贝资料后,就可以进行宝贝的发布了,淘宝支持"一口价""拍卖""个人闲置"3种宝贝发布方式,一般新开店卖家可以直接选择"一口价"方式进行售卖。具体操作方法如下。

第1步 ❶打开淘宝网后,登录并进入卖家中心,在左侧"宝贝管理"下单击"发布宝贝"链接,如图5-2所示。

第2步 直接跳转到一口价选择类目页面,❷在这里选择要发布的商品类别;❸确认后单击下方的"我已阅读以下规则,现在发布宝贝"按钮,如图5-3所示。

图 5-2

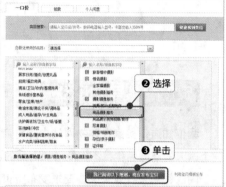

图 5-3

小二开店经验分享——选择正确的宝贝类目非常关键

在这里我们重点提示一下,绝大多数买家在淘宝网中选择商品时,都会通过商品类别来一步步进行浏览,因此广大卖家在设置商品类别时,必须要设置得细致、准确,这样被买家搜索到的概率就会大大增加,同时也在一定程度上增加了商品的销售概率。

相反,如果商品的类别没有设置准确,那么在买家浏览过程中,会很直接地将商品排除到购买意向外,如我们将"男士西服"分类到"女装"中,那么浏览女装的买家,就会完全忽略这件商品。而且淘宝也对分类有硬性规定,随便安排类目商品会被下架甚至店铺会被扣分。

5.1.3 设置商品属性

进入宝贝发布页面后,最先要将宝贝设置为全新宝贝,其后需要根据产品自身特色,选择对应的属性参数。

不同类别的商品,可供选择的属性是不同的,图5-4所示为服饰类目属性。

这里所选择的各项属性,最终将以表格形式显示在商品销售页面的上方,买家也会在一定程度上根据卖家所提供的商品属性决定是否购买商品,因此,卖家必须对自己的商品全面了解后,再设置商品属性,从而避免以后由于商品与描述不符而造成交易纠纷。

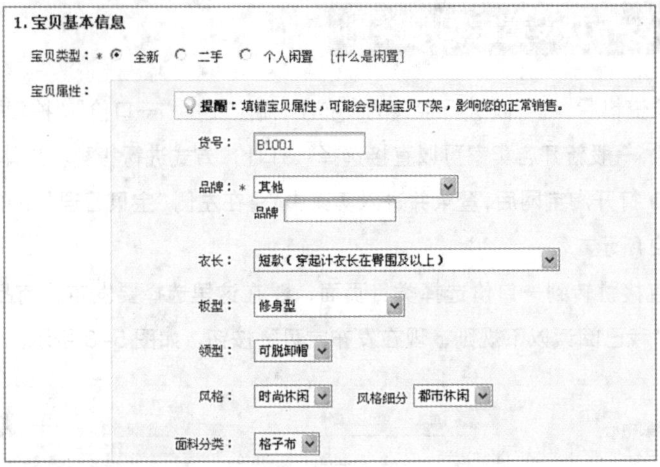

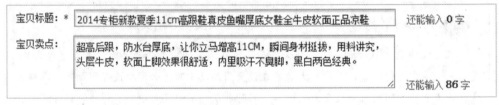

图 5-4

5.1.4 填写宝贝标题

我们知道，买家在购物网站中浏览商品时，首先关注的就是商品缩略图片与商品名称，一个诱人的商品名称，不但能增加商品的浏览量，还能激起买家的购买欲望。

同时，淘宝针对卖家，要求发布宝贝的标题在 32 个字以内，这就更需要我们做好标题优化工作，用最好的标题来吸引买家，如图 5-5 所示。

图 5-5

根据经验我们对商品的命名提出以下几点建议。

● 在商品名称前加上自己店铺的名称，建立自己的品牌形象。

● 知名品牌商品，建议在商品名称前添加品牌名称，从而通过品牌自身的影响力来吸引买家。

● 尽可能在商品名称中添加能表现商品特性的内容，如"新款上市""商品质地""商品风格"等信息。

● 对于一些商品，尽可能在名称中表现出个性、时尚、潮流等特性；季节性或者时间性强的商品，也可以在商品名称中展现出来。

● 实时掌握热门关键词语，并将其与商品名称关联起来，增强买家的关注程度。

● 最后也是最重要的一点，就是商品名称的独特性，在购物网站中可能有很多商家都销售同类商品，那么我们为自己的商品赋予一个独特的名称，不但能在同类商品中彰显出来，而且可以避免买家通过商品名称与同类商品进行价格对比。

小二开店经验分享——标题的内容不够写怎么办

现在淘宝还增加了"宝贝卖点"功能，卖家可以在这里补充标题上没有描述完整的语句，或者进行更有诱惑性的文字补充。

5.1.5 制定合理的商品价格

商品的价格也是影响买家购买的重要因素之一，往往一件商品有很多卖家在销售，如果商品其他方面相同，那么价格低的卖家，就更容易把商品卖出去。这里我们并不是建议绝对低价，价格太低，反而会让买家产生怀疑。针对商品定价，提供以下几条建议。

- 多对比同类商品不同卖家的价格，定价不宜比平均定价太高或太低，而从中找到最佳切入点。
- 运费与定价合理安排，在商品销售总价不变的情况下，巧妙把握买家心理，降低商品价格，提高运费；或者降低运费，提高商品价格。
- 对于一些采用计量单位称重或量尺寸的商品，可以使用较小的单位来计量，如茶叶商品的价格为 200 元 1 千克，那么可以改为 10 元 50 克。

掌握买家的价格心理，如定价 100 元与 99 元，只悬殊 1 元，但就买家心理而言，99 元属于"几十块"，就更容易让买家购买。

5.1.6 设置商品规格

标题和价格设置好以后，还需要输入商品的颜色、尺码规格以及库存信息，在该区域中不同信息的设置方法如下。

对于不同的商品，下面显示的属性也不同，如服装类商品，将显示"颜色"与"尺码"两个选项，在其中可以选择商品的颜色与尺码，选择颜色后，还可以自定义颜色名称。

最后根据"颜色"与"尺码"组合列表来设定不同颜色、不同尺码商品的库存数量，库存数量表示着商品的可销售数量，对于卖家而言，就等于该商品自己可以进货的数量，如开始进货 5 件，但供货商能够长期提供货源，那么这里就可以多填写一点，避免在网店中由于库存数目不足而无法销售。

小二开店经验分享——填写商品信息的注意项

在商品信息区域中，"货号"与"商家编码"两项内容可以任意填写，只要便于自己区分商品与商家来源即可。如果是网店代销，那么货号最好与代销商提供的货号一致，这样便于以后联系代销商发货或询问是否有货等。

5.1.7 上传宝贝主图和详情页面

宝贝主图和宝贝详情页面，可以说是淘宝卖家生意好坏的奠基石，图文的好坏，将直接影响客户是否点击主图，然后通过详情页介绍实现下单购买。

第1步 ❶ 在"宝贝图片"右侧，单击"本地上传"按钮，依次上传5张宝贝主图图片，注意图片大小，最好处理成700像素×700像素以上，这样可以让主图实现放大镜功能，帮助引进更多流量，如图5-6所示。

第2步 ❷ 在下方的"宝贝描述"里，根据需要对宝贝进行图文描述。也可以直接利用PS等软件先制作好750像素宽度的详情页图片，然后在这里单击"插入图片"按钮将详情页图插入进来，如图5-7所示。

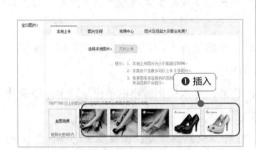

图 5-6

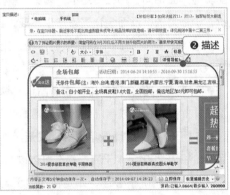

图 5-7

商品描述是发布商品过程中最重要的一个环节，即将销售商品的特色完全是在这里体现的，其中包括设置商品的缩略图片、具体的商品描述内容，以及全面的商品实物图片等。它是让自己销售的商品与买家面对面接触的地方，前面我们精心拍摄处理的各种宝贝图片，都会在这里进行展示，因此一定要引起足够的重视。

5.1.8 设置物流信息

网上交易的商品,都是通过物流来进行的,常见的运输方式主要有平邮、快递以及EMS 3种,在这里我们需要根据自己商品的情况（主要取决于重量与体积）来设置相应的运费。先选择自己的所在地（商品发货地），然后选择运费承担方，一般是"买家承担运费"。

对于单件商品的运费，设置是非常简单的，只要选中"平邮"选项，然后分别设置不同运输方式的价格即可，如图5-8所示。

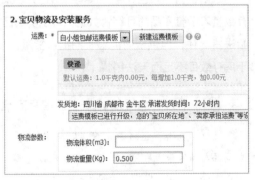

图 5-8

5.1.9 设置其他信息并成功发布宝贝

完成以上设置以后,卖家继续设置其他宝贝的相关信息,完成后即可进行发布,具体操作方法如下。

第1步 ❶ 设置宝贝的售后保证信息,如图5-9所示。

第2步 ❷ 设置会员折扣、库存、上下架时间等其他信息;❸ 单击"确认"按钮即可完成宝贝发布,如图5-10所示。

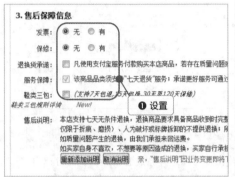

图 5-9

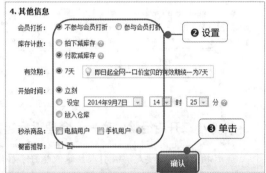

图 5-10

5.1.10 以拍卖方式发布宝贝

拍卖是指商品仅设置最低起拍价,让买家竞价购买,在指定的拍卖时间内,出价最高的买家可以购买到该商品。一般情况下在店铺搞活动促销时使用。

第1步 ❶ 进入我的淘宝,切换到"我是卖家"选项卡;❷ 单击"我要卖"链接,如图5-11所示。

第2步 ❸ 单击"拍卖"按钮;❹ 在这里为自己发布的宝贝选择正确的类别;❺ 单击"我已阅读以下规则,现在发布宝贝"按钮,如图5-12所示。

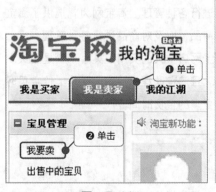

图 5-11

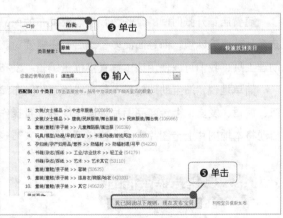

图 5-12

第3步 ❻ 输入拍卖宝贝的标题、起拍价格及宝贝数量,如图 5-13 所示。

第4步 ❼ 设置其他宝贝发布信息,具体方法和前面一口价一样,完成后单击下方的"发布"按钮,如图 5-14 所示。

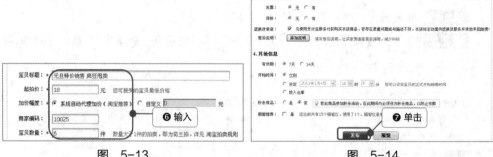

图 5-13　　　　　　　　　　图 5-14

小二开店经验分享——合理设置起拍价格

起拍价格一定要足够吸引人,越低越好;加价幅度可以选择系统自动加价,也可以自定义每次的加价幅度;最后宝贝数量一定要填写正确,否则到时候本来只是做活动赚人气,但由于数量设置失误,被买家拍下却不得不发货是得不偿失的。

5.2 使用淘宝助理批量发布宝贝

在线发布商品到网店中,有时可能会因为网络原因导致之前编辑的信息丢失。而淘宝助理软件可离线完成商品信息的编辑和保存,再批量发送到个人网店中,相当方便。

5.2.1 认识淘宝助理

随着店铺开张时间的延长,我们需要发布的商品也越来越多,这时登录到店铺中逐个发布商品就比较麻烦,而且商品多了之后,还需要对其进行各种管理。淘宝网为此提供了淘宝助理工具,我们可以使用该工具直接批量编辑、发布商品,以及对商品进行各种管理。

简单地说,淘宝助理就是一款离线管理和发布淘宝网店宝贝的实用工具。不管是宝贝发布、编辑、发货、上传商品图片等操作均可批量操作。且淘宝助理支持本地图片上传宝贝时自动将本地图片上传图片空间,这样可以为大家节省更多的宝贵时间。

5.2.2 登录淘宝助理

要通过淘宝助理来上传宝贝,首先进行软件登录,具体操作方法如下。

光盘同步文件

同步视频文件：光盘 \ 同步教学文件 \ 第 5 章 \5-2-2.mp4

第1步 下载、安装淘宝助理，并启动该程序，打开"淘宝助理"登录框，❶ 在"会员名"与"密码"栏中分别输入对应的淘宝账户与登录密码；❷ 单击"登录"按钮，如图 5-15 所示。

第2步 稍等片刻，即可成功登录"淘宝助理"，如图 5-16 所示。

图 5-15   图 5-16

5.2.3 创建并上传自家宝贝

淘宝助理软件可以实现网店商品的离线编辑和上传，同时也可解决在线上传宝贝时容易出现的断线、网络故障等问题，不至于把辛苦编辑的商品资料丢失。

如果用户是上传自己的商品，则首先需要在淘宝助理中建立一个宝贝模板，然后在模板中进行商品资料的填写编辑，完成后直接上传到店铺即可，具体操作方法如下。

第1步 打开淘宝助理，进入"宝贝管理"页面，❶ 单击"宝贝管理"选项；❷ 单击"创建模板"链接，如图 5-17 所示。

第2步 弹出"创建宝贝模板"框，❸ 输入"宝贝模板"的基本信息；❹ 单击"保存"按钮，如图 5-18 所示。

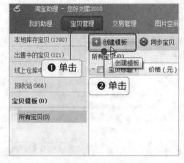

图 5-17   图 5-18

第3步 此时，模板就创建成功，如图5-19所示。

第4步 在"宝贝模板"的宝贝列表框中，❺选择宝贝后，右击鼠标；❻在弹出的菜单中单击"复制宝贝"命令，如图5-20所示。

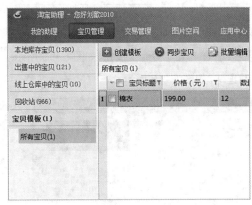

图 5-19

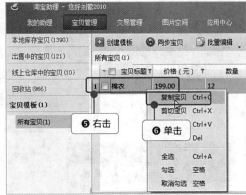

图 5-20

> **开店经验谈——将"宝贝模板"中的模板无线上传到线上店铺**
>
> "宝贝模板"中的宝贝模板是无法上传到线上店铺的，这也是很多新手卖家经常会犯的错误。建立模板后，要把"宝贝模板"中的宝贝复制到"本地库存宝贝"中，完善宝贝信息然后保存上传。

第5步 ❼在"本地库存宝贝"的宝贝列表框中右击鼠标；❽在弹出的菜单中单击"粘贴宝贝"选项，即可将"宝贝模板"中的宝贝复制到"本地库存宝贝"中，如图5-21所示。

第6步 对宝贝进行编辑完善后，❾单击"保存并上传"按钮，如图5-22所示。

图 5-21

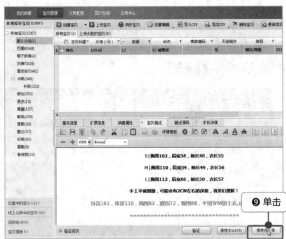

图 5-22

第7步 弹出"上传宝贝"对话框,❿在图片分类中选择"宝贝图片"选项;⓫单击"上传"按钮,如图5-23所示。

第8步 此时,即可通过模板成功上传宝贝(如需再上传宝贝,可从第4步开始操作),如图5-24所示。

图 5-23　　　　　　　　　　图 5-24

5.2.4 代销商获取商品信息

绝大多数代销商都会将商品数据压缩成数据包,卖家只要下载数据包即可,具体操作方法如下。

第1步 ❶在交流面板中单击代销商发过来的数据链接包,如图5-25所示。

第2步 ❷打开链接网址,直接单击某个需要下载的数据包,如图5-26所示。

图 5-25　　　　　　　　　　图 5-26

第3步 ❸在打开的页面中勾选需要下载的文件夹复选框;❹单击其右侧的"下载"按钮,如图5-27所示。

图 5-27

第4步 开始下载数据包,并显示下载进度,如图5-28所示。

第5步 ❺下载完成后单击数据包右侧的"打开文件"按钮,如图5-29所示。

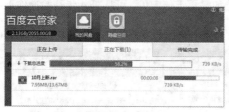
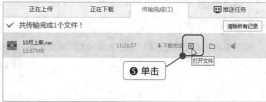

图 5-28　　　　　　　　　图 5-29

第6步 下载后的数据包为压缩包,自动打开压缩程序,❻单击"解压到"按钮,如图5-30所示。

第7步 弹出"解压文件"对话框,❼单击"浏览"按钮,选择解压位置;❽单击"立即解压"按钮,如图5-31所示。

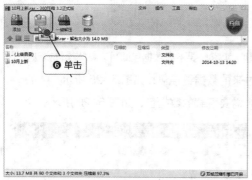

图 5-30　　　　　　　　　图 5-31

第8步 弹出"输入密码"对话框,❾输入由代销商提供的文件密码;❿单击"确定"按钮,如图5-32所示。

第9步 此时,即可将该宝贝的数据资料下载到自己的电脑中,如图5-33所示。

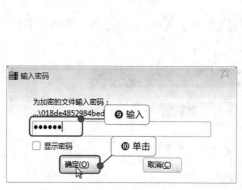

图 5-32　　　　　　　　　图 5-33

5.2.5 批量上传代销宝贝

对于做代销或者虚拟代理的卖家而言，一般无需自己创建商品信息，只要获取到代理商提供的数据包之后，将数据导入到淘宝助理，然后进行简单编辑即可。在淘宝助理中导入数据包，批量上传代销宝贝。具体操作方法如下。

第1步 ❶ 在左侧分类列表中选择"本地库存宝贝"选项；❷ 单击右侧工具栏的"导入 CSV"选项，选择从 CSV 文件导入（增加为新宝贝），如图 5-34 所示。

图 5-34

第2步 ❸ 在打开的对话框中选择要导入的数据包文件；❹ 单击"打开"按钮，如图 5-35 所示。

第3步 此时即可将数据包中商品信息导入到淘宝助理中，同时弹出提示框告知用户导入商品的数目，❺ 单击"关闭"按钮。如图 5-36 所示。

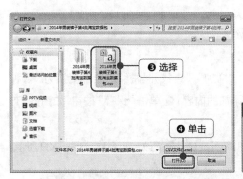

图 5-35

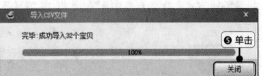

图 5-36

这里导入的数据，与我们自己创建的数据一样，包含宝贝标题、归属地价格信息、宝贝图片、宝贝详情介绍等。

> **开店经验谈——使淘宝助理本地数据与淘宝店铺中数据同步**
>
> 为了确保本地数据与淘宝店铺中数据的同步性，在登录淘宝助理后，应该对数据进行更新，更新方法很简单，只要单击工具栏中的"更新类目"按钮即可。

5.3 宝贝编辑技巧

宝贝上传以后，并不是一成不变的，有时我们会需要对已上架的宝贝进行编辑，以方便更好地出售。

5.3.1 批量编辑宝贝信息

批量编辑宝贝的功能是淘宝助理功能的一大亮点，非常实用，大大减少了卖家在发布宝贝、修改宝贝时的工作量，这里针对批量编辑中最常用最典型的几个功能为卖家进行操作图解。

1. 编辑宝贝名称

在淘宝助理中批量编辑宝贝名称，不但可以减少卖家工作量，而且方便优化宝贝标题。具体操作步骤如下。

第1步 打开淘宝助理，在"宝贝管理"页面中，❶勾选要批量编辑的宝贝（注：是勾选不是选中）；❷单击"批量编辑"按钮；❸在弹出的下拉列表中单击"标题"→"宝贝名称"选项，如图5-37所示。

图 5-37

第2步 弹出"宝贝名称"对话框，提供了"增加""查找并替换""全部更换为"3种批量编辑方式。❹勾选"前缀"复选框，并填写要添加的内容；❺单击"保存"按钮，如图5-38所示。

第3步 ❻单击"保存"或"保存并上传"按钮，即可成功批量更改宝贝名称，如图5-39所示。

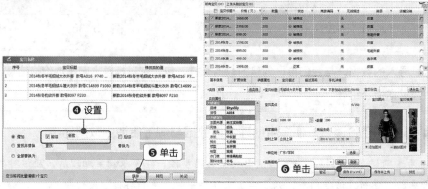

图 5-38　　　　　　　　　　图 5-39

2. 编辑宝贝价格

如果宝贝价格需要调整,同样可以在淘宝助理中进行批量修改,具体操作方法如下。

第1步 打开淘宝助理,在"宝贝管理"页面中,❶ 勾选要批量修改价格的宝贝;❷ 单击"批量编辑"按钮;❸ 在弹出的列表中单击"价格"命令,如图 5-40 所示。

第2步 弹出"价格"对话框,提供了"新的价格""新的公式"两种批量编辑方式。❹ 选择"新的公式"→"加"单选项,并填写增加的数值;❺ 单击"保存"按钮,如图 5-41 所示。

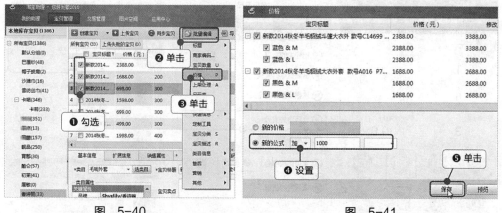

图 5-40 　　　　　　　　　　　图 5-41

第3步 返回"宝贝管理"页面,单击"保存"或"保存并上传"按钮,完成更改设置。

5.3.2　管理店铺中的宝贝

在经营销售商品过程中,卖家还有一件重要的事情,那就是对店铺中的商品实时管理,只有把商品管理好,才能使店铺稳步经营。主要包括实时上下架商品以及删除商品等。

1. 将宝贝上架

上传宝贝到仓库,或者有宝贝下架,可以进入卖家中心或移动千牛工作台,将宝贝重新上架,具体操作方法如下。

● 在"卖家中心"的操作步骤

登录到"卖家中心",❶ 在左侧列表中单击"仓库中的宝贝"链接;❷ 勾选要上架的宝贝;❸ 单击"上架"按钮即可,如图 5-42 所示。

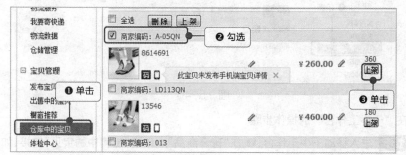

图 5-42

● 在"千牛工作台"的操作步骤

第1步 进入移动千牛工作台,上架宝贝。❶在首界面单击"商品管理"图标,如图5-43所示。

第2步 进入"普云商品"界面,❷单击"仓库中的宝贝"链接,如图5-44所示。

第3步 ❸在"仓库中"单击并打开需要上架的商品,在"宝贝详情"页下方单击"上架"按钮,即可将该商品从仓库中上架,如图5-45所示。

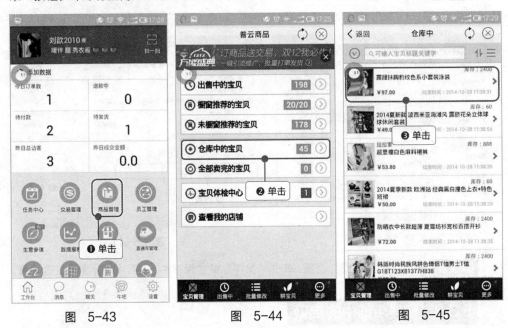

图 5-43　　　　　图 5-44　　　　　图 5-45

2. 将出售中的宝贝下架

正在销售的宝贝,如果出现换季或者断款的情况下,可以将其下架到仓库,在卖家中心或移动千牛工作台,都可以进行宝贝下架,具体操作方法如下。

● 在"卖家中心"的操作步骤

❶登录到"卖家中心",在左侧列表中单击"出售中的宝贝"链接;❷勾选要下架的宝贝;❸单击"下架"按钮即可,如图5-46所示。

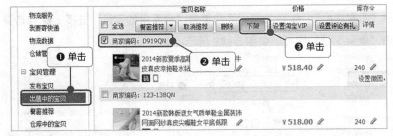

图 5-46

● 在"千牛工作台"的操作步骤

第1步 进入移动千牛工作台,❶在"普云商品"页单击"出售中的宝贝"链接,如图5-47所示。在打开的"出售"页中单击打开需要下架的宝贝。

第2步 进入"宝贝详情"界面，❷ 在下方单击"下架"按钮，如图 5-48 所示。

第3步 此时，即可将该宝贝成功下架，系统也会弹出提示消息，提示该商品被下架，如图 5-49 所示。

图 5-47　　　　　　　图 5-48　　　　　　　图 5-49

> **小二开店经验分享——删除宝贝**
>
> 这里也可以直接单击"删除"按钮，将当前宝贝彻底从线上删除。不管是出售中的宝贝还是仓库中的宝贝，都可以执行这个命令。

5.4　宝贝展示技巧

淘宝网为卖家提供了灵活的商品展示功能，其中有些是免费使用，有些需要付费使用。而卖家需要做的，就是把这些功能灵活充分地利用起来，做出最佳的商品展示效果。

5.4.1　让店铺动态展示宝贝

我们知道，店铺中展示的商品图片都是静态的，而动态展示无疑更能吸引进入店铺的买家的眼球，让买家不经意间查看商品，增加商品的销售概率。添加动态展示的方法很多，如图片轮播、Flzsht 图像等。打造广告轮播效果，具体操作方法如下。

第1步 进入店铺装修页面，❶ 在任一版块中单击"添加模块"链接，如图 5-50 所示。

第2步 打开"添加模块"对话框，❷ 在"图片轮播"模块右侧单击"添加"按钮，如图 5-51 所示。

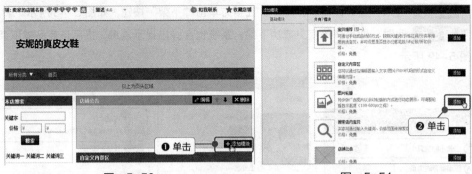

图 5-50　　　　　　　　　　图 5-51

第3步 此时，即可添加"图片轮播"模块，❸ 单击"编辑"链接，如图 5-52 所示。

第4步 打开"图片轮播"对话框，❹ 在"图片地址"下方单击"图片"图标；❺ 单击"上传新图片"选项卡；❻ 单击下方"添加图片"链接，如图 5-53 所示。

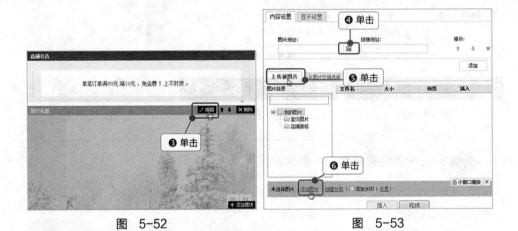

图 5-52　　　　　　　　　　图 5-53

第5步 ❼ 在打开的对话框中选择要上传的图片文件"背景3.jpg"；❽ 单击"保存"按钮，如图 5-54 所示。

第6步 稍等片刻，上传完成，❾ 单击"插入"按钮，如图 5-55 所示。

图 5-54　　　　　　　　　　图 5-55

第7步 即可将该图片地址插入，⑩单击"添加"按钮，使用同样的方法，继续添加广告图片地址，如图5-56所示。

第8步 添加完成后，⑪单击"保存"按钮，如图5-57所示。

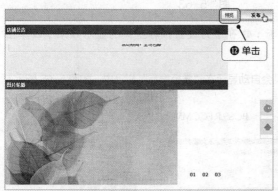

图 5-56

图 5-57

第9步 轮播图片设置成功，⑫在装修页面右上角单击"预览"按钮，确认可以轮播图片后单击"发布"按钮，如图5-58所示。

第10步 弹出"发布"对话框，⑬单击"确定"按钮，马上让买家看到最新店铺杰作，如图5-59所示。

图 5-58

图 5-59

第11步 弹出对话框提示店铺发布成功，⑭单击"查看店铺"按钮，如图5-60所示。

第12步 此时，即可查看到添加的广告图片轮播效果，如图5-61所示。

图 5-60

图 5-61

5.4.2 设置掌柜推荐商品

开店一段时间后,卖家应该会发现,在逐步发布商品的过程中,后面发布的商品会在店铺首页中优先显示,而之前发布的商品则会按发布顺序显示在后面,那么先发布的商品就无法显示在店铺首页中,而且在店铺商品列表中也会显示在后面,这样买家进入店铺后,就很难看到这些商品了。此时,可以通过"掌柜推荐"的方式将其展示到首页,具体操作方法如下。

第1步 在"店铺管理"栏目下,❶ 单击"掌柜推荐"链接,如图5-62所示。

第2步 打开"推荐宝贝"页面,在"推荐新宝贝"列表下选择要推荐的宝贝,❷ 单击"推荐"链接,即可将当前宝贝自动加载到右侧"已推荐"列表中,如图5-63所示。

图 5-62　　　　　　　图 5-63

第3步 ❸ 单击"显示设置"选项卡;❹ 在下方设置推荐宝贝的显示效果;❺ 单击"保存"按钮,如图5-64所示。

第4步 查看自己店铺首页,推荐宝贝会自动显示在"掌柜推荐"栏目中,如图5-65所示。

图 5-64　　　　　　　图 5-65

> **小二开店经验分享——橱窗推荐的时间原则**
>
> 优先把即将下架的商品作为橱窗推荐,因为淘宝默认按照剩余时间由少到多的方式来显示商品。
>
> 如果没有足够的时间对店铺的橱窗进行管理,可以选择离下架时间还有1~2天的产品进行橱窗推荐,每2天进行一次管理。
>
> 当发现商品连续7天的访问次数很低时,要考虑关键词的使用是否恰当。

5.4.3 设置橱窗推荐

淘宝网中的顾客在选购商品时,由于种类繁多,在搜索某类商品时,往往会显示出数百页的商品列表,那么,怎样才能让自己的商品被更多买家看到呢?同样,使用橱窗推荐,也可以让卖家将自己的招牌商品在淘宝网中推荐出来,在淘宝商品列表中,橱窗推荐的宝贝会优先显示在未推荐商品的前面,从而增加被买家看到的机率。设置橱窗推荐,具体操作方法如下。

登录到淘宝网并进入到"卖家中心",❶单击"出售中的宝贝"选项,页面中显示了当前所有在售商品列表,❷在列表中选中要放到橱窗推荐位的商品,选取完毕后,❸单击页面中商品列表下方的"橱窗推荐"按钮,如图5-66所示,即可将所选商品放到橱窗推荐位。

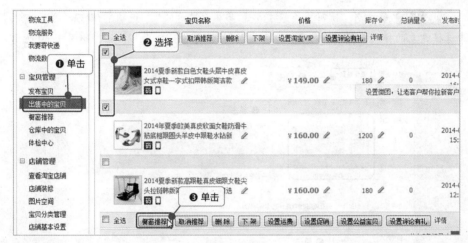

图 5-66

皇冠支招

前面给初学者介绍了相关知识的应用,下面,给淘宝新手介绍一些自己的感悟和技巧分享的内容。

▶ **招式 01:合理设置橱窗宝贝的显示方式**

店铺中的宝贝过多,如果大部分都推荐为橱窗显示,就需要设置显示方式,让图片排列得更加规则,让顾客看到自己喜欢的产品,这样可以大幅度提高该商品的销量。

第1步 ❶在淘宝页面中单击"卖家中心"链接列表下"出售中的宝贝"选项,然后在"店铺管理"组中单击"店铺装修"链接,如图5-67所示。

第2步 ❷进入"店铺装修"页面,在页面右侧的商品右上角单击"编辑"按钮,如图5-68所示。

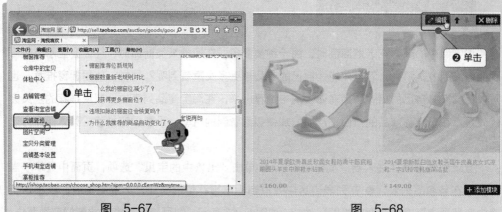

图 5-67　　　　　　　　　　　图 5-68

第3步 ❸打开"宝贝推荐"对话框,单击"显示设置"选项卡;❹在"展示方式"中选择需要的样式,如"一行展示4个宝贝";❺单击"保存"按钮,如图5-69所示。

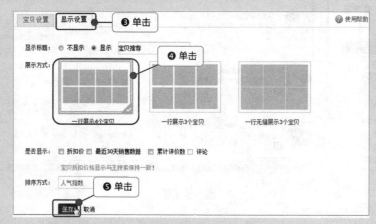

图 5-69

▶ **招式02:合理安排好宝贝上架时间,让流量翻倍**

一些网店的新手总是认为新商品的上架时间是越早越好,所以商品一到货,就迫不及待地发布商品。但是有经验的卖家总结的成功经验是:选对商品发布时间,才能让买家在第一时间搜到你的商品。要选对商品的发布时间必须做到以下两点。

1. 熟悉网店搜索的时间排序

在淘宝网有过购买经历的人都知道,搜索商品时,淘宝网会根据商品的上架时间进行排序,商品离下架时间越近,排名的位置就越靠前。也就是说剩余时间越短,商品就越靠前,就越容易被买家看到。

了解到网店搜索的时间排序规则后,就应该充分利用这种时间排序。因此,对于卖家来说,到货的商品不要同时发布,最好分几次发布,如果同时发布商品,一个星期中商品只有一天会排在最前面,如果隔天分几次发布效果就不同了,这样一个星期中商品就有多次排在最前面的机会了。

2. 抓住商品发布的黄金时间段

买家上网也是有黄金时间段的，只有抓住黄金时间段发布商品，才能够增加商品的"曝光率"，从而提高成交率。因此，发布商品还要考虑到什么时候上网的人最多。据统计，一天中上网人数最多的时候为 9：00~11：30、15：00~17：30、19：30~22：00，这样在上网人数最多时，你的商品浏览量也会上升了，成交量也会提高的，图5-70所示为设置商品在黄金时间段定时上架。

即便抓住黄金时间段发布商品信息，为达到最佳效果，也要注意在黄金时段内，每隔半小时左右发布一次新商品。这样做的原因也是避免同时发布商品造成同时消失。如果隔开来发布，那么在整个黄金时段内，你都有商品获得很靠前的搜索排名，这样可以为店铺带来可观的浏览量。

当然最难做到的就是坚持每天都在黄金时段内发布新商品，这要求卖家不仅有充足的时间，还要有足够的商品来支持自己这么做。每天都有新商品上架，那么一周之后就会每天都有商品下架。当然，对于那些商品数量巨大的卖家来说，还可以在其他时间段发布，只要卖家每天坚持这么做，那么每天的黄金时段内，都会有自己的商品获得最佳的宣传位置。如此一来，浏览量想不暴增都难。

▶ **招式03：宝贝定价的方法与技巧**

商品的定价经常让卖家感到迷茫，如果定价高，顾客购买力达不到，从而降低购买欲，甚至放弃购买；定价低，买家就会把商品价格和商品质量相互联系，认为是质量不过关。要怎样定价才能使卖家赚到钱又能使买家觉得商品物有所值呢？这就需要卖家确定店铺要走什么价位的路线。

确定商品的合理价格是非常重要的。如果商品价格过高可能无人问津，如果过低的话，买家还要跟你讨价还价，有可能到头来是微利，甚至会没有利润。要了解如何给商品正确地定价。

1. 宝贝定价原则

在决定商品价位时，应遵循以下定价原则。

（1）成本费用因素

①生产成本：生产过程中支出的全部生产费用。当店铺具有一定规模时，产品的成本最低。但不同的商品在不同的条件下，有各自理想的批量限度，若超过了这个规模和限度，成本反而要增加。

②机会成本：卖家在商品成交后所获得的收入用于其他投资可能会获得额外收益。机会成本越大，卖家的收益就越高。

③销售成本：是商品流通领域中的广告、推销费用。在市场经济体制下，广告、推广等都是商品实现其价值的重要手段，用于广告、推广的费用在商品成本中所占的比重也日益增加。因此，在确定商品的销售价格时必须考虑销售成本中的这一因素。

④储运成本：商品从生产者手中到卖家手中存在必须的运输和储存费用。商品畅销时，储运成本较少，商品滞销时，储运成本增加。不管发货的物流费用由谁负担，

最终都包含在商品的综合总价里面。

（2）有正常的利润

不管经营什么商品，制定什么样的价格，一定要保证自己的基本利润，做生意的根本目的是赚钱，没人想着要去做亏本生意。

（3）特色商品价格可以高一些

有一些时尚类、特产类、手工类等特色商品在网下一般不易买到，这类商品的价格可适当标高一些。

（4）价格要有档次

网店经营的商品可以拉开档次，高中低价位的都有一些，这样可以满足不同消费层次顾客的不同需求。

（5）价格要稳定

价格确定后，应具有一定的稳定性，不要在短时间内波动太大，这样会让老顾客感觉上当，让新顾客驻足观望。网上经营千万不要轻易打价格战，共同维护市场的稳定，大家才可以都有钱赚，价格战受损的最后只能是卖家。

（6）竞争与需求因素

商品的成交价格与竞争、需求情况密切相关，卖家可以通过网上历史数据的查询、有形市场的调研等了解到商品市场的竞争与需求情况，估计潜在顾客数量，估算需求价格弹性系数，为卖家的定价决策提供参照依据。

（7）消费者心理因素

卖家在制定价格时都要充分考虑买家的心理。买家有强烈的寻求低价的心理，如果不能达到他的心理价位，就会购买其他替代产品。

（8）风险因素

对卖家而言，风险主要是支付及运送过程中的风险，这会使卖家成本增加，也会对其信誉度造成损失而影响长久经营。

2. 宝贝定价方法

商品的定价随着市场竞争的变化而变化，不同时间有不同定价方法。

（1）高价法

高价法又叫取脂定价法，即在新商品开始投放市场时把价格定得大大高于成本，使店铺在短期内能获得大量盈利。

前提条件：新商品投放市场初期，顾客对产品的价格要求不十分突出，竞争对手也较少，市场需求大。

法则：独一无二的商品才能卖出独一无二的价格。

缺点：它是一种短期谋求最大利润的策略，适合于一些资金比较短缺的中小店铺的应急措施，不利于树立店铺的形象，是短期行为。

（2）低价法

这种策略与高价法相反，先将产品的价格定得尽可能低一些，使新商品迅速被消费者接受，迅速开拓市场，提前在市场取得领先地位，又称渗透定价。

优点：由于利润过低，能有效地排撤竞争对手，使自己能长期占领市场，并不断更新换代，树立品牌形象。

（3）安全定价法

这是介于高价策略与低价策略之间的保守价格策略，安全定价通常是由成本加正常利润构成的。

（4）九九尾数定价法

商品销售价格的尾数采用九九，是西方零售商根据顾客消费心理采用的定价法。

（5）非整数定价法

这种把商品价格定成带有零头结尾的非整数做法，销售专家们称为非整数价格，这种定价法的出发点是认为消费者在心理上总是存在零头价格比整数价格低的感觉，尾数价格似乎是经过仔细核算的价格，是一种负责的态度。

（6）整数定价法

对于高档商品、耐用商品或者价格较高的商品等则适合采用整数定价策略，给顾客"一分钱一分货"的感觉，借以提高商品的形象。

（7）分级定价法

把商品按不同级别、档次分别定价，使顾客便于按等级购买，各得其所，并产生一种合理可信的感觉。

（8）声望定价法

在顾客心目中有声望的企业、店铺或品牌商品可以把价格定得比一般同类商品略高。有时为了创出优质优价的品牌形象，也可以使企业的优质产品比其他企业的同类产品的价格定得略高些。

（9）顾客定价法

指为了招徕顾客，将有些商品按低于市价甚至低于营业成本的方法定价。顾客多了，不仅卖出了低价商品，由于给人一种廉价的印象，所以常常带动和扩大了正常定价商品和高价商品的销售。

3. 宝贝定价技巧

网上商品定价提供以下策略作为参考。

（1）竞争策略

应该时刻注意潜在顾客的需求变化，保持网店发展方向与顾客需要相一致。在很多购物网站上，经常会将网站的服务体系和价格等信息公开，这就为了解竞争对手的价格提供了方便。随时掌握竞争者的价格变动，调整自己的竞争策略，时刻保持产品的价格优势。

（2）捆绑销售的秘诀

其实捆绑销售这一概念在很早以前就已经出现，但是这一策略在1980年美国快餐业广泛应用后才引起人们关注。麦当劳通过这种销售形式促进了食品的购买量。这种策略已经被许多精明的企业所应用。我们往往只注意产品的最低价格限制，却经常忽略利用有效的手段减小顾客对价格的敏感程度。网上购物完全可以通过购物车或者其他形式巧妙运用捆绑手段，使顾客对所购买的产品价格更满意。

（3）比较定价法

如果不确定某件商品的网上定价情况，可以在淘宝搜索自己要经营的商品名称，在查询结果中就可以知道同类商品在网上的报价，然后确定出自己的报价。

（4）特殊的产品和服务要有特殊的价格

产品的价格应根据产品的需求来确定。当某种产品有它很特殊的需求时，不用更多地考虑其他竞争者，只要去制定自己最满意的价格就可以。如果需求已经基本固定，就要有一个非常特殊、详细的报价，用价格优势来吸引顾客。很多店铺在开始为自己的产品定价时，总是确定一个较高的价格，用来保护自己的产品，而同时又在低于这个价格的情况下进行销售。其实这一现象完全是个误区，因为当顾客的需求并不十分明确的时候，店铺为了创造需求，使顾客来接受自己制定的价格，就必须去做大量的工作。而实际上，如果制定了让顾客更容易接收的价格，这些产品可能已经非常好销了。

（5）考虑产品和服务的循环周期

在制定价格时一定要考虑产品的循环周期。从产品的生产、增长、成熟到衰落、再增长，产品的价格也要有所反映。

（6）品牌增值与品质表现

一定要对产品的品牌十分注意，因为它能够对顾客产生很大的影响。如果产品具有良好的品牌形象，那么产品的价格将会产生很大的品牌增值效应。在关心品牌增值的同时，更应该关注的是产品给顾客的感受，它是一种廉价产品还是精品。

（7）商品定价一定要清楚明白

定价一定要清楚明白，定价是否包括运费，一定交待清楚。否则有可能引起麻烦影响自己的声誉，模糊的定价甚至会使有意向的客户放弃购买。

图 5-70

案例分享：宝贝上架的黄金法则

众所周知，宝贝上架时间对销量还是有相当影响的。那么，怎样的宝贝上下架才合理？

● 把握好轮播元素

自2011年淘宝分拆后，淘宝网和天猫有了各自的战略方向，相应地，搜索元素也有一些差异和调整。例如，时间轮播元素，在天猫搜索中变成无效，仅在淘宝网的"所有宝贝排序"中有效,产品到了下架时间不会被系统下架到仓库，而是重新计算有效期。

所以，要将产品根据买家来访时间进行平均分布与陈列，尽量在访客多的时间段保证自己的产品可以展现在前面。

● 研究买家访问时间

需要获取的是买家访问时间，看看什么时候访问人数最多。这个数据可以通过数据魔方的用户来访时间获取。如果你经营的有多个品类，就选取商品数最多的两个品类进行统计。

通常，一天内有这么几个时间段访问量较大：10:00~12:00；13:00~17:00；20:00~23:00，总计9小时。如果产品下架时间可以安排在这些时间段，获得流量的概率会加大。

还有一个问题是，周一到周五与周末的买家访问人数是否真的存在差距？通常情况下，大多数商家都能感受到周末买家较少，是因为周末多数人都不呆在电脑旁，上淘宝逛的人也就少了。周末两天的流量与周一到周五的差距是比较大的。为了让产品尽量获得更多流量，建议把上下架时间集中安排在周一到周五，周六周日两天合并为一天对待。

经过以上分析，我们可以获得两个数据指标：将一周按6天等分，1天内访客较多的时间段有9小时。

● 合理安排上架产品

计算每日上架产品数：根据之前说的平均分配方法，首先算出每天分配多少产品上架。根据产品总数和实际一周分配天数进行计算，即总产品数/天数＝每日上架产品数，如果我们有324个产品，就是用324/6=54，得出一天应该上架54个产品。

管理分配品类：根据计算，我们可以先得出一张表，将每天的宝贝品类上架数进行合理分配。因周六周日视为1天，所以实际情况是54/2=27，即周六周日分别上27个产品。

商家可以根据实际情况对品类分配进行调整，如某商家发现摄像头周末的购买率远大于周一至周五，则可以将摄像头的上架数主要调整到周六周日，这里只要保证每天上架的产品总数即可。

● 产品上架时间要准确

计算每小时上架产品数，同样按照平均分配法，计算每天每小时需要上架的产品数，以及上架间隔时间。每天上架产品数÷每天上架小时数＝每小时上架产品数，得出 54÷9=6；60分钟÷每小时上架产品数＝上架间隔时间，得出 60÷6=10。最终算出，每小时上架产品6个，间隔时间为10分钟。

● 分配产品数量

产品只有在即将下架的时候才会获得优先展现的机会。也就是当你期望产品在10点有优先展现机会时，产品的实际下架时间需要设定在10:10。如果你将产品设定在10点下架，则产品的优先展现时间会是9:50左右，即实际上架时间要比期望展现时间有所延迟。

根据上架表可以扩展到每天每小时具体上架产品的安排，这样可以让运营人员有一个很明确的执行清单。同时，商家也可以根据自身产品销售策略的不同，在这个范围内调整产品上架顺序。如一天内，鼠标的主要成交时间段在上午，则可以把其他品类的产品调整到当天的其他时段，让鼠标集中在上午呈现。这里需要遵守的是已计算好的总上架产品数和相应的时间结点。

第6章

用好支付宝,保障交易安全

本章导读

在淘宝网上开店,就要开通相关的账户。这里面包括淘宝账号以及支付宝账号。其中,淘宝账号为管理个人网上店铺的使用账号,而支付宝账号则用于安全管理个人资金,提取货款、查询交易明细等都在此账号下进行。

知识要点

通过本章内容的学习,读者能够学习到网上银行的开通、支付宝运用等。学完后需要掌握的相关技能知识如下。
- 网上银行的开通
- 为支付宝充值、余额查询
- 使用支付宝转账与付款
- 修改支付宝密码

6.1 开通网上银行

网上银行是支持在网络上进行交易的虚拟银行,使用网上银行可以方便地实现支付宝充值、商品付款、转账等功能。

6.1.1 银行卡、网上银行和支付宝账户之间的关系

(1)网上银行与银行卡在实际操作中的特点

银行卡存取款时,只需要一个简单的银行卡密码,网上银行则需要更复杂的登录密码,并且还需要U盾或电子银行口令卡等支付工具。

银行卡存钱和取钱都需要到银行存、取款机前,亲手输入银行卡密码完成。网上银行存钱和取钱则只需在任何一台联网的计算机前,用鼠标和键盘操作完成。

银行卡存的是现金、取的也是现金。网上银行存的是现金数字,取的也是现金数字。但这个数字一定是要在银行卡中有对应现金的。

从网上银行和银行卡的操作特点中,可以清楚地看出网上银行的电子钱,就等于银行卡中的实际现金,网上银行的账户就等于银行卡的账户。

(2)网上银行与支付宝账户的关系

我们已经知道网上银行里的电子钱与银行卡的现金钱是对应的,那么网上银行的电子钱与支付宝账户的电子钱的关系又是怎样的呢?

你在支付宝账户上的电子钱和你在网上银行的电子钱不是对应关系,而是可以方便流通的关系。我们可以把支付宝账户理解为你要去淘宝网买东西时,必须要带上的电子钱包。这个电子钱包里必须要有钱,足够支付你拍下的宝贝的货款。支付宝账户里的电子钱,是你从你的网上银行里存进去的,这一过程我们叫作充值。支付宝账户里的电子钱,也可以方便地回到网上银行,这一过程叫作提现。

(3)支付宝的作用

有些电子商务交易平台,只需你开通网上银行,就可以直接用网上银行的电子钱进行网上购物了。但在淘宝交易平台,为了保证买家的实际利益,则要求交易双方都成为支付宝会

员，资金流通的不是网上银行的电子钱，而是支付宝账户里的电子钱。多了支付宝账户这个资金中转站，购物程序会相对麻烦一些，但为了解除网上交易中人们常有的后顾之忧，这点麻烦就不算什么了。

6.1.2 办理网上银行

网上银行是支持在网络上进行交易的虚拟银行，使用网上银行可以方便地实现支付宝充值、商品付款、转账等功能。下面就以在工商银行网站开通网上银行业务为例讲述如何开通网上银行。

第1步 登录工商银行网站 http://www.icbc.com.cn/，❶单击"个人网上银行登录"下面的"注册"按钮，如图 6-1 所示。

第2步 进入"网上自助注册须知"页面，❷单击"注册个人网上银行"按钮，如图 6-2 所示。

图 6-1　　　　　　　　　　　　图 6-2

第3步 进入阅读《注册协议》，❸单击"接受此协议"按钮，如图 6-3 所示。

第4步 进入用户自助注册页面，❹输入卡号、密码及验证码；❺单击"提交"按钮，如图 6-4 所示。

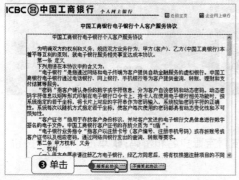
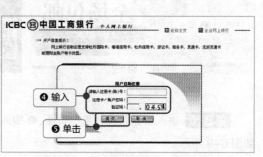

图 6-3　　　　　　　　　　　　图 6-4

第5步 进入详细用户填写页面，认真如实地填写个人信息，❻设置网银密码，输入验证码，确认无误后，❼单击"提交"按钮，如图6-5所示。

第6步 进入用户自助注册确认页面，❽单击"确定"注册成功，如图6-6所示。

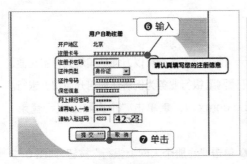

图 6-5

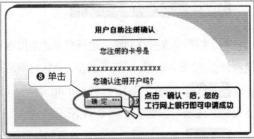

图 6-6

6.2 支付宝充值、余额查询与转账

随着交易的增多，卖家要对自己的支付宝账户进行账目管理，如支付宝充值、进行账户明细的查询、使用支付宝给他人转账等。

6.2.1 登录支付宝账户

第1步 打开浏览器，登录淘宝网首页，❶在左侧服务栏下方单击"支付宝"链接，如图6-7所示。

第2步 进入"欢迎使用支付宝"页面，❷单击"进入我的支付宝"按钮，如图6-8所示。

图 6-7

图 6-8

第3步 进入"登录支付宝"页面，❸输入支付宝账户名和密码；❹单击"登录"按钮，如图6-9所示。

第4步 此时，即可进入支付宝首页，如图6-10所示。

图 6-9

图 6-10

6.2.2 往支付宝中充值

充值就是把银行卡上的钱或现金转到支付宝账户上的过程，成功后可以进行付款。给支付宝账户充值具体操作步骤如下。

第1步 进入"支付宝"首页，❶在"账户余额"栏中单击"充值"按钮，如图 6-11 所示。

第2步 进入支付宝充值界面，❷默认显示支付宝绑定的中国工商银行账号，单击"下一步"按钮，如图 6-12 所示。

图 6-11

图 6-12

> **小二开店经验分享——支付方式的其他选择**
>
> 在支付宝充值页面中，单击默认银行账号右侧的"选择其他"链接，可以在打开的页面中选择银行，然后输入账号即可。

第3步 进入中国工商银行客户订单支付服务，❸输入充值金额以及支付宝支付密码；❹单击"确认充值"按钮，如图 6-13 所示。

第4步 弹出信息校验提示框，❺ 输入校验码；❻ 单击"确认充值"按钮，如图 6-14 所示。

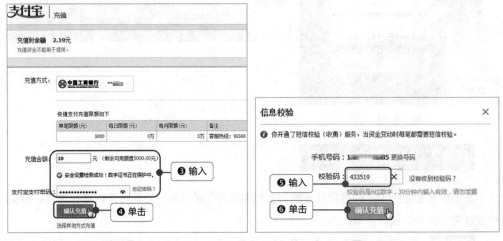

图 6-13　　　　　　　　　　　图 6-14

第5步 此时，即可将填写的金额成功充值到支付宝中，如图 6-15 所示。

图 6-15

6.2.3　查询支付宝账户余额

登录我的支付宝，在页面的左上角可以看到支付宝上的余额，如图 6-16 所示。

图 6-16

6.2.4 使用支付宝转账

通过支付宝，可以直接将支付宝中的部分或全部余额支付给指定的支付宝账户或银行卡。转账对于卖家来说，应该是常有的情况。例如，转账到支付宝中，具体操作方法如下。

第1步 首先输入账号和密码登录支付宝，进入"支付宝"首页。❶ 在"支付宝"首页单击"转账"图标，如图6-17所示。

第2步 ❷ 在打开的页面中单击"转账到支付宝"选项卡；❸ 输入收款方的账号或手机号码、付款金额以及付款说明；❹ 单击"下一步"按钮，如图6-18所示。

图 6-17   图 6-18

> **小二开店经验分享——提现与转账到银行卡的区别**
>
> 提现是把资金提取到和支付宝账户名字一致的银行卡中，普通提现和实时提现都不收费；转账到卡可以把资金提取到指定人的银行账户中，可以是和支付宝账户名字一致的银行卡，也可以是别人的银行账户。

第3步 进入"确认转账信息"页面，❺ 单击选择"手机付款"终端；❻ 输入校验码；❼ 单击"确认并用手机付款"按钮，如图6-19所示。

第4步 打开手机支付宝钱包，❽ 单击首页下方的"服务窗"图标，如图6-20所示。

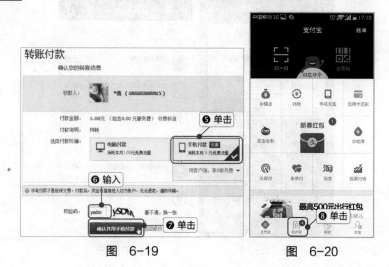

图 6-19   图 6-20

> **小二开店经验分享——使用电脑终端向支付宝转账需要收费**
>
> 一般情况下，我们在向支付宝转账时，使用电脑端直接付款会更方便，但是电脑付款会有一定的收费，所以通常情况下会选择免费的手机付款方式。

第5步 进入"服务窗"页面，❾单击选择"待办事项"图标，如图6-21所示。

第6步 进入"待办事项"页面，❿单击前面电脑中执行的转账事项，如图6-22所示。

第7步 进入"账单详情"页面，⓫确认对方信息无误后，单击"立即付款"按钮，如图6-23所示。

图 6-21　　　　　图 6-22　　　　　图 6-23

第8步 ⓬在弹出的面板中输入支付密码；⓭单击"付款"按钮，如图6-24所示。

第9步 此时，返回"我的账单"页面，即可查看到该项付款交易成功，如图6-25所示。

图 6-24　　　　　图 6-25

皇冠支招

前面给初学者介绍了相关知识的应用,下面,给淘宝新手介绍一些支付宝安全方面的技巧内容。

▶ **招式 01:提高安全保障意识,开通短信校验服务**

"短信校验服务"就是在支付时,系统会给绑定的手机号码发送验证码,卖家需要输入正确的验证码才能完成支付。开通短信校验服务能让卖家的支付宝账号更加安全。具体开通步骤如下。

第1步 登录支付宝页面,❶在"安全中心"页面下单击"短信校验服务"右侧的"开通"链接,如图 6-26 所示。

图 6-26

第2步 在短信服务申请页面,❷单击"开通短信校验服务"按钮,如图 6-27 所示。

第3步 ❸在支付宝"安全工具"页面,输入支付宝的支付密码;❹单击"立即开通"按钮即可,如图 6-28 所示(开通短信校验服务,每月需要收费 0.6 元)。

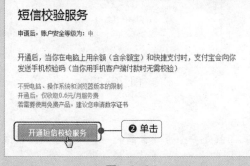

图 6-27

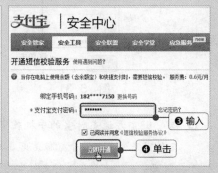

图 6-28

▶ **招式 02:设置和修改支付宝账户密码**

支付宝账户的登录密码与支付密码,我们卖家也可以视情况进行修改,例如,修

改支付宝账户的支付密码,具体操作步骤如下。

第1步 登录支付宝账户,❶在首页单击"账户设置"链接,如图6-29所示。

第2步 进入账户设置页面,❷单击左侧"安全设置"选项卡;❸在支付密码右侧单击"修改"链接,如图6-30所示。

图 6-29　　　　　　　　　　　图 6-30

第3步 打开"修改支付密码"页面,❹输入当前支付密码及新支付密码、确认新支付密码;❺单击"确定"按钮,如图6-31所示。

第4步 弹出对话框提示成功修改支付宝支付密码,如图6-32所示。

图 6-31　　　　　　　　　　　图 6-32

▶ **招式03:开通支付宝的手机版宝令**

支付宝安全宝令的手机版是免费的,而且是安全性非常高的一种保护手段。安装"手机版宝令"后,你在进行支付交易的时候,需要输入手机宝令动态生成的口令,输入正确后才能够完成支付。具体开通方式如下。

第1步 登录支付宝页面,在"安全中心"页面下单击"宝令(手机版)"右侧的"申请"链接,如图6-33所示。

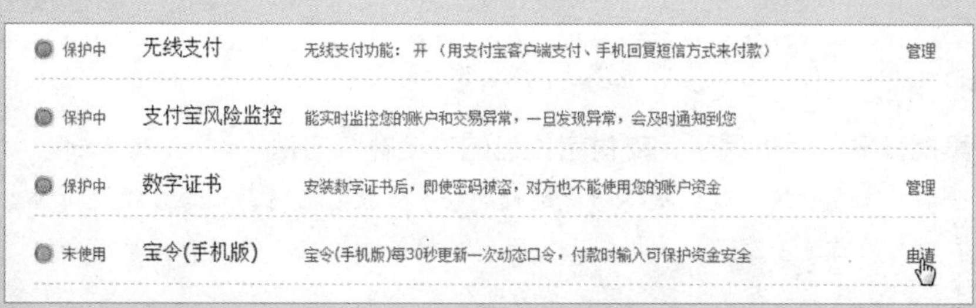

保护中 无线支付 无线支付功能：开（用支付宝客户端支付、手机回复短信方式来付款） 管理
保护中 支付宝风险监控 能实时监控您的账户和交易异常，一旦发现异常，会及时通知到您
保护中 数字证书 安装数字证书后，即使密码被盗，对方也不能使用您的账户资金 管理
未使用 宝令(手机版) 宝令(手机版)每30秒更新一次动态口令，付款时输入可保护资金安全 申请

图 6-33

第2步 单击“申请”链接后，在宝令（手机版）页面有详细的安装介绍，只需按照支付宝网页上面的操作步骤操作即可，如图 6-34 所示。

支付宝-手机宝令
手机密令
第1步 下载支付宝客户端
Android
iPhone
symbian 按键版
symbian 触屏版
不知道下载哪个手机版本？试试选择手机型号
选择手机品牌
选择手机型号
适合您手机的版本为：请先选择手机品牌和型号
第2步 在手机上安装支付宝客户端
1. 打开"支付宝钱包"
2. 点击"安全"
3. 点击"手机宝令"
4. 点击"开启"
5. 开启成功

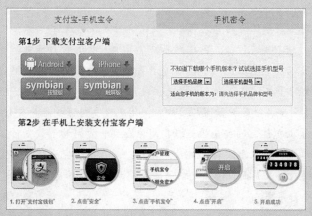

图 6-34

小二开店经验分享——使用宝令的注意事项

安装手机版宝令，需要选择正确的适合你的手机操作系统类型的软件安装。安装完宝令（手机版后，在进行支付时，需要输入手机宝令验证码。宝令（手机版）和短信校验服务及数字证书可以重叠使用，互不冲突。

案例分享：手机丢了，支付宝钱包的安全补救方法

手机装上支付宝，就能足不出户进行购物、还款、理财，如此方便快捷，自然成了众多用户的首选。然而，手机装上支付宝，就等于把自己的财产交给了手机。一旦手机丢失，支付宝是否也失窃？财产是否也会受到损失？

一般情况下，要进入手机上的支付宝账户，需要破解手势密码或登录密码，然后找回支付密码，而支付密码的找回要经过双因子验证。

例如，"通过手机校验码＋安全保护问题""通过手机校验码＋已存快捷卡号""通过手机校验码＋注册证件号""安全保护问题＋电子邮箱"等，并不是简单通过手机短信就能完成的。

此外，支付宝还以保险的形式为用户提供资金保障这最后一道保护。

首先，拨打95188进行挂失，冻结账户；其次，找运营商挂失、补卡。装有新版支付宝钱包，可以多个手机使用一个账号。丢失手机的用户，可以用另一台手机登录支付宝，把丢失的手机信息删除，使之无法使用。用户也可以在丢失手机的第一时间，在电脑上登录支付宝，进账户设置栏目中，关闭无线支付保护账户安全。

为了提高手机支付宝的安全性，我们用户应到官方网站下载支付宝软件。在日常的使用中，可以先在手机上设好开机使用密码，而在使用完手机支付宝之后，要先退出，然后再次进入登录界面，清除之前的登录账号信息等。定期修改支付宝登录密码、支付密码等是个好习惯。

视觉营销,网店装修最关键

本章导读

在视觉营销的时代,如何把店铺设计得更漂亮点,从而进一步吸引买家,是每一个淘宝掌柜都必须关注的话题。在淘宝中,店铺的装修是有一定局限性的,这就需要我们发挥自己的创造力,对店铺进行巧妙地规划,让自己的店铺在众多淘宝店铺中脱颖而出。

知识要点

通过本章内容的学习,读者能够学习到如何对网店进行装修,包括旺铺知识、常规装修方法和旺铺的高级装修知识等。学完后需要掌握的相关技能知识如下。

- 熟悉淘宝图片空间
- 认识并开通淘宝旺铺
- 购买第三方装修模板
- 装修淘宝店铺页面

7.1 淘宝图片空间的使用

卖家在网络上销售产品,需要用到众多的产品图片,而这些图片要让全国各地的买家看见,不能只存放在本地电脑,所以必须先将这些图片放到网上的空间。

7.1.1 关于淘宝图片空间

图片空间,即用来存储图片的网络空间,它一般由专业的IT公司提供,所有人只要能够上网,就能够通过图片空间固有的网址,来浏览你上传的图片。

目前提供图片空间的服务商很多,但是都不如淘宝自家提供的淘宝图片空间方便,它具有图 7-1 所示的稳定、快速、便捷与全能这几种优势。

图 7-1

淘宝图片空间的特色,主要有以下几个方面。

● 图片空间支持图片上传以及文件夹直接上传,减少上传入口选择,如图 7-2 所示,图片上传更便捷。

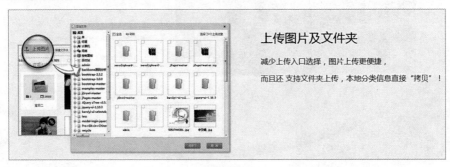

图 7-2

- 图片引用关系提示，不管是宝贝，还是店铺引用了图片都会准确展示，如图7-3所示，未引用图片可以很方便删除。

图 7-3

- 提供图片及文件夹搜索，方便卖家对左侧文件夹中的文件进行快速定位，如图7-4所示，查找分类更方便。

图 7-4

- 提供图片分类管理，让卖家可以像本地电脑一样管理线上图片，支持无限量文件夹分类，管理文件夹和图片更便捷，如图7-5所示。

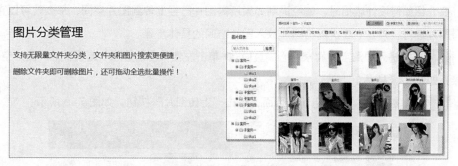

图 7-5

- 图片空间还支持详情页图片编辑，拖动鼠标轻松编辑，个性化排序操作一步完成。

> 小二开店经验分享——图片空间收费吗
>
> 　　在以前，不管是站外还是淘宝提供的图片空间，都是需要收费的。随着科技的进步，以金山网盘、百度云盘为首的众多网盘开始免费，随之而来淘宝的图片空间也开始免费向大家开放，如今，淘宝图片空间针对每个卖家都提供20GB的默认空间。

7.1.2 打开淘宝图片空间

如果要使用图片空间，需要先进行登录，❶ 卖家可以直接打开 http://tu.taobao.com，然后在右侧输入登录名和密码；❷ 再单击"登录"按钮，如图 7-6 所示。

图 7-6

> **小二开店经验谈——快速登录淘宝图片空间**
>
> 如果卖家已经登录淘宝，可以打开卖家中心，在"店铺管理"下单击"图片空间"链接进入。

7.1.3 上传图片到图片空间

在介绍如何设计店招时，曾经讲到如果所需图片已经上传到图片空间，那么就可以直接选择图片进行装修。下面讲解将图片放入图片空间的具体步骤。

第1步 进入"淘宝网卖家中心"页面，❶ 单击左侧"店铺管理"选项下的"图片空间"链接，如图 7-7 所示。

第2步 ❷ 进入"图片空间"页面，单击"上传图片"按钮，如图 7-8 所示。

图 7-7　　　　　　　　图 7-8

第3步 ❸ 跳出选择图片对话框,选择所需图片;❹ 单击"保存"按钮,如图7-9所示。
第4步 上传成功后,图片空间就会自动保存上传的图片,如图7-10所示。

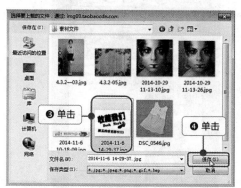

图 7-9

图 7-10

7.2 认识与订购淘宝旺铺

开通店铺以后,除了利用图片空间存放我们的图片,还需要针对店铺进行装修,而淘宝网为卖家提供了不同的店铺功能,这些可供装修的店铺版本统称为"淘宝旺铺"。

7.2.1 认识淘宝旺铺

淘宝旺铺是淘宝网开辟的一项用作装修的功能性服务,它分为基础版和专业版,其中专业版50元/月(一钻以下卖家免费使用),基础版所有卖家免费使用,如图7-11所示。

图 7-11

专业版相比基础版,提供更多实用的装修功能,使顾客的购物体验更好,更容易产生购买欲望,图7-12所示为基础版店铺,图7-13所示为专业版旺铺装修效果。

图 7-12

图 7-13

新手卖家在开店初期，基础版与专业版都可以使用，分别如图 7-14 和图 7-15 所示，但专业版在店铺信誉达到一钻后，就会进行收费。

图 7-14

图 7-15

7.2.2 旺铺的特点优势

淘宝旺铺与基础版相比，有着一些独有的特点与优势，能帮助卖家更好地经营店铺，提高人气。

1. 旺铺的特点

● 可在卖家店铺首页设置 950 像素 ×150 像素大小的店铺招牌。

● 卖家可设置 5 个自定义页面，可在淘宝的模板内嵌入自定义的 html 代码。

● 可设定 3 个个性推广区，通过设定关键字、店铺类别、新旧程度、结束时间价格范围、显示方式、排序方式等条件，显示宝贝搜索结果。

- 可设置高度最大为 500 像素的宝贝促销区域，支持 html 代码。
- 可以设定店铺风格，挑选自己喜欢的颜色。
- 宝贝详情页面可以显示店铺招牌和宝贝类目侧栏。
- 卖家可使用淘宝提供的 html 标签显示宝贝列表。

2. 旺铺的优势

- 自定义内容不限：可发挥无限创意。
- 自定义页面可以灵活编辑：每个自定义页面可以设置独立的风格、招牌区、模块。
- 自动推荐功能：根据买家的购物习惯，自动推荐宝贝，提升购物体验，促进成交。
- 宝贝展台功能：在宝贝详图页面，通过图片展示店铺中全部宝贝，让买家更爱逛。
- 友情链接：设置淘客推广有机会赚佣金。

7.2.3 订购淘宝旺铺

淘宝旺铺是淘宝提供的一种增值服务。使店铺能够更专业，更个性化，并且提供了更强大的功能，对塑造店铺形象，打造店铺品牌，推广促销商品，起到了至关重要的作用。只要拥有店铺，并且店铺没有被监管或者封店，即可订购淘宝旺铺服务。例如，为"安妮的真皮女鞋"订购淘宝旺铺服务，具体操作方法如下。

光盘同步文件

同步视频文件：光盘\教学文件\第 7 章\7-2-3.mp4

第 1 步 进入淘宝网卖家中心，❶ 单击"店铺管理"栏中的"店铺装修"链接，如图 7-16 所示。

第 2 步 进入"店铺装修"页面，❷ 单击"装修"的下拉按钮；❸ 在打开的列表中单击"模板管理"命令，如图 7-17 所示。

图 7-16

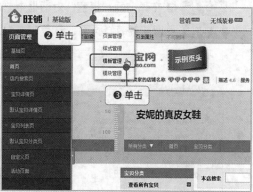

图 7-17

第3步　进入"模板管理"界面，❹单击左侧"推荐使用的模板"选项；❺单击"装修市场"按钮，如图7-18所示。

第4步　❻在"旺铺版本"栏中单击选择"旺铺基础版"按钮；❼在"行业"栏中单击其右侧的"更多选择"按钮；❽在打开的面板中单击选择"鞋类"选项，如图7-19所示。

图 7-18　　　　　　　　　图 7-19

第5步　进入"鞋类"模板界面，❾单击选择所需的模板样式，如图7-20所示。

第6步　进入该模板购买界面，❿单击"马上试用"按钮，如图7-21所示。可以先试用，查看效果后再决定购买。

图 7-20　　　　　　　　　图 7-21

第7步　⓫在弹出的"提醒"对话框中单击"确定试用"按钮，如图7-22所示。

第8步　返回店铺装修页面，⓬单击右上角的"预览"按钮，如图7-23所示。

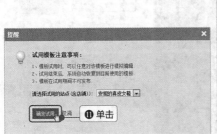 

图 7-22　　　　　　　　　图 7-23

第9步 此时，即可进入店铺中预览所选模板的效果，如图7-24所示。

图 7-24

 小二开店经验分享——其他软件服务的开通

对于新用户而言，除了旺铺外，其他付费服务都可以根据自身情况进行筛选，并非必须开通的。

7.3 淘宝店铺页面装修技巧

开通店铺以后，店面非常简陋，让买家没有购买欲望。本节主要介绍店铺装修中的一些普通技巧。帮助大家尽快熟悉淘宝店铺装修。

7.3.1 设置店铺的招牌

店招也就是店铺招牌，在店铺装修页面上方会自动显示店招位置，而卖家需要做的，就是发挥自己的设计能力为店铺设计一个漂亮的店招。设计店招可以通过其他图形设计软件进行创意制作，也可借鉴其他设计，并在此基础上进行自我创作，形成自己店铺的风格。

（1）如何设计好店招

店招设计的好坏都对店铺的整体形象和运营有着重要影响。下面，就为大家介绍如何装修设计好这一块。

店铺的店招设计需固定统一的大小。

店招就是店铺的招牌，实体店面有自己的招牌，任何店铺都有自己的店招，利用店招来推广店铺的各类产品，宣传店铺的优质服务。往往淘宝店铺在设计店招的时候要固定统一的大小，一般是950像素×150像素，格式为jpg、gif。

设计店招的时候，为了能够使店招代表整体的店铺形象，如图7-25所示，需符合以下两项原则。

- 店招要直观明确地告诉客户自己店铺是卖什么的，表现形式是做好实物照片。
- 店招要直观明确地告诉客户自己店铺的卖点（特点、优势、差异化）。

图 7-25

店铺的店招设计需新颖独特。

随着网上市场发展越来越兴旺，店铺之间的竞争也异常激烈，为了能够在激烈的市场竞争中占据一定市场份额，掌柜们在店铺设计上真是下足了功夫。当顾客浏览到你的店铺时，店铺的每一个方面都能成为影响顾客是否购买的因素。如果店铺的店招设计得新颖独特，如图 7-26 所示，能够吸引顾客的注意，并留下深刻的印象，那么无疑是培养了潜在的目标客户群，或者是直接由店招促成了顾客的购买行为，店铺就顺利完成了营销的工作，取得了相应的经济效益。

图 7-26

（2）上传店招到店铺内

我们可以在 Photoshop 中根据自己的宝贝特点设计制作店招，然后将其上传到店铺中，具体操作方法如下。

第1步 进入淘宝网"卖家中心"页面，❶单击左侧"店铺管理"选项下的"店铺装修"链接，如图 7-27 所示。

第2步 页面编辑内，从上到下第一个可编辑框为店招位置，❷单击其右上方的"编辑"按钮，如图 7-28 所示。

图 7-27　　　　　　　　　　　图 7-28

第3步 进入编辑页面后，❸单击"选择文件"按钮，如图 7-29 所示。

第4步 点击"选择文件"后，如果所需图片已经上传到图片空间了，就直接在图片空间中选择所需图片；如果所需图片没有上传到图片空间，❹单击"上传新图片"按钮，如图 7-30 所示。

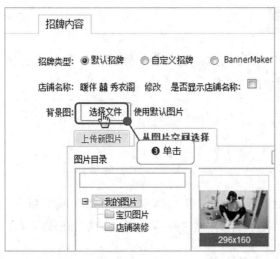
图 7-29

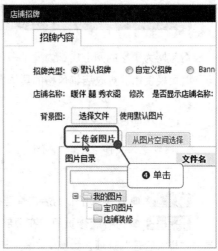
图 7-30

第5步 在"上传新图片"页面内，❺ 单击"添加图片"链接，如图 7-31 所示。

第6步 在出现的对话框中，❻ 选择所需图片；❼ 单击"保存"按钮，如图 7-32 所示。

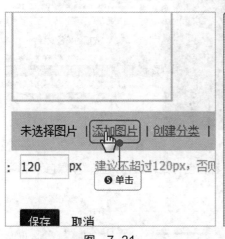
图 7-31

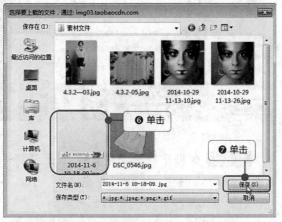
图 7-32

第7步 ❽ 跳转至原页面后，单击"插入"按钮，进行上传；❾ 上传完成后，单击"保存"按钮，如图 7-33 所示。

第8步 此时，即可完成店招的上传，如图 7-34 所示。

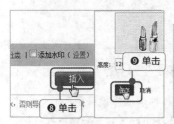
图 7-33

图 7-34

7.3.2 设置店铺的色彩风格

淘宝网为卖家的网上店铺内置了多种界面风格，以方便卖家在不同节日促销或转换经营方向时更换使用。更改店铺风格的具体操作方法如下。

> **光盘同步文件**
>
> 同步视频文件：光盘\同步教学文件\第7章\7-3-2.mp4

第1步 ❶ 在卖家中心的店铺管理栏目下，单击"店铺装修"链接，如图7-35所示。

第2步 ❷ 打开装修页面，在顶部单击"装修"按钮的下拉按钮；❸ 在弹出的菜单中单击"样式管理"选项，如图7-36所示。

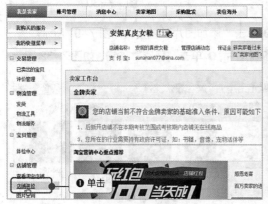

图 7-35

图 7-36

第3步 ❹ 打开"模板颜色更换"页面，选择一种颜色样式，如这里选择"草绿色"样式；❺ 单击"保存"按钮，如图7-37所示。

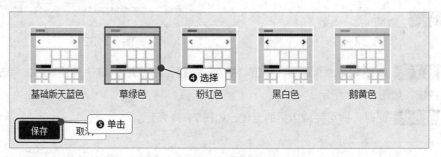

图 7-37

> **小二开店经验分享——选择什么样的模板颜色好？**
>
> 卖家在设置模板时，最好根据自己销售宝贝的分类、属性来选择模板颜色，如出售儿童用品，可以选择活泼的绿色；出售女士用品，可以选择粉红等艳丽的颜色。

7.3.3 宝贝分类设计

合理的宝贝分类可以使店铺的商品更清晰,方便卖家和买家快速浏览与查找自己想要的宝贝。如果店铺发布的宝贝数目众多,那么合理的分类显得尤为重要。

(1)添加宝贝分类

创建普通商品分类,具体操作方法如下。

第1步 进入"店铺装修"页面,❶ 在"宝贝分类"模板的右侧上方单击"编辑"链接,如图7-38所示。

第2步 在"商品管理"页面中,❷ 单击"添加手工分类"选项,如图7-39所示。

图 7-38　　　　　　图 7-39

第3步 ❸ 输入分类名称;❹ 单击添加子分类,输入子分类名称,如图7-40所示。

第4步 使用同样的方法,继续添加手工分类,输入分类名称,❺ 完成后单击右上角的"保存更改"按钮,如图7-41所示。

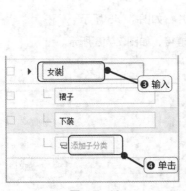

图 7-40　　　　　　图 7-41

第5步 完成宝贝分类模板设置,如图7-42所示。

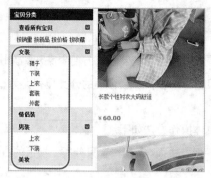

图 7-42

（2）为宝贝分类添加图片

以上步骤为添加普通宝贝分类的步骤，卖家还可以使宝贝更加具有吸引力，可以在宝贝分类中添加图片，具体操作步骤如下。

第1步 在"商品管理"页面中，单击"添加手工分类"选项后，❶ 输入分类名称；❷ 单击右侧"添加图片"链接，如图 7-43 所示。

第2步 弹出图片源选择框，❸ 单击选中"插入图片空间图片"单选按钮，如图 7-44 所示。

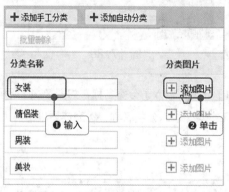

图 7-43

图 7-44

第3步 ❹ 在图片空间选择需要添加的分类图片，如图 7-45 所示。

第4步 ❺ 子菜单同样单击右侧"添加图片"链接，如图 7-46 所示。

图 7-45

图 7-46

第5步 使用同样的方法，插入分类图片，❻完成后单击右上角"保存更改"按钮，如图7-47所示。

第6步 完成添加图片宝贝分类模板设置，如图7-48所示。

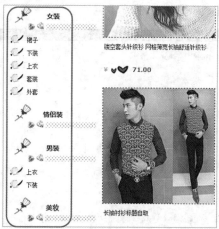

图 7-47　　　　　　　　　　　图 7-48

> **小二开店经验分享——网上下载宝贝分类图片**
>
> 　　如果嫌自己动手制作宝贝分类图片太麻烦，但又不想仅用文字来表达，也可以直接通过网络搜索特定的图片来代替。在搜索引擎中使用"宝贝分类图片"等关键字搜索需要的分类图。

7.3.4　增加店铺导航分类

除了默认显示的页面分类外，卖家还可以根据需要来增加店铺分类导航，从而让买家以更直接、方便的方式进行购买。具体操作方法如下。

第1步 进入"店铺装修"页面，❶在"店铺招牌"模块中单击"编辑"按钮，如图7-49所示。

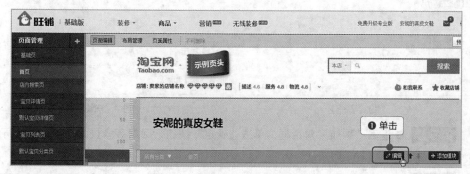

图 7-49

第2步 弹出"导航"对话框，❷ 在"导航设置"选项卡的右下角单击"添加"按钮，如图7-50所示。

第3步 弹出"添加导航内容"对话框，❸ 单击"自定义链接"选项卡；❹ 单击"添加链接"按钮，如图7-51所示。

图 7-50　　　　　　　　　　　　图 7-51

第4步 ❺ 输入链接名称，粘贴先前在相应页面中复制的地址；❻ 单击"保存"按钮，如图7-52所示。

第5步 此时，即可默认添加该链接，❼ 单击"确定"按钮，如图7-53所示。

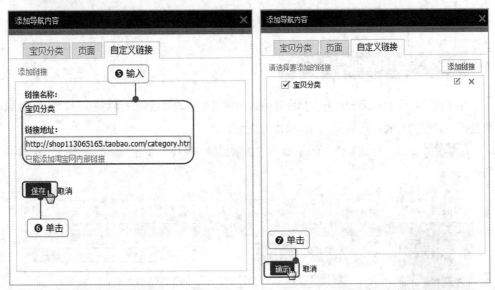

图 7-52　　　　　　　　　　　　图 7-53

第6步 ❽ 返回"导航"对话框，单击"确定"按钮，回到装修页面，单击右上角的"发布"按钮，如图7-54所示。

第7步 ❾ 在弹出的"发布"对话框中单击"确定"按钮，确认发布，如图7-55所示。

图 7-54

图 7-55

> **小二开店经验分享——调整导航页面排列顺序**
>
> 淘宝店铺页面需要定时、定期更改,以不断提升页面视觉效果。例如,将"宝贝推荐"与"图片轮播"模块调换位置,进入装修页面,在"图片轮播"模块右上角单击"下移"按钮,此时,即可快速将"图片轮播"模块与下方的"宝贝推荐"模块调换位置。
>
> 在调整首页模块过程中,不需要的模块可以直接在其右上角单击"删除"按钮,将其删除即可。

7.3.5 添加店铺客服

淘宝装修经过历次改版,现在可以通过子账号直接增加客服,无须利用其他复杂的方法进行编辑,添加客服的具体操作方法如下。

第1步 进入淘宝网卖家中心,❶ 在"我是卖家"界面左侧单击"店铺装修"链接,如图 7-56 所示。

第2步 进入装修页面,❷ 在客服模块中单击"编辑"命令,如图 7-57 所示。

图 7-56

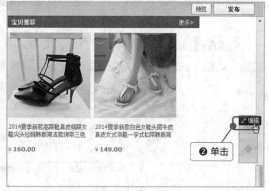
图 7-57

第3步 打开"子账号"窗口,❸ 单击"分流设置"选项卡;❹ 单击"创建子账号"链接,如图 7-58 所示。

第4步 弹出"领取基础版"提示框,❺ 勾选"我已阅读并同意子账号基础版服务协议"复选框;❻ 单击"确定"按钮,如图 7-59 所示。

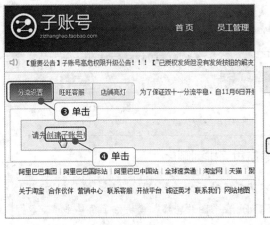

图 7-58

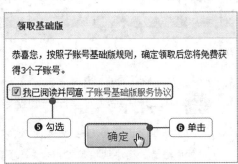

图 7-59

第5步 ❼ 在弹出的欢迎界面中单击"进入"按钮,如图 7-60 所示。

第6步 ❽ 单击我的团队下的"客服"链接;❾ 单击右侧"新建员工"按钮,如图 7-61 所示。

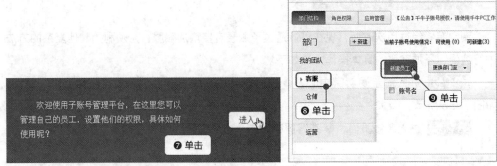

图 7-60　　　　　　　　　　图 7-61

第7步 进入"新建员工"界面,❿ 输入并设置员工信息;⓫ 单击"创建并继续添加"按钮,如图 7-62 所示。继续添加员工,并设置其信息。

图 7-62

第8步 此时，即可查看到添加的所有客服员工账号都投入到使用中，如图7-63所示。

图 7-63

第9步 ⑫ 单击"店铺亮灯"选项卡；⑬ 在"亮灯显示"栏中单击"修改亮灯"按钮，如图7-64所示。

第10步 ⑭ 在打开的"修改店铺亮灯"页面中，设置工作日期与时间、联系方式等；⑮ 单击"保存"按钮，如图7-65所示。

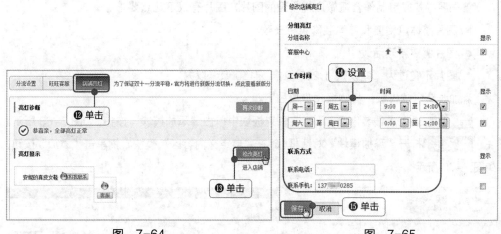

图 7-64　　　　　　　　　　图 7-65

第11步 此时，即可成功添加客服，设置好客服工作时间，如图7-66所示。

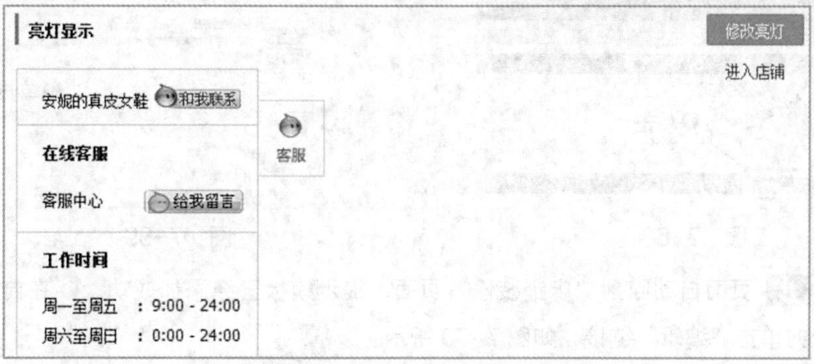

图 7-66

7.3.6 添加店铺收藏模块

在淘宝店铺上如何设置"收藏本店"功能,并添加图片和文字的详细介绍,新手卖家也是可以做到的。卖家可以在店铺右边的自定义内容区上添加"收藏店铺"模块,如图7-67所示,也可以加在宝贝详情描述页。

图 7-67

首先要寻找或者制作合适做店铺收藏的图片,图片有以下几点要求。

- 图片整体风格要和整体装修风格一致。
- 图片需要新颖活泼。
- 图片不宜过大,建议尺寸200像素×150像素以内。

添加收藏店铺模板,具体操作步骤如下。

第1步 进入店铺装修页面,❶ 在任意板块中单击"添加模块"按钮,如图7-68所示。

第2步 打开"添加模块"对话框,❷ 在"自定义内容区"模块右侧单击"添加"按钮,如图7-69所示。

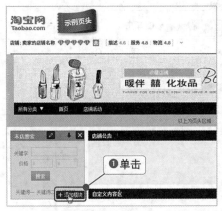

图 7-68　　　　　　　　　图 7-69

第3步 页面自动回到"店铺装修"页面,提示模板已经添加成功,❸ 在自定义内容区模板上方单击"编辑"链接,如图7-70所示。

第4步 ❹ 在打开的对话框中,单击"插入图片空间图片"按钮,如图7-71所示。

图 7-70　　　　　　　　　图 7-71

第5步 ❺ 在"从图片空间选择"中单击所需图片；❻ 单击"插入"按钮，如图 7-72 所示。

第6步 上传成功后，❼ 在文本框中选择图片，单击"编辑"链接，如图 7-73 所示。

图 7-72　　　　　　　　　图 7-73

第7步 打开编辑对话框后，需要输入链接网址，如图 7-74 所示。

第8步 打开卖家店铺首页页面，在"收藏店铺"链接上单击鼠标右键，❽ 在出现的下拉菜单中选择"复制链接地址"选项，如图 7-75 所示。

图 7-74　　　　　　　　　图 7-75

第9步　回到编辑对话框,在链接网址文本框内单击鼠标右键,❾在出现的下拉菜单中选择"粘贴"选项,如图7-76所示。

第10步　❿粘贴成功后,单击"确定"按钮,如图7-77所示。

图　7-76　　　　　　　　　图　7-77

第11步　稍等片刻,自动回到"自定义内容区"编辑页面,⓫单击"确定"按钮,如图7-78所示。

第12步　完成添加后,在"店铺装修"页面,⓬单击右上方的"发布"按钮,如图7-79所示。

图　7-78　　　　　　　　　图　7-79

第13步　弹出发布成功对话框,⓭单击"查看店铺"按钮,如图7-80所示。

图　7-80

7.3.7 添加店铺友情链接

友情链接就是在自己的店铺中加入其他卖家店铺的地址,方便买家在浏览完自己的店铺之后直接跳转到这些卖家的店铺,广大卖家之间相互建立友情链接,相当于共享自己店铺的客源,非常有利于店铺销售量的提升。添加友情链接的具体操作方法如下。

第1步 进入装修页面,❶在任意板块中单击"添加模块"按钮,如图7-81所示。

第2步 打开"添加模块"对话框,❷单击"模块市场"选项卡;❸单击"友情链接"右侧的"添加"按钮,如图7-82所示。

图 7-81　　　　　　　　　图 7-82

第3步 即可将当前元素添加到页面中,❹单击"友情链接"板块中的"编辑"按钮,如图7-83所示。

第4步 ❺在打开的对话框中输入链接名称,粘贴链接地址以及对连接说明进行填写;❻单击"添加"按钮;❼单击"保存"按钮,如图7-84所示。

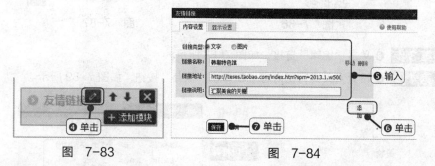

图 7-83　　　　　　　　　图 7-84

第5步 返回店铺页面,在友情链接区就可以看到添加的店铺链接了,如图7-85所示。

图 7-85

> **小二开店经验分享——添加友情链接的注意事项**
>
> 我们卖家在添加友情链接时,最好不要选择与自己销售相同商品的店铺,因为如果对方店铺的商品比自己的更具有竞争力,不但不会增加店铺的访问量,反倒可能造成顾客的流失。更有可能错失原本可以得到的生意。

7.3.8 添加宝贝排行榜

宝贝排行榜是由店铺热门收藏排行与本月热销排行两种排名组成的,根据排名买家可以在店铺首页查看店铺的热销品,增加浏览量,增多销售额。那么宝贝排行榜如何设置?具体操作方法如下。

第1步 打开装修页面,❶ 在任意模板上单击"添加模块"按钮,如图 7-86 所示。

第2步 选择【宝贝排行榜】,❷ 单击"添加"按钮,如图 7-87 所示。

图 7-86　　　　　　　　图 7-87

第3步 ❸ 单击"编辑"链接,如图 7-88 所示。

第4步 ❹ 设置宝贝排行榜内容;❺ 单击"保存"按钮,如图 7-89 所示。

图 7-88　　　　　　　　图 7-89

第5步 宝贝排行榜模板设置成功，可在店铺首页查看。

皇冠支招

前面给初学者介绍了相关知识的应用，下面，给淘宝新手介绍一些自己的感悟和技巧分享的内容。

▶ **招式01：设计出好店招的技巧**

店招设计是网店装修的一部分，它在旺铺视觉营销中占据了相当重要的位置。作为店主，最好把它当广告牌来用，那么显眼的一个位置，一定要将最核心的信息展示出来，让顾客一看就懂，一目了然。

新手店家在设计店招时，首先要知道店招的内容是什么，确定好内容之后，再想一想它的功能是什么？然后再动手开始设计。设计店招必须具备以下几个要点。

- 品牌Logo和店铺名：一定要放在醒目的位置。
- 品牌Slogan（广告语）：展现你店铺的特点、风格、形象。
- 视觉点：可以是促销信息、优惠信息等。
- 关注或收藏店铺的入口。

 小二开店经验分享——在店招设计过程中的注意事项

店招整体尺寸为1920像素×120像素，但是核心的内容如店铺Logo、店铺名称、联系方式务必放在画面中央，即950像素以内。（如果首页导航栏的30像素也包括在内，那么店招的高应该设置为150像素。）其次在制作店招过程中还需特别注意以下几点。

- 店招一定要凸显品牌的特性，让客户很容易就清楚你是卖什么的，包括风格、品牌文化等。
- 视觉重点不宜过多，有1~2个就够了，太多了会给店招造成压力，要根据店铺现阶段的情况来分析，如果现阶段是做大促，可以着重突出促销信息。
- 整体风格要与店内产品统一。
- 颜色不要复杂，颜色一定要保持整洁性。
- 如果店招里有季节的要素，需要根据季节及时更换。例如，女装店要注意随着季节变化及时调整，不要放置过季服装在店招上。

▶ **招式02：店铺装修的技巧与误区**

前面给初学者介绍了相关知识的应用，下面，再介绍店铺装修的技巧与误区。

1. 店铺装修技巧

卖家在店铺装修时要注意以下技巧。

（1）风格要统一

店铺设计风格要与主营产品相符，针对不一样的消费群体店铺所用的主题模板就要不同。例如，女装类的店铺就可以用插画、时尚可爱、花边等风格；男装类就可以用黑白搭配、有金属感的设计风格；童装更适合卡通类的风格。

不仅产品和店铺风格要相符，而且店铺的整体风格也要一致。从店标到主页的风格再到宝贝详情页最好采用同一色系，同样的元素，使店铺有整体感。风格不统一是网店装修的大忌。需要注意的是，在分类栏、店铺公告等地方也要考虑整体性，不要一会搞笑卡通，一会粉红浪漫。

（2）色彩的合理使用

在店铺装修里，色彩的合理使用也是非常重要的，好的色彩可以提高宝贝的水准也可以提高顾客的购买力。在夏季我们可以使用冷色系，让买家有清凉感，冷色系也有端庄肃穆的感觉，同样适合男装店铺使用。暖色系一般会让人产生亲近感，例如红、黄等色，这些比较适合年轻人群的店铺，红色系中的粉红、鹅黄等颜色是女生比较喜欢的，所以对销售女性用品及婴幼儿用品的店铺而言是比较实用的。

（3）主图要突出

店铺装修得好，确实能吸引买家的眼球，但是我们毕竟是销售宝贝的，而不是秀店铺的，别让店铺装饰抢了商品的风头，切忌太花哨。

（4）添加背景音乐的利弊

这是一个比较有争议的问题，有些买家因为喜欢你的背景音乐来光顾你的店，而有些则会被你的音乐吓跑。音乐文件大小也是一个问题，太大会影响页面打开速度。

（5）避免图片使用得太多

新手卖家可能会觉得店铺图片越多越好看，这其实是一个误区，图片太多质量太高就会影响打开页面的速度，这也是实体店和网店的差异，开网店考虑的因素和实体店考虑的不同，因此，网店装修要把握好度。

2. 店铺装修的误区

进入一家淘宝店铺首页，先映入眼帘的是店铺的装修，如果装修的好，则会增加买家的购买欲望。在店铺装修上，导航尤其重要。但是在装修过程中，如果不注意细节问题，则容易陷入淘宝店铺装修的误区，如何避免淘宝店铺装修6个误区？

● 导航混乱，没有清晰明确的顶部导航。

● 轮播的图片花里胡哨，无突出特性。

● 宝贝详情页入口太多，流量不能充分集中到几个优势宝贝上。

● 忽略了首页搜索功能，请别忘记如果你的店铺宝贝超过100个，请加入快捷搜索框在首页店招底部。因为这能节约访客时间，让他能快速找到自己想要的宝贝，其实这也是为你增加订单的机会。

● 首页配色多于7种以上，颜色过于刺眼，让人看了只有一个感觉，貌似进了一个杂货铺。

● 店铺装修不能抓住重点，完全根据店主自我的喜好想当然地进行设计装修，买家也并不喜欢你的设计风格。

▶ 招式03：不同网店的装修建议

由于销售商品类型、风格不同，因此卖家也要结合自己销售的商品类型与风格来进行装修。

无论卖家准备如何装修，毕竟都是为了吸引买家，因此要遵循一个原则"简洁明快，清晰直观"，下面针对淘宝普通店铺装修提供一些建议，广大卖家在装修店铺时可以作为参考。

1.店铺与商品相得益彰

很多卖家在装修店铺时，并没有考虑到自己销售的是什么商品，而是单纯从店铺角度来进行设计，这是非常大的误区。装修店铺前，我们应该先根据自己销售的商品来规划店铺到底要装修成什么样。包括整体风格、页面特色等，让店铺与商品相得益彰，才会让买家觉得你的店铺更专业。

这里店铺风格建议与商品风格相协调，如销售时尚女装类商品，可以将店铺装修得清纯靓丽，色调以粉色或淡蓝色为主；销售职业男装，则可采用时尚商务类店铺装修，并结合图案进行设计；销售数码类商品，店铺装修最好更具有科技感。

2.店铺风格的协调性

我们知道，淘宝店铺页面中包括了掌柜档案区、公告区、商品分类区等，不同的区域，在装修时都是单独设计的，最后放到页面中也就是将前面单独的设计拼合到一起。要知道买家进入店铺后，看到的是整个店铺页面，这时在设计各个对象时，就需要考虑到整体的协调性，包括风格、配色以及采用的图案等。

协调的店面布局可以让买家赏心悦目，在店铺停留的时间也会越久；反之，设计凌乱不堪的店铺，很难让买家长时间留驻。

3.店铺布局的简洁性

店铺装修的目的，不仅仅是吸引买家，同时也是便于买家浏览商品，因此，店铺布局不宜设置得太复杂。很多卖家在装修店铺时，为了店铺美观而大量使用图片，殊不知太多的图片，会让买家眼花缭乱，很难有效地浏览到商品。

这一点尤其在商品分类中更为重要，商品分类中的图片应尽可能直观简洁，让买家一眼就能看明白分类结构。

案例分享：让流量直线上升的美感店铺

众所周知，视觉冲击力强的店铺装修能给客户带来好心情，营造良好的购物环境。好的店铺装修能吸引顾客的关注，塑造店铺形象和品牌，能刺激购物欲望，留住买家促进成交,那么,怎样才算是好的装修呢?笔者认为好的店铺装修首先应该做到合理布局。

越来越多的买家会受店铺装修影响,相对地,卖家也越来越重视店铺装修了。但是,我们发现还有很多卖家的店铺装修仍然停留在素材上,东拼西凑,看到自己喜欢的图片就往首页里塞。以为这样就大功告成了,可是结果呢?往往是买家进来一看,觉得店铺极不专业,杂乱无章,无从下手。所以,店铺装修并不是我们所说的简单的美化,而是要有全局的眼光和独特的出发点。做好全局的规划,从各种视觉元素入手,去打造一个整体的形象。只有合理的布局才能指引整个店铺的营销过程,并做到有的放矢,不杂乱无章。

很大一部分卖家可能对店铺布局是一片茫然,因为他们不知道什么是合理布局,怎么布局?有的甚至连什么叫店招、什么叫促销区、什么是左侧模板、什么是分类模板等都还不明白。

其实很多人说装修的美观程度跟店铺的版本是成正比的,版本越高所添加的模块越多、更具功能,不能否认这一点。但是,首先你要懂得装修分析,合理布局。当然现在市场上有大量的店铺装修模板,都是一键安装的,虽然不错,但毕竟不是你设计的,不只你一个人使用,这样就没什么风格了。

如何合理布局自己的淘宝店铺,店铺好比一幅工程图每一块位置都需要一个合理的布局,我们一一细分店铺各个位置的布局,各位读者可以根据下边的分析诊断一下自己的店铺装修得是否合理?

● 整体布局

我们在给店铺布局的时候,一定要以店铺定位为中心,统一风格,注意突出店铺主题、促销信息、风格及定位等。

● 店招

店招是店铺品牌的宣告,通过店招可以告诉买家你在卖什么?你的店铺风格及定位?建议采取简短醒目的广告语辅助Logo增强店铺的认知度。另外,在店招招牌上有一个非常重要的区域,那就是首页导航。首页导航一般有3种类型:第一种是根据店铺的主营产品(如钱包、卡包、时装包)在导航上分类,第二种是根据购物规则购物流程等(如买家须知、尺码表等)在导航上分类,第三种是根据特别产品(如特价、新品、热卖的产品)在导航上分类。首页导航不仅可以减少沟通,引导购物,还可以推荐产品,可见首页导航的布局非常重要,请大家一定要充分利用这7个板块。

● 店铺公告促销

店铺公告的重要,大家应该知道。好的店铺公告促销,可以调动买家的情绪。店铺公告可以是风格体现、单品秀、店铺宣传,也可以是突出的广告信息或促销信息,店铺公告的布局最好仅次于店招,以利于抓住买家的第一眼。

● 掌柜推荐

掌柜推荐的产品最好是选择店铺最有竞争力的宝贝,应尽量满足需求量高、性价比高，宝贝图片清晰且详细的条件。展柜热荐产品的排版可以是3×3大图也可以是4×3小图，表达方式可以自己定。建议陈列出与品牌优势、卖点相关的商品，显得店铺商品种类众多，让消费者感觉很热闹，亮出价格好，形象好的商品（特价商品或核心产品）。对推荐产品的陈列要求是：图片风格需要统一，产品需要按照分类来摆放，使条目更加清晰，增加系列之间的BANNER横幅，使用户不容易产生视觉疲劳。

● 宝贝分类

宝贝分类就是为了方便买家查找，分类不是越多越好，请务必分类清晰，不可太复杂了。宝贝分类一定要考虑买家的搜索习惯，新品、特价商品、促销商品的分类尽量放在靠前的位置，分类方式可自由选择，自由搭配，如一级分类按照属性划分，二级分类按照产品风格划分，商品分类的名称要方便顾客进行挑选，尽量不要出现无宝贝的分类，注意做到清晰明了，一目了然。

● 自定义区

自定义区可以添加品牌介绍、物流介绍或邮费介绍、售后服务和退换要求、促销信息、活动资讯等。店铺可设置为五个自定义页面完善店铺的服务条款，减少客服工作量，提高工作效率，宣传店铺品牌、成长历史、店主故事等，让消费者认可。建议所有的自定义页面，包括品牌介绍、购物须知页面等都与首页的风格相统一，推广活动页面主题要明确，与时令、网络环境热门字眼等相结合，选取的商品需要有代表性。

第8章

卖产品，客服也是重要的一环

本章导读

对于顾客而言，有时或许服务才令他们真正产生购买冲动。而无论实体店还是淘宝网店，有信誉且周到的客户服务系统都将大大提升店铺的形象。本章就为读者解说顾客不仅是买产品，他更是买做事认真的态度、服务态度和服务精神。

知识要点

通过本章内容的学习，读者能够掌握如何做好售前服务以及如何提供有效的售后服务来维护客服关系。学完后需要掌握的相关技能知识如下。

- 掌握与客户的售前沟通技巧
- 掌握售后服务技巧
- 正确面对顾客的各种评价

客服	接待人数	询单人数	付款人数	询单转化率
小红	846	790	388	49%
小艳	934	600	325	54%
小天	1134	713	414	58%

8.1 售前客服应掌握的流程与技巧

售前客服是指在顾客购买商品之前，明确商品的定位，为顾客提供商品信息的解答，引导顾客购买商品的客服。售前客服接待人数众多，工作压力不小，此时，售前客服只需要清楚自己的工作流程，就基本能保证自己的工作有条不紊地进行。

8.1.1 客服沟通的基本心态

售前客服每天面对的是来自各地形形色色的顾客，也会遇到很多意想不到的事情，开心的、无奈的、困惑的，还有气愤的，这些都是客服工作中不可避免的内容，但是无论遇到什么样的人或事，客服都必须竭尽全力得到顾客的肯定，所以想要成为一名优秀的客服，首先要拥有强大的内心和良好的心态。

1. 关心顾客

客服面对顾客的疑问和不解时，首先要去除自私自我自大的心态，不能因为自己比顾客更了解产品而显得不可一世，也不能因为顾客的问题低俗而讽刺他和表现出不耐烦。

作为一名合格的售前客服，应该主动关心顾客的难处或需求，像朋友一样去关心呵护顾客，让顾客跨越空间距离感受到那份温暖与关怀。售前客服一定要以最热忱的话语欢迎每一位顾客，诚心为顾客解决问题，让其得到温暖与关怀。

2. 对顾客热情主动

当顾客在购物途中遇到了任何问题，客服都有责任主动帮顾客去解决问题，不能采取顾客问一句客服答一句的被动形式，而是要对顾客的整个购物流程进行跟踪，有任何问题及时主动与顾客联系交流，增强与顾客之间信息的互动。

3. 清楚自己的目的

客服在与顾客进行交谈时，一定要清楚自己是在工作，与顾客的谈话，聊天的目的都是要引导顾客购买商品，所以客服在与顾客沟通时首先要分轻重缓急，优先解决顾客的疑问再进行推荐促销。其次是客服要注意聊天的时间，与顾客的每一次谈话都是有目的性的工作行为，有一些顾客故意找客服闲聊，面对这种顾客，客服在闲时可以将其当成朋友一样聊天沟通，挖掘他们的潜在购买力，但在繁忙时则不可花太多时间在他们身上，要去寻找更具有询单转化率的顾客。最后，客服一定要适时确认对方是否清楚你表达的意思，注意使用正确的讲话方式。

8.1.2 售前知识储备

售前知识储备是对售前客服最起码的要求，即客服要对所销售的商品有全面而具体的认知，客服只有掌握了这些基本知识，才能给顾客传递正确的信息。

1. 掌握产品知识范畴

所谓产品的知识范畴，是指客服应该掌握的产品的几大知识板块的分类，包括型号、功效、材质面料、搭配产品、风格潮流和特性特点六个方面。图8-1和图8-2所示就代表该产品的功效，准确地掌握和描述产品的功效，可以为顾客的选购提出指导性意见，也能帮助顾客做出正确的判断。

图 8-1　　　　　　　　图 8-2

2. 掌握产品大小

网络购物最大的弊端就是顾客无法实实在在地接触到商品，在选购商品大小时没有具象的概念，这给顾客造成了很大的困扰。客服需要掌握不同商品的大小尺码的划分，帮助顾客迅速了解商品的大致尺码，方便顾客选择。

商品大小通常包含尺码、容量、重量及长短等。图8-3所示为按尺码决定大小的外套，图8-4所示为按容积决定大小的玻璃杯。

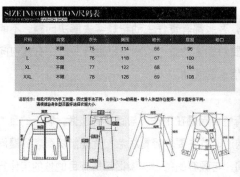 

图 8-3　　　　　　　　图 8-4

8.1.3 售前成交过程

大部分淘宝店铺的客服岗位分配是非常明确的，其中售前客服人员会相对多一些，在整个店铺的运营中，售前客服都扮演着十分重要的角色，尤其是在帮助顾客顺利完成商品购买的过程中，不仅要担当顾客一对一的咨询师，还要兼任店铺形象塑造的执行者及店铺销量提升的销售员。在售前成交过程中也要注意以下几部分内容。

1. 进店问好

第一印象是指和陌生顾客的交往中，给对方留下的最初印象。在网络购物中，这种通过售前客服所获得的初次印象是今后商品交易的依据，在竞争异常激烈的网络店铺中更要注意第一印象的培养。所以为给顾客第一次就留下好印象，需要注意以下两方面。

拒绝一个字回答。"在""有""没""嗯""好"……这类看似在回答顾客疑问的词语，在客服与顾客的聊天中是绝不允许的，一个字回答顾客的询问会让顾客觉得客服很敷衍、没有耐心、太过冷漠，如图8-5所示。这样很容易降低顾客在这家店购买的欲望，流失客源。当然文字多少适量即可，太多的文字也会让顾客抓不住重点。

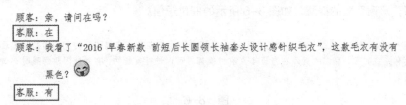

图 8-5

礼貌热情，统一术语。短短的一句欢迎光临能产生意想不到的效果。让顾客真正感受到作为"上帝"的优待，从源头上消除顾客的抵抗心理。在交谈中要多用"您""咱们"等词语。

2. 为顾客推荐商品

推荐产品是我们售前客服工作最重要的环节，是指客服根据顾客的需要将自己想要出售的产品通过自己独特的销售方式推荐给顾客的过程，这是客服工作的重点，也是客服工作能力的具体体现。

首先，瞄准顾客的购买需求进行推荐。一方面，顾客的问题直接反映了他们的需求，客服只需要从问题中的几个关键字入手，有针对性地为顾客推荐即可。另一方面，对于那些已拍下但没有付款的顾客可以根据订单稍作询问，这样顾客会觉得客服很懂自己，不会存在沟通障碍。

其次，帮助客户进行挑选。很多顾客在选购商品时会出现不自信，缺乏独立意识等情况，这个时候客服的出现是帮助顾客选择的定心丸。

3. 为顾客解决疑问，促成交易

在客服与顾客沟通交流之后，顾客多少对产品还存在一些疑问，如果客服不能将疑问解决好，就很难实现销售，所以客服一定要学会处理问题，就是针对顾客的疑问或不满，进行完全解答的过程。

客服首先需要清楚的是问题产生的原因，并注意自己的处理态度，然后明确问题，找到原因，用数据和事实消除顾客的疑虑与误解，并做出解释，说服顾客以达成共识。

4. 催促顾客付款

在客服和顾客经过长时间的沟通之后，顾客终于拍下产品，但却迟迟没有付款，客服几乎每天都会遇到这样的情况，这个时候就需要客服进行催付，催付工作是提高询单转化率最直接、也是最简单的步骤。所以客服一定要掌握催付工作的合理流程，主要包含催付方式、催付时间以及催付用语等。

现在用得比较多的催付方式是电话、短信、千牛三种方式，这三种催付方式不能针对同一顾客频繁使用，最好选择其中1~2种催付方式，每种方式只能使用一次，因为过于频繁的催付会让顾客厌烦，就适得其反了。

催付时间主要根据购物时间进行选择，客服除了在顾客下单后进行在线催付外，隔天同一时间进行催付效果最好，由于很多订单提交后未进行支付的原因都源自支付本身的问题，顾客也会自行去解决。

客服催付的内容可不是随随便便的，催付的内容是非常讲究的，一定要让顾客感受到客服的热情，感谢客服的提醒，如图8-6所示的催付短信。

> XX 女士，您好！我是XXX 店铺的客服XX，我们查询到您在我们店铺购买的XXX 商品当前还没有完成付款，我们的货品在当日4点前付款都是可以进行发货的，有任何问题您随时咨询我们！

图 8-6

5. 礼貌性告别

当顾客完成对商品的购买后，客服要主动与顾客告别，这样做不仅是一种礼貌，更是为下一次的交易赢得好的机会。礼貌性告别主要有以下几种方式。

千牛表情的合理使用：客服想表达对顾客购买商品的感谢之意，想表达对顾客下次光临的热情欢迎时，单单靠文字是很难让顾客感受到的，而对千牛中的一些告别表情的使用就能很好地弥补这一点，图8-7所示为常用告别表情。

图 8-7

添加顾客为好友，并备注相关信息：在与顾客礼貌告别后，记得一定要添加顾客为好友并做好分组，这样既可以表示对顾客的重视，也能为自己的下一次销售累积资源。

8.1.4 应对各种类型的顾客

对于网上开店的客服而言，每天都要面对不同类型的顾客，那么，针对这些不同类型的顾客，客服究竟应该如何应对呢？

1. 针对直接询问的顾客

这样的顾客一般都是已经看中了你的产品，只是为了确定货源、价格及运费，针对他们的问题，一定要以最快的速度回答，并且要清楚，不能含糊不清，不可拖拉时间，如果是些性急的顾客可能就会因此而流失了。当然也有一些问得特别细致的顾客，他不急于一时，就是想在买之前把产品的颜色、特点等了解清楚一点，这时候就更需要耐心而详细地向他介绍他所看中的产品的特点，不能因为顾客询问的问题太多而爱理不理，这样的卖家会让顾客产生一种不敢信任的感觉。

2. 针对正在考虑中的顾客

不要看轻了这一类顾客，他们一般都是潜在的客户。而且这类顾客当中很可能有大客户，他们有可能是需要得多，现在更需要细致地了解产品。因为不是着急要货，所以他们一般把产品的每一个细节都问得很清楚详细，这时我们就不能只求效率了，一定要慎重地回答他们的问题，如果一时答复不了，可以请顾客稍等，或跟他商量个明确的时间再一一进行详细的解答。

3. 针对压价的顾客

这类压价的顾客还可分为两小类。

第1类：习惯性压价，这一类顾客在生活中买东西已经养成了还价的习惯，所以不管你店里是否注明了"已为最低价，恕不还价"，他都会一定程度地压价。针对他们的压价，卖家一定要耐心解释，在没有亏损的情况下尽量地降低一些价位，这让他们在心理上可以得到一种平衡。不然，他会觉得你是个很死板的卖家，不愿意再同你交易。

第2类：是在网上搜到了比你价位更低的同款产品，他之所以选择到你店里购买，第一方面可能是你的产品图片更好看；第二方面可能是对你的信任；第三方面也可能是对方的运费设置得不合理。对于这种压价，我们就要更理智地对待了，如果他说的价位正好是恶意压价的卖家出的价，并且比你的成本价还低，那你就只能向顾客耐心地解释并说明这款产品的市场价位是多高，我们的价位没办法再降低的原因。当然，如果你愿意用亏本换回一个信用值的话也并非不可以。

4. 针对第一次在网上购物的顾客

第一次在网上购物的顾客最怕的就是受骗，而且因为没有经验，所以对很多购物支付货款的过程都不十分了解。拍下东西之后往往在付款时会有很多不懂的地方，他一般都会向你询问怎么办，这时你一定要耐心地解答。如果你也不清楚要帮他一起想办法解决，告诉他不用着急，这样会让他感觉你这个人很可靠，很愿意和他做朋友，不是一心只想着赚钱的卖家。

在付款之后，你一定要及时发货，告诉他几天之内会到货，在跟这种第一次购物的顾客交易时，最好能适当地送些小礼物作为留念。这样顾客会觉得很贴心，也很放心，以后再有需要的话也会直接找到你。

5. 针对找你闲聊的淘友

这一类的淘友要么是来讨经验要么是觉得你的人不错，想和你聊聊。如果你认为这是在耽误时间那可就错了，这一类的淘友很可能成为你以后的客户。他现在和你做了朋友，有需要店里同类产品的时候自然第一个想到的就是你。所以如果不是特别忙的话，一定要非常真诚地同他聊聊，也许从他那里你也可以得到不错的经验。如果比较忙，你向他说明，一般都会得到他的谅解。所以在淘宝上有几个这样的朋友也是非常有帮助的。

6. 针对回帖及店铺留言的淘友

一般回帖及留言的淘友都是对你的帖子和店铺比较认同，回帖留言都代表了对你的支持和认可，在时间允许的情况下最好一一发千牛消息表示感谢。在这个过程当中，一般都会得到他们的再次回复，而你也可以自然而然地和他交上朋友，在以后有什么活动或是好消息及时告诉他们。一般都不会遭到他们的拒绝，甚至有些还会成了你的客户。

8.2 为客户提供最好的售后服务

为了让网店生意更好，除了提供好的商品以外，还需要向顾客提供良好的售后服务。售后服务和商品的质量、信誉同等重要。因为有时信誉不见得是真实的，但是适时的售后服务却是无法做假的。贴心周到的售后服务会给顾客带来愉悦的心情，以后会经常来购买你的商品。同时拉进了卖家与顾客之间的距离，增强了信任，顾客很可能会介绍更多的亲朋好友来光顾。

8.2.1 制定合理的退货和换货政策

退货和换货在交易中经常发生，而退换货服务的好坏直接影响着顾客能否再次购买。图 8-8 所示在商品页面中就制定了合理的退换货政策。

图 8-8

自动退换货的操作流程如图8-9所示。

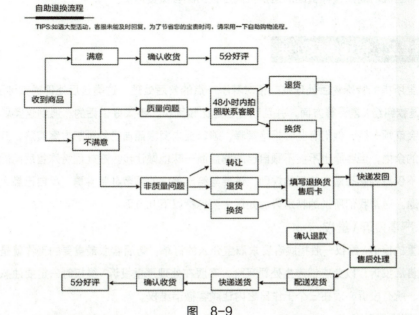

图 8-9

怎样才能制定出合理的退货与换货政策呢？

1．先对退换货进行说明

能否方便地退换货是影响顾客购买动机的很大因素，所以卖家应清楚、明白地告诉消费者：在什么样的条件下可以退货；对于款到发货的情况，退货后多久可以将款退还给顾客；往返运费由谁来承担。这些问题不说清楚，往往会让不少顾客犹豫不决。所以，在店铺中最好能有退换货情况的说明。

2．当顾客提出退货时应先了解原因

当顾客提出退换货要求的时候，作为卖家，首先要了解顾客为什么要退换货，确定是由谁的原因造成的，也就是责任归属问题。退换货的原因通常有以下几种。

① 商品的质量问题。

② 顾客收到的商品与图片或描述不符。

③ 商品本身没问题，顾客只是想更换商品。

④ 商品运输过程中的磨损。

⑤ 顾客使用不当，引起商品损坏。

如果是卖家的责任，要勇于承担，同时要尽快同顾客达成退换货协议，否则容易使顾客感到失望而丧失再次购买的兴趣；如果是顾客的责任问题，一般是不予退换的，但也要向顾客详细地说明原因，最好能为对方提供相应的弥补建议，切忌在沟通中冷言冷语。

3．界定退换货运费归属问题

通常情况下，运费的归属问题是根据责任的划分来确定的，像由于商品的质量问题、运输磨损等引起的退换货要由卖家负责运费，而由于顾客的原因，例如，想换一种产品或顾客使用不当造成的商品损坏引起的退换货则应该由顾客负责运费。

8.2.2 特殊售后处理

这里所指的特殊售后处理就是相对棘手一点的售后处理，这类售后处理通常涉及投诉\维权\退款纠纷\差评等方面，并且顾客也是比较固执，不太好说话的。遇到这类顾客沟通起来是会麻烦一些，他们有些会拒绝解释，强行要求卖家照自己的预想方案实施，几乎很少有回旋的余地，但客服也不能不顾自己的利益而一味地做让步。在处理特殊售后问题时，售后客服不仅需要熟悉淘宝售后的规则，还要与给出差评的顾客斗智斗勇，尽自己最大的努力解决问题。通常我们所说的特殊售后处理主要包括以下几方面。

1. 严重投诉\维权

严重的投诉\维权一般指顾客要求淘宝介入的订单，售后客服最重要的工作就是第一时间解决售后投诉，以免店铺产生处罚风险，客服在处理严重投诉\维权时一定注意对时间的把握，所有投诉必须在三个工作日之内让顾客撤消维权。

2. 严重退款纠纷

严重退款纠纷有一个最明显的特点，就是买家在申请退款之后，要求淘宝介入，当淘宝介入之后，无论是怎么样的判决，都会产生退款纠纷，情况严重者会涉及到相关处罚。

3. 修改中差评

顾客在购物的途中，基于对商品质量\物流速度和客服态度等诸多方面的不满意，会给卖家一个差评，单击鼠标就能做的中差评价可是卖家很头疼的事情，做淘宝难免会遇上顾客毫不留情的中差评，可作为售后客服不能坐以待毙，要对顾客的中差评积极去响应，找准顾客的不满所在，可以使用优惠返现\下次折扣等方式尽最大可能让顾客修改中差评。

4. 术语总结

售后客服使用怎样的术语与顾客交流，对于顾客是否愿意修改中差评有很大的影响，怎样和顾客沟通能够避免骚扰顾客的嫌疑，又能有效地让顾客对评价进行修改呢，可以参照图8-10所示中的几条术语。

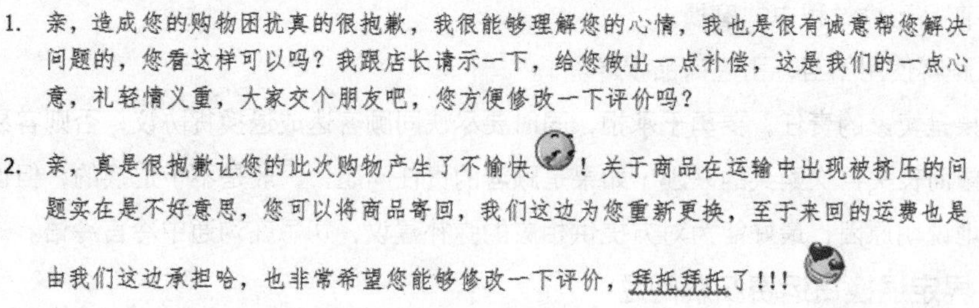

1. 亲，造成您的购物困扰真的很抱歉，我很能够理解您的心情，我也是很有诚意帮您解决问题的，您看这样可以吗？我跟店长请示一下，给您做出一点补偿，这是我们的一点心意，礼轻情义重，大家交个朋友吧，您方便修改一下评价吗？

2. 亲，真是很抱歉让您的此次购物产生了不愉快 ！关于商品在运输中出现被挤压的问题实在是不好意思，您可以将商品寄回，我们这边为您重新更换，至于来回的运费也是由我们这边承担哈，也非常希望您能够修改一下评价，拜托拜托了！！！

图 8-10

> **小二开店经验分享——如何修改中差评**
>
> 双方达成了一致的解决办法后,客服需要告知顾客修改中差评的操作步骤,使用千牛和电话都是可以的,在"我的淘宝"——"已买到的宝贝"页面左侧选项栏中找到"评价管理",在"给别人的评价"中将中差评修改为好评即可。当顾客修改了差评,一定要礼貌地致谢,并履行对顾客的承诺。

8.2.3 有效降低产品退换率

在淘宝网买东西,顾客要求退货,通常有三种情况:第一是产品有缺陷,有质量问题。第二是产品本身质量完好,但是产品过时,技术落伍,顾客后来反悔了,特别是衣服类的产品,常常是顾客收到之后,以"我不喜欢,款式不是图片上的"等理由要求退货。第三是在产品维修期内被退回,要求更换或者维修。

那么商家如何预防退货,以使退货损失最小化?

1. 制定合理的退货政策

对于退货条件、退货手续、退货价格、退货费用分摊、退货货款回收以及违约责任等方面制定标准。利用一系列的约束条件,平衡由此产生的费用。一定要多多熟悉淘宝网规则。

2. 加强验货

加强验货,可以在进货等各个环节的各个过程进行,以避免产品未发给顾客前就出现诸多缺陷。

3. 引入供应链信息化管理,建立 IT 预警系统

现在的管理基本是手工 + 大脑,属于粗放化管理体制,无法准确、实时地把握商品管理的每个细节。沃尔玛建立世界最先进的供应链信息化管理系统,能精确、全面、适时地把握全球任何地方、任一卖场销售业绩的细节,这使沃尔玛退货率全球最低,平均不足 0.5%。在淘宝网,专业化的或者说皇冠以上的卖家都引进了客户管理系统,只要顾客报上他的名字或者会员名,就可以查看他具体的消费情况。

4. 有效进行单品管理,减少商品退损率

商品管理是相对于传统的商品实行的柜组管理、大类管理。而实行单品管理便于管理人员准确、全面、实时地把握每一单品的网店销售业绩的细节,可以及早组织货源,顾客最喜欢对其有价值的优良商品。

皇冠支招

前面给初学者介绍了相关知识的应用，下面，给淘宝新手介绍一些自己的感悟和技巧分享的内容。

▶ **招式01：客服与顾客沟通的技巧**

卖家在与顾客谈话中，说话要有技巧，沟通要有艺术，良好的沟通可以使顾客买完一次又一次。

1. 换位思考

在与顾客的沟通过程中，卖家不要把自己摆在"我是卖家——销售者"的位置上，要把自己当作是一个顾客，或者说把自己当作是顾客的朋友，这时候你的思路才能真正贴近于顾客，才知道怎样去讲解你的商品。只有站在一个顾客的角度来考虑问题，才知道怎样引导顾客，你的观点、你的讲解才能得到顾客的认同。很多顾客在转变成卖家时，应该都深有体会，多份宽容和理解，以和为贵，做好沟通才能双赢。

2. 使用礼貌的沟通语言

"礼貌先行"，是交朋结友的先锋，有句古话：要想得到别人的尊敬，首先要尊敬别人。与顾客沟通时要给顾客留下好的印象，让顾客愿意同你沟通，所以，你必须表现得谦虚有礼，热情有度，建立和谐友好的气氛。

在顾客咨询的过程中，一定要习惯用上"您好，欢迎光临小店！""您"（这个称呼一定习惯用上，假如使用"你"的称呼，会让顾客感觉非常不舒服），"亲，您好""您请稍等，我看下库存有没有货""不好意思""抱歉，请您谅解"等礼貌语，如图8-11所示。

礼貌热情回答是首要，在此基础上巧用千牛表情，而且用到实处那是非常关键的。聊天工具里的表情是我们与客户沟通的好帮手，它能很快地制造出轻松的气氛，拉近大家的距离。

3. 多检讨自己少责怪对方

遇到问题时，先想想自己有什么做得不好的地方，诚恳地向顾客检讨自己的不足，不要上来就先指责顾客。例如，有些宝贝细节明明有介绍，可是顾客没有看到，这时不要光指责顾客不好好看商品说明，而是应该反省自己没有及时提醒顾客。

当我们遇到不理解顾客想法的时候，不妨多问问顾客是怎么想的，然后把自己放在顾客的角度去体会他的心境。

4. 坦诚相待，诚信第一

买卖交易中，首要的是诚信，对于销售中的商品不要隐瞒任何问题，否则这些失信的行为将使您失去更多潜在的和眼前的顾客（一个中差评都有可能是致命的）。最常见的是有些商品存在小瑕疵，拿货时没发现问题，到拍摄或者检查时才发现，有些甚至顾客要订货时才检查出问题，那么关于这些小瑕疵都要在宝贝描述中表述清楚，如在顾客询问后才发现问题的,要在决定购买付款之前说清楚,图8-12所示为提前告诉顾客鞋子尺码的偏差问题。

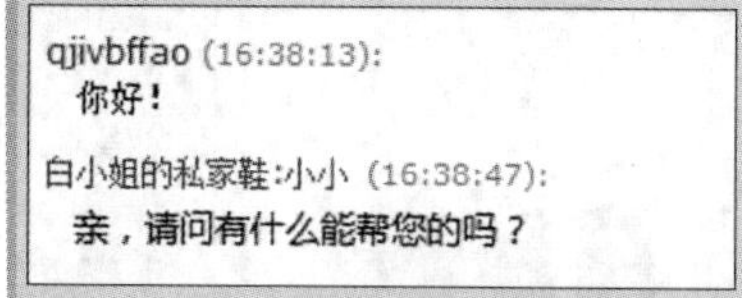

```
qjivbffao (16:38:13):
    你好!
白小姐的私家鞋:小小 (16:38:47):
    亲,请问有什么能帮您的吗?
```

图 8-11

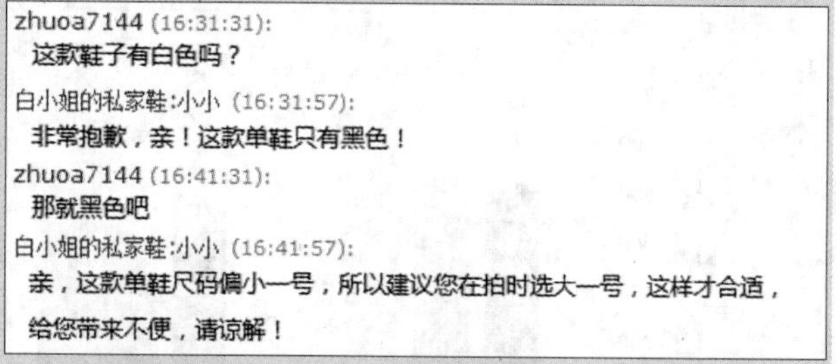

```
zhuoa7144 (16:31:31):
    这款鞋子有白色吗?
白小姐的私家鞋:小小 (16:31:57):
    非常抱歉,亲!这款单鞋只有黑色!
zhuoa7144 (16:41:31):
    那就黑色吧
白小姐的私家鞋:小小 (16:41:57):
    亲,这款单鞋尺码偏小一号,所以建议您在拍时选大一号,这样才合适,
    给您带来不便,请谅解!
```

图 8-12

5. 尊重对方立场

多使用"您"或者"咱们"这样的字眼,少用"我"字,让顾客感觉我们在全心地为他考虑问题。当顾客表达不同的意见时,要力求体谅和理解顾客,表现出"我理解您现在的心情,目前……"或者"我也是这么想的,不过……"来表达,这样顾客能觉得你在体会他的想法,能够站在他的角度思考问题,同样,他也会试图站在你的角度来考虑。

6. 认真倾听,再做判断和推荐

要成为一个沟通高手,首先要学会成为善于聆听的卖家。当顾客未问完时,不要去打断,对顾客的发问,要及时准确地回答,这样对方才会认为你是在认真听他说话,善于理解与沟通,觉得被尊重,也才会对你及你的产品产生兴趣。同时倾听可以使对方更加愿意接纳你的意见,这样你再说话的时候,更容易说服对方。

有时候顾客常常会用一个没头没尾的问题来开头,例如,"我送朋友送哪个好",或者"这个好不好"。不要着急去回复他的问题,而是先问问顾客是什么情况,需要什么样的东西,如果他自己也不是很清楚,就需要你来帮他分析情况,然后站在他的角度为他推荐。

▶ 招式02:分析询单转化率的影响因素

什么是询单转化率,在弄清这个概念之前,我们先掌握什么是询单人数,通俗来讲询单人数就是真正购买商品的人数,除去发小广告的、发垃圾信息的人,询单转化率就是来店铺咨询最终下单的人数占来店铺咨询人数的百分比,即询单转换率=付款下单人数/咨询人数。

例如,一天之内有80位顾客向客服咨询商品的信息,其中只有40个人下单购买,那这位客服一天的询单转化率就是50%。从此公式我们可以看出决定询单转化率的因素有两点,付款下单人数和咨询人数,那么就需要对这两个数据进行统计和分析。图8-13所示为某化妆品店客服询单人数和付款人数的统计。

从图中的数据可以看出三位客服的询单转化率是不同的,接待人数多的客服,在询单人数和付款人数的数量上也占有一定的优势,通常而言,客服的询单转化率要达

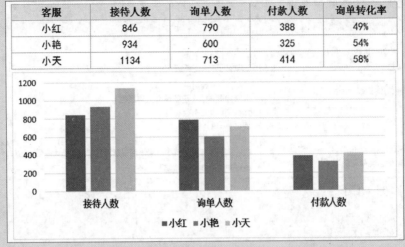

图 8-13

到60%左右才算合格。

买家既然产生了咨询，说明买家已经产生了购买意向，只要正确地引导，就能有效提升成交的概率，其中，影响询单转化率的因素主要有五个方面，与客服的专业知识、促销信息掌握、销售技巧、服务态度等都密切相关。

客服对专业知识的把握在顾客眼中是极为重要的，是顾客信赖客服的推荐、建议的前提保证。这样在回答顾客问题时才比较有说服性。

客服还需要掌握促销信息，例如，优惠券的使用条件、包邮的条件、打折的条件等，这样在向顾客叙述活动细节的时候会更加清晰，也不会让顾客一头雾水。必要的销售技巧是提高询单转化率的必备技能，要力图使顾客的购买欲望增强。

▶ **招式03：机智应对不同性格的顾客**

随着行业的发展和营销理念的深入，市场也越来越成熟，现在的淘宝皇冠已经随处可见了，连金冠都不是什么新鲜事了，可见竞争是何其大。在网络销售中顾客看不到产品的先决条件下，客户服务显得特别重要。那么，如何来推进客户服务呢？客户分类是关键环节，只有对客户实施有效合理的分类，才能进行个性化和差异化的营销服务，进而提高客户的满意度和忠诚度，增加网店的核心竞争力。下面主要研究的是顾客的性格。把顾客分为九大类型，根据顾客的类型选择相应的服务方式。

1. 理智型顾客

特点：原则性强、购买速度快、确认付款快。

这类顾客一般受教育程度比较高，买东西有原则、有规律。他们通常是在生活中很负责任的人，所以自己买东西前也比较理智，大多数会认真研究要买的东西，逐一对比哪一种最适合自己，然后才选择购买。他们一般最关心产品本身的优缺点，以及自己是否需要。他们通常会本着对卖家负责的态度及时确认付款，会给好评，而且会在好评里简短描述，他们是大多数卖家最喜欢的客户类型。

应对技巧：要打动顾客的心，一定要给予顾客想要的东西。

面对理智型的顾客，客服一定要做理性诉求。因为这类顾客在购买前多数心中已有了定论，需要的是卖家以自己的专业知识，分析产品的优势劣势帮他们确定购买。如果强行向他们推销宣传，容易引起这类顾客的反感，而且如果无法以理性的态度处理，客户将会认为该卖家的专业知识不够，从而失去客户的信任。这类客户通常信守诺言，也要求卖家信守诺言，所以各位卖家一定要对症下药，因为理智型的顾客也是最忠诚的顾客。

2. 贪婪型顾客

特点：砍价狠、挑剔。

随着淘宝不断地发展壮大，这样的顾客已经不是个例。其实顾客在购买时的语言和行为都能够表明他的性格或人品，淘宝网的文化是强调客户至上，维护良好的网络购物环境，在这样的前提下，卖家也需要擦亮双眼来保护自己。想赚贪婪型顾客的钱不容易，因为首先他们永远抱着不相信你的初衷，购买时最关注的是价格，其次才是质量；而到评价时往往以各种理由挑剔，或者以差评、中评相威胁来获取赔偿。

应对技巧：对于这样的顾客，如果店铺本身没有绝对自信的质量和服务优势，建议不要接下生意。因为时间和人力都是成本，这样的顾客，贪婪往往没有止境，一味地满足他们的要求，店铺所耗费的精力要远远大于收益。如果一定要接受交易，也要注意保留旺旺记录、图片、发货记录等证据。

3. 冲动型顾客

特点：不看疗效看广告。

这种顾客购物时完全被冲动战胜理智，经常买一些用不着的东西，广告及旁人的意见会影响他们的买卖决定。这种顾客买东西时完全凭借着一种无计划的、瞬间产生的强烈的购买渴望，以直观感觉为主，新产品、新服务项目对他们吸引力较大。由于这样的顾客一般接触到第一件合适的商品就想买下，而不愿做反复比较选择，所以会很快做出购买决定。

应对技巧：商品要让他们有一看就产生想要的冲动！

由于此类顾客在选购商品时，易受商品外观质量和广告宣传的影响，所以毫无疑问，做好商品的描述和店铺装修就成了重头戏。人的信息量80%来源于视觉，就算不是冲动型的顾客也喜欢逛漂亮的店铺。

4. 盲从型顾客

特点：跟从意识强，别人买，他就买。

这类顾客有一个鲜明的特点：他们不仅关心商品本身，还关心有多少别的顾客买了这个商品，关心别人对这个商品是怎么看的。这类顾客非常在意周围人对商品的评价，所以他们的购买行为常受他人意见的左右。例如，在淘宝，以前带有"瑞丽"字样的衣服非常好卖。另外淘宝还提供了一个功能，可以看到别的顾客查看某件商品的同时还浏览了什么商品，这些都是根据顾客"从众"心理而研发的。

应对技巧：大家好才是真的好！

既然这类顾客的购买决定易受外部刺激的影响，那么客服就要用积极的态度，给予顾客强有力的正面暗示。而且，遇到这种顾客，不仅可以把商品的功能、外界的广告宣传尽量显示，还可以把商品销售以来别人的好评展示出来。另外，淘宝还有"超级顾客秀"这个功能，很多有旺铺的店铺专门把"超级顾客秀"作为一个页面展示出来，都是在增强顾客的信心，同时也能起到很好的口碑相传的效果。

5. 谨小慎微型顾客

特点：凡事必想"可靠吗？"。

每天都有很多新顾客加入网上购物这个行列中，这类顾客疑虑重重。另外，还有些顾客生来行动谨慎，挑选商品时动作缓慢，左右比较拿不定主意，还可能因犹豫而中断购买，甚至购买后还疑心上当受骗。对这样的顾客，应该怎么办呢？

应对技巧：我是你最诚实而热情的朋友！

如果在网下购物，销售人员首先需要观察客户的表情，有针对性地鼓励客户，给客户亲切的感觉。在淘宝网上，顾客看不到卖家的笑脸，但是店铺的界面一定要做得友好，客服一定要让顾客"感觉"到自己的笑脸，可以寻求相互之间的共同点，让顾客把自己当成朋友，从而排除客户紧张的情绪，尽量让顾客放松下来。然后再中肯地介绍自己的产品，注意不要过于夸大其词，否则会适得其反。另外，也可以通过一些有力的证据向顾客证明自己的实力。例如，有的卖家把自己的进货单和实体发货单都拍了照片发到网上，能让买家安心的方法都可以尝试。

6. 习惯型顾客

特点：不问就买。

有些商品确实有独特性，会让顾客形成思维定势不断地重复购买。其实，什么是习惯型呢？例如，购买点卡、充值卡等。有些网络游戏的玩家在淘宝买点卡的时候是习惯性的，他们在第一次选择后，往往出于方便，凭以往的习惯和经验购买，这种购买不容易受他人影响，而且一般很少和卖家沟通，交易的过程也十分迅速。尤其是淘宝网对点卡类支持自动发货功能，习惯型的顾客购买过程中不需要等待，就更容易增加购买的黏性。

应对技巧：习惯型顾客是我们每个卖家梦寐以求的对象。对于这类顾客，卖家们必须保持住自己店铺产品的特性、品质及良好的服务，还要经常了解客户购买和使用产品的情况。

7. 感情型顾客

特点：他们是你最忠诚的客户。

这类顾客对个人感情看得极重。从购买心理的角度分析，这类顾客同卖家之间的交往以亲情、热情和共同喜好为特征。

应对技巧：每个顾客都认为他是我最好的朋友！

研究发现，感情型顾客通常比深思熟虑的顾客购买更多，其流失率比较低。因此，打造符合店铺自身特色的品牌文化和情感氛围，也显得日益重要。互联网使交往变得更加容易，但却常常造成人与人之间直接接触机会的丧失。让顾客认为你们彼此的关系已经超越了交易本身，是吸引感情型顾客的关键点。掌柜们应该和这类顾客逐渐熟识，全身心投入谈话并且保持自己的个性，另外，可以经常联络，或者在特殊日子送上小礼物，哪怕是一句真心的问候。

8. 随意型顾客

特点：老实人，好商量。

这类顾客或者缺乏购买经验，或者平时购物没有主见，往往是随意购买或奉命购买。这类顾客通常喜欢得到别人的指点，尤其是得到客服的帮助，也乐于听取客服的介绍和建议，因为他们对商品一般不过多挑剔，所以很少亲自去检验和查证商品的质量。

应对技巧：提出你的意见，帮他拿个主意！

淘宝网也发现了这类顾客的特点，提供了"掌柜推荐"这项功能，旺铺模式的掌柜推荐页面，会出现在每个宝贝描述的下方或者在店铺最中间的推荐位上，顾客浏览商品及店铺时第一眼就能看到这些被推荐的商品。同时，淘宝还提供了橱窗推荐功能，当顾客选择搜索或者点击"我要买"根据类目来搜索时，橱窗推荐商品就会出现在页面中。橱窗推荐就和商店外边摆的物品一样，更容易被大家看到。商场里最显眼的位置摆放的物品，是不是很重要呢？

如果顾客已选择了你的店铺，但是却不知道自己到底要买什么产品而咨询客服，那么能不能留住客户的关键就在于能否提供中肯而有效的建议。这类顾客通常自己拿不定主意，所以客服可以视情况帮他下决心，这样一来既可节省时间，又可增加对方的信心。

对待不同性格的顾客，应采取不同的接待和应对方法，只有这样，才能博得顾客的信赖。

案例分享：搞定中差评的几大方法

好评对淘宝开店至关重要，那么我们就需要从店铺源头抓起，包括商品质量、性价比、卖家服务以及发货速度等。必要时，还需要配合有效的淘宝推广营销活动，从而迅速提升好评率。

差评直接影响到卖家的转化率，有时候即使你店里有上千个好评，顾客可能只关注你的两三个差评。人都是追求完美的，试想，如果你在购物前看到别的顾客给很差的评论，谁都会有顾虑，不太敢买。

如果我们遇上了某些顾客给出的中差评，可以试着通过以下几种方式来快速搞定。

● 激励法

如果是团队可以制定相关的奖励机制,例如,尽力解决顾客遇到的问题,并用"返现"机制,安抚顾客。

● 求饶法

现在的年轻人越来越不好伺候了,打电话的招数已经被用烂了。怎么办?发短信,装可怜。如"您好,我是××店的客服,如果方便麻烦您修改下评价好吗,拜托你了。"类似的招数都可以用,记住千万别来硬的!

● "屌丝"法

直接无视(或许有些客户实在难于搞定)刷下去,或者也仿照顾客的评价刷一条评价,他写故事你也写故事,他写80字你也写80字。

● 侧面攻击法

实在没有时间沟通,就在评价里解释吧。怎么说呢,装可怜……语气温和、诚恳些,不要给人一种遇到一点误会就翻脸不认人的错觉。

● 刨根问底法

是什么原因导致的中差评,发货时间?客服服务不好?还是产品本身的问题?找出来把它解决掉就OK。例如,如果是产品质量的问题,能改善的尽快改善,不能改善的下架删了都可以。

● 交给外包团队法

如果你的销量很大,但是差评也很多,可以考虑交给外包团队,或者招募专人负责。让顾客乖乖地给你修改中差评要满足两个条件:①你要诚恳地道歉;②你要合理地补偿。

其实,中差评就好比人品,你收了别人的钱,没有把事情办好,人家凭什么要忍气吞声?有些时候敞开胸怀去接纳那些不好的指责,会让我们将店铺做到更完善,更优质,岂不是更好。

第 9 章

谈生意，用千牛来搞定

本章导读

在淘宝网创建了店铺，并了解了常规客服知识后，便可以进行第一笔交易了。进行交易之前，卖家需要具备沟通与交流的基本素质，熟练运用淘宝网的交流工具如千牛、站内信、回复留言，有助于提高网店的营业额。掌握好这些工具就可以成功进行网络交易了。

知识要点

通过本章内容的学习，读者能够学习到用好千牛，用千牛揽生意，使用其他方式与买家交流，与买家的沟通技巧等。学完后需要掌握的相关技能知识如下：

- 下载并安装千牛
- 使用千牛揽生意
- 使用其他方式与买家交流
- 掌握完成交易的操作技能

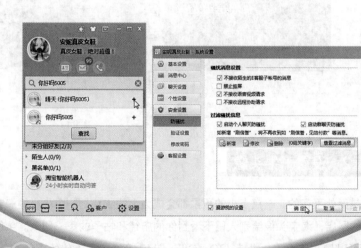

9.1 安装好千牛平台

千牛是将以前的淘宝旺旺与阿里巴巴贸易通整合在一起的新品牌。它是淘宝和阿里巴巴为商人量身定做的免费网上商务沟通软件。它能帮你轻松找客户，发布、管理商业信息，及时把握商机，随时洽谈做生意。与买家交流只是它功能极小的一部分，卖家需要学会与买家沟通，在进行交易前，解答买家的一些问题。

9.1.1 下载并安装千牛

与其他软件一样，我们要使用千牛工作台，首先需要下载并安装。打开千牛卖家版官方下载网页，如图9-1所示，在其下载页面下载后进行安装即可。

图 9-1

9.1.2 设置千牛头像

推广是无处不在的，一点点小的积累都会成为大的收获，一个小小的淘宝头像也能帮你推广自己的网店，淘宝头像给别人留下看到你的店铺和帖子的第一印象。头像可以是自己的靓照，也可以是产品图片，支持JPG、GIF、BMP等格式，上传的图像文件要小于10MB，推荐的最佳尺寸为120像素×120像素。卖家也可以把头像设为动态的GIF图片，把店铺主旨展现在大家眼前。设置千牛头像，具体操作方法如下。

光盘同步文件

同步视频文件：光盘 \ 教学文件 \ 第 9 章 \9-1-2.mp4

第1步 登录千牛工作台，❶ 在界面上方单击"切换至旺旺模式"图标 ；❷ 在弹出的"切换模式"提示框中单击"是"按钮，确认切换，如图 9-2 所示。

第2步 切换到旺旺模式，❸ 在上方单击用户名，如图 9-3 所示。

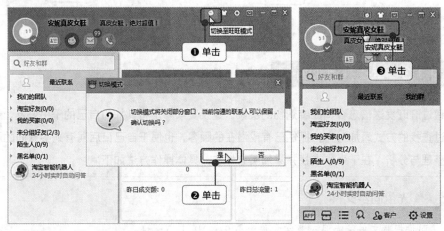

图 9-2　　　　　　　　　　　图 9-3

第3步 ❹ 打开"我的资料"对话框，单击左侧头像下方的"修改头像"按钮；打开"修改头像"对话框，❺ 在"普通上传"界面中单击"选择文件"按钮，如图 9-4 所示。

第4步 ❻ 在打开的对话框中选择要打开的图片；❼ 单击"打开"按钮，如图 9-5 所示。

图 9-4　　　　　　　　　　　图 9-5

第5步 返回"修改头像"对话框，❽ 单击"上传图片"按钮；❾ 即可上传图片，单击"保存"按钮，如图 9-6 所示。

第6步 返回"我的资料"对话框中即可显示刚上传的头像图片，❿ 单击"确定"按钮，如图 9-7 所示。

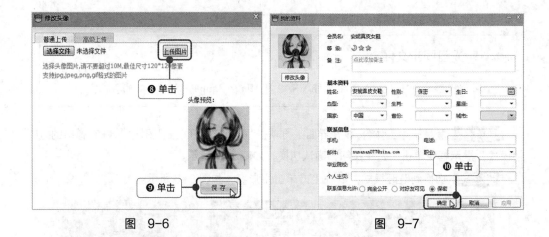

图 9-6　　　　　　　　　　　图 9-7

9.1.3 查找并添加好友

通过旺旺发送信息咨询或者购物的买家，建议卖家一定将其加为自己的千牛好友，也可以通过查找的方式添加对方，抓住已有或潜在的顾客，也便于自己日后对有购买意向的顾客进行整理与分析。在千牛中查找并添加买家好友，具体操作方法如下。

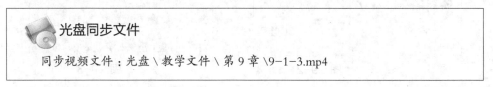

光盘同步文件

同步视频文件：光盘 \ 教学文件 \ 第 9 章 \9-1-3.mp4

第1步 千牛的默认模式为工作台模式，通过单击右上角的"切换至旺旺模式"图标，切换到旺旺模式，❶ 在该模式中单击"查找好友/群"图标，如图 9-8 所示。

第2步 ❷ 输入对方昵称号；❸ 在下拉面板中单击"查找"按钮，如图 9-9 所示。

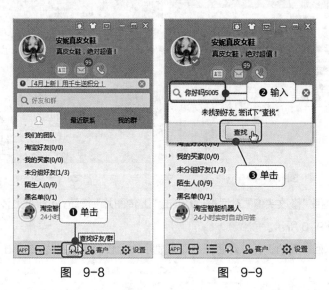

图 9-8　　　　　　　　　　　图 9-9

❹ 在目标对象的淘宝账号右侧单击"加为好友"图标➕，如图 9-10 所示。

 此时，弹出"添加好友成功！"对话框，❺ 设置显示名与分组；❻ 单击"完成"按钮即可，如图 9-11 所示。

图 9-10

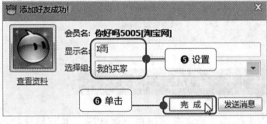

图 9-11

> **小二开店经验谈——将打广告的好友移至黑名单**
>
> 卖家经常会收到来自陌生好友的广告推销信息，为避免其再次骚扰，可以在陌生好友列表中右击其名称，在打开的列表中单击"移至黑名单"命令，这样，该好友就不能再成功发送任何消息了。

9.1.4 加入别人建立的千牛群

千牛是仅次于 QQ 和 MSN 的第三大即时通信软件，卖家可以加入他人建立的千牛群，以便更多了解与店铺、商品相关的信息，具体操作步骤如下。

> **光盘同步文件**
>
> 同步视频文件：光盘 \ 教学文件 \ 第 9 章 \9-1-4.mp4

第1步 ❶ 在主面板搜索框中输入加入群的群号或昵称；❷ 单击"查找"按钮；❸ 单击"加为好友"图标➕，如图 9-12 所示。

第2步 此时，❹ 在主面板中单击"群"选项卡；❺ 单击展开"我加入的群"选项，即可显示我加入群的名称，如图 9-13 所示。

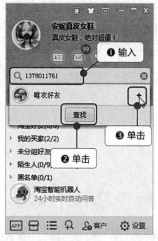
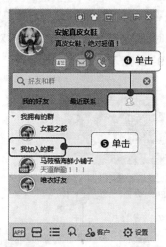

图 9-12　　　　　　　　　图 9-13

9.1.5　建立自己的买家群

在千牛中，卖家还可以自己创建群，并写好群的一些介绍信息，具体操作步骤如下。

　光盘同步文件

同步视频文件：光盘 \ 教学文件 \ 第 9 章 \9-1-5.mp4

第1步　❶ 在主面板中单击"我的群"选项卡；❷ 在"我拥有的群"中双击"立即双击启用群"选项，如图 9-14 所示。

第2步　弹出"启用群"对话框，❸ 设置群名称、群分类与群介绍；❹ 单击"提交"按钮，如图 9-15 所示。

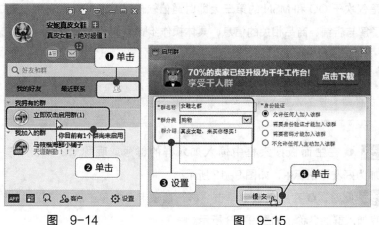

图 9-14　　　　　　　　　图 9-15

第3步 成功创建群，❺ 单击"完成"按钮，如图 9-16 所示。
第4步 ❻ 在千牛主面板中单击"我的群"选项卡；❼ 右击需要添加为好友的群名称；❽ 在打开的快捷菜单中单击"邀请朋友加入群"命令，如图 9-17 所示。

图 9-16

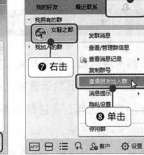
图 9-17

第5步 ❾ 在弹出的"群管理"对话框中，单击"邀请成员"选项，如图 9-18 所示。
第6步 ❿ 在弹出的对话框中单击选择的好友；⓫ 单击"添加"按钮；⓬ 依次添加完好友后，单击"确定"按钮，如图 9-19 所示。

图 9-18   图 9-19

第7步 ⓭ 在弹出的对话框中单击"确定"按钮，成功发出请求，如图 9-20 所示。

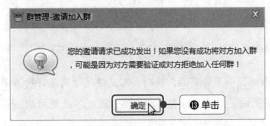
图 9-20

9.2 用千牛沟通促成生意

对于网店卖家而言，为了避免客户流失，应该尽可能长时间地登录千牛，这样一旦有买家上门咨询，我们就能第一时间做出回答，并通过有效地交流来加强买家的购买意向。因此，我们可以设置千牛的自动回复功能、快捷短语回复功能并使用移动千牛，做到时时在线，时时回复意向顾客的问题。

9.2.1 及时与买家沟通，促成订单

当买家有购买意向后，买家希望和卖家沟通的话题要么是某件商品的价格，要么是关于商品的质量或者是关于商品的运费等，这些话题都围绕着商品展开。沟通的方式有很多，一般是找到中意的商品之后，通过单击页面中的"与我联系"图标❶，启动交流工具来发起交流咨询，如图9-21所示。

对于卖家而言，从对话的一些信息中发现买家的困扰，并认真解答，直到买家决定购买。当然，并不是所有的买家交流后都会购买，可能我们耐心回答了买家的很多问题之后，他们还是会以"再看看其他商品""考虑一下"等为借口而离开店铺。这是网店销售过程中非常普遍的情况，我们应该有这一方面的心理准备且欣然接受。

图 9-21

> **小二开店经验分享——客服工作台的消息提示**
>
> 在客服工作台右侧显示某件商品，说明买家是通过该商品详情页面中的链接与卖家联系的，也说明买家的意向是想购买该商品。当然，这也不是绝对的，买家也可能关注的不只是这一件商品。

9.2.2 设置自动回复，不让客户久等

千牛功能比旺旺更强大，更全面。卖家离开计算机 5 分钟，千牛会变为闲置状态。此时，使用千牛的自动回复功能，即使卖家不在电脑边，也能做好及时地回复客户信息，不丢失、错过任何一个客户。让千牛在闲置时自动回复买家咨询的一些店铺及商品信息，具体操作步骤如下。

光盘同步文件

同步视频文件：光盘 \ 教学文件 \ 第 9 章 \9-2-2.mp4

第1步 打开千牛主界面，❶ 单击右上角"机器人"选项卡，如图 9-22 所示。
第2步 ❷ 在打开的界面中设置买家"不客气哦亲"感谢语的回复；❸ 并勾选"遇该问题自动回复"复选框；❹ 单击"确认"按钮，如图 9-23 所示。

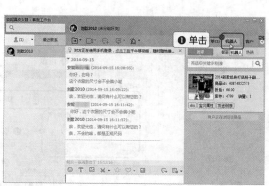
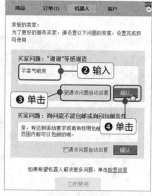

图 9-22　　　　　　　　　　　图 9-23

第3步 继续设置回复语，❺ 完成后单击下方"立即使用"按钮，如图 9-24 所示。
第4步 此时，即可查看到半自动机器人已开启，如图 9-25 所示。

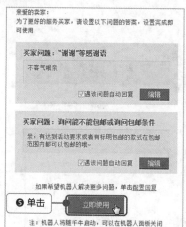
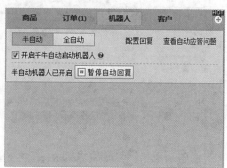

图 9-24　　　　　　　　　　　图 9-25

9.2.3 设置快捷短语,迅速回复客户

有经验的客服人员会发现买家咨询的问题有些回答内容是重复的,于是我们就可以选择快捷短语进行编辑。制作快捷短语,用好这个功能的关键是要设计出好的快捷短语内容,并在恰当的场合,发出适当的快捷信息。创建快捷短语具体的操作步骤如下。

> 光盘同步文件
>
> 同步视频文件:光盘\教学文件\第 9 章\9-2-3.mp4

第1步 ❶ 在消息框中单击"快捷短语"图标，❷ 在右侧打开的面板中单击"新建"按钮，如图 9-26 所示。

第2步 打开"新增快捷短语"对话框,❸ 输入短语内容与快捷编码;❹ 设置短语样式;❺ 单击"保存"按钮,如图 9-27 所示。

图 9-26

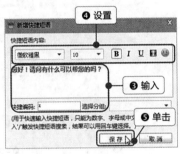
图 9-27

第3步 此时,即可查看到"快捷短语"面板中有新建的短语内容,❻ 在输入框中输入"/",即可选择短语,如图 9-28 所示。

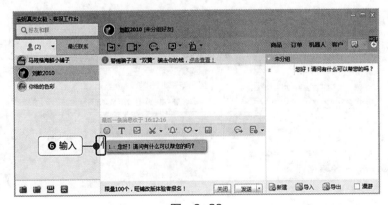
图 9-28

小二开店经验分享——快捷短语常用的设置思路

（1）买家初次打招呼时

设计一个问候语，这点很重要，即能够显示出自己的热情，也可以显示出自己的专业。可以根据自己的语言习惯、表达方式来定。例如，"您好！我们专门做出口绿色健康食品，有什么可以帮您的？"

（2）买家询问产品质量时

可以用："这点您放心，我们的产品质量完全有保证的，原材料来自……"（多数客户可能都需要介绍产品情况。事先做好准备，做好快捷短语，就不会让我们每次都输入同样的话了！）

（3）买家问售后服务问题

先想一想对方经常会咨询的内容，然后进行设计，如"我们承诺您七天无条件退货，一年保修"等，当客户问到售后保证时，可以第一时间发出这条短语，让客户放心。

（4）在聊天结束时

无论对方是否购买我们的产品，周到的结束语都是有必要的，让客户感觉更贴心，为下次再来提供条件。例如，"您要的货物我们会通过中国邮政发出，预计 7~14 天到，请耐心等候喔。如果有问题请随时联系 ××××。合作愉快，欢迎下次再次光临。"

9.2.4 妥善保存聊天记录

在实际的交易过程中，卖家很难记清与所有买家的交流信息。而随时分析和了解信息对卖家又非常重要，这时就可以通过千牛的聊天记录进行查看。查找承诺过的口头协议，发生纠纷时的取证，都离不开聊天记录。为此，卖家可以时时将聊天记录另行保存，具体操作方法如下。

 光盘同步文件

同步视频文件：光盘 \ 同步教学文件 \ 第 9 章 \9-2-4.mp4

第1步 ❶在千牛客服工作台单击"查看消息记录"按钮 ；❷在消息记录面板下方单击"消息记录"按钮 ，如图 9-29 所示。

第2步 打开"消息管理器"窗口，左侧显示所有联系人的昵称，可以另选择需要备份消息记录的好友，或直接是当前好友，❸勾选需要备份的聊天内容复选框或勾选上方的"全选"复选框；❹单击右上角的"导出消息记录"按钮，如图 9-30 所示。

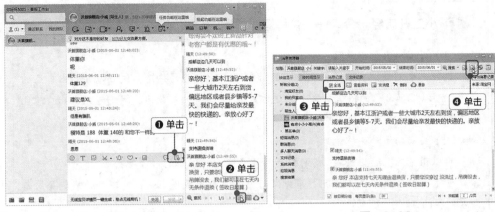

图 9-29　　　　　　　　　　　图 9-30

第3步 弹出"导出选择"对话框，❺ 设置导出消息的起始时间以及消息类型；❻ 单击"确定"按钮，如图 9-31 所示。

第4步 弹出"导出"对话框，❼ 选择聊天记录存储位置；❽ 单击"保存"按钮，如图 9-32 所示。

图 9-31　　　　　　　　　　　图 9-32

第5步 此时，即可开始导出消息记录，导出成功后，❾ 单击"确定"按钮，如图 9-33 所示。

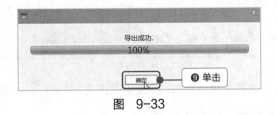

图 9-33

9.3　成交第一笔生意

主动发起千牛对话的顾客一般来说都有一定的购买意向，此时，卖家应该打起精神，通过交流打消买家的各种困扰，促使他们下单，且完成订单的处理与发货。

9.3.1 修改交易价格

修改商品交易价格是指修改实际成交的价格，交易后，最终显示的交易价格仍旧是商品原价，因此我们可以针对不同情况的买家适当地对成交价格进行修改，因为其他买家是看不到实际成交价的。修改商品交易价格，具体操作方法如下。

第1步 登录千牛工作台，❶ 单击右侧"交易管理"图标，如图 9-34 所示。

第2步 进入"交易管理"界面，❷ 单击"待付款"选项卡；❸ 单击需要修改交易价格的宝贝前的"改价"链接，如图 9-35 所示。

图 9-34

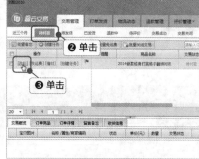

图 9-35

> **小二开店经验分享——邮费和宝贝价格，改哪个更合适**
>
> 其实我们说的交易价格，是指商品价格与运费的总价，而买家和我们讲价时也会根据总价来讲，因此我们修改交易价格时，即可以修改商品价格，也可以修改运费价格，毕竟买家所关注的，只是最终修改后的总价。

第3步 弹出"修改价格"对话框，❹ 卖家根据当时的具体情况设置为是免邮费还是宝贝价格打折；❺ 单击"保存"按钮，如图 9-36 所示。

第4步 此时，即可成功为买家修改交易价格，如图 9-37 所示。

图 9-36

图 9-37

修改交易价格后，联系买家，已经修改好，买家只需要刷新"提交订单"页面即可。

9.3.2 根据订单发货

当买家付款后，千牛就会弹出信息框提醒卖家，同时进入"已卖出的宝贝"页面中，也可以看到商品交易状态变为"买家已付款"，此时，卖家就需要及时根据订单进行发货，具体操作步骤如下。

第1步 登录千牛工作台，单击右侧"交易管理"图标，❶ 在"交易管理"页面中单击"待发货"选项卡；❷ 单击"发货"链接，如图 9-38 所示。

第2步 弹出"发货"对话框，❸ 设置发货方式、物流公司及运单号；❹ 单击"确定"按钮即可，如图 9-39 所示。

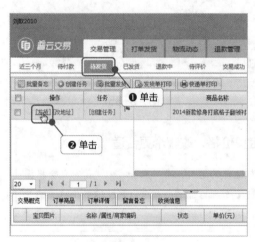

图 9-38

图 9-39

9.3.3 给买家评价

买家收到货并将货款支付给卖家后，卖家应及时对买家做出评价。只要交易顺利，就不妨多作"好评"给买家，遵循"顾客就是上帝"的原则，日积月累，店铺才能越做越大。给买家好评，具体操作方法如下。

第1步 进入"已卖出宝贝"页面，可以看到已经成功交易的列表右侧显示为"对方已评"，❶ 单击下方的"评价"链接，如图 9-40 所示。

第2步 ❷ 在打开的页面中，勾选"好评"复选框；❸ 在下方的文本框中输入评价内容；❹ 单击"提交评论"按钮，如图 9-41 所示。

第3步 在打开的页面中告知用户评价成功，并提示对方 30 分钟后才能相互看到评价内容，如图 9-42 所示。这样，卖家的评价就完成了，接下来就可以查看到评价内容了。

图 9-40

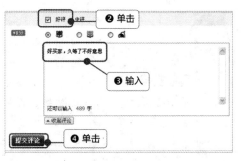

图 9-41

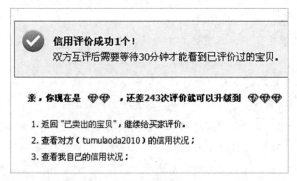

图 9-42

9.3.4 系统自动回款

待买家确认收货后,第三方支付宝平台即会将宝贝购买金额自动回款到卖家支付宝账户中,卖家通过支付宝即可查证,具体操作方法如下。

第1步 ❶ 进入支付宝首页,单击支付宝页面中的"交易记录"选项,如图 9-43 所示。

第2步 ❷ 即可看到相应的商品订单后有显示"交易成功","交易成功"就表示货款已经到账了,如图 9-44 所示。

图 9-43　　　　　　　　　　　图 9-44

皇冠支招

前面给初学者介绍了相关知识的应用，下面，再给新手介绍一些自己的感悟和技巧分享。

▶ **招式 01：不同类型的客户用不同的沟通方式**

卖家在与客户沟通时，不要轻易放弃每个对自己商品感兴趣的顾客，也许其中就有能够成功的交易。在与买家沟通时，还需要根据情况采取恰当的方式。

1. 对商品了解程度不同的顾客

（1）对商品缺乏认识，不了解。这类顾客的商品知识缺乏，疑虑且依赖性强。对于这样的顾客需要我们像朋友一样为其细心解答，从他的角度考虑，作出推荐，并且告诉他你推荐这些商品的原因，你的解释越细致他就会越信赖你。

（2）对商品有些了解，但是一知半解。这类顾客对商品了解一些，比较主观，易冲动，不太容易建立信任关系。面对这样的顾客，就要控制情绪，耐心地回答，向他展示你丰富的专业知识，让他认识到自己的不足，从而增加对你的信任。

（3）对商品非常了解。这类顾客知识面广，自信心强，问题往往都能问到点子上。面对这样的顾客，要表示出你对他专业知识的欣赏，表达出"可算是遇到懂行的了"，用朋友的口气和他探讨专业知识，给他来自内行的推荐，告诉他"这个才是最好的，你一看就知道了"，让他感觉到自己被当成了最内行的朋友，而且你尊重他的知识，你给他的推荐肯定是信得过的。

2. 对价格要求不同的顾客

（1）有的顾客很大方，说一不二，看见你说不砍价就不跟你讨价还价。对待这样的顾客要表达你的感谢，并且主动告诉他我们的优惠措施，我们会赠送什么样的小礼物，这样，让顾客感觉物超所值。

（2）有的顾客会试探性地问问能不能还价，对待这样的顾客既要坚定地告诉他不能还价，同时也要态度和缓地告诉他这个价格是物有所值的，并且谢谢他的理解与合作。

（3）有的顾客就是要讨价还价，不讲价就不高兴。对于这样的顾客，除了要坚定重申我们的原则外，还要有理有节地拒绝他的要求，不要被他各种威胁和祈求所动摇。适当的时候建议他再看看其他便宜的商品。

3. 对商品要求不同的顾客

（1）有的顾客因为买过类似的商品，所以对购买的商品质量有清楚的认识，对于这样的顾客是很好打交道的。

（2）有的顾客将信将疑，对于这样的顾客要耐心给他们解释，在肯定我们是实物拍摄的同时，要提醒他难免会有色差等，让他有一定的思想准备，不要把商品想象得太过完美。

（3）还有的顾客非常挑剔，在沟通的时候就可以感觉到，他会反复问：有没有瑕疵？

有没有色差？有问题怎么办？怎么找你们等。这个时候就要意识到这是一个很完美主义的顾客，除了要实事求是介绍商品，还要实事求是把一些可能存在的问题都介绍给他，告诉他没有东西是十全十美的。如果顾客还坚持要完美的商品，就应该委婉地建议他选择实体店购买需要的商品。

▶ **招式02：让千牛自动拦截骚扰信息**

现在网络上的淘宝广告、骗子很多，卖家为了避免被打扰，可以直接设置防骚扰，具体操作方法如下。

第1步 ❶在主面板下方单击"设置"按钮，如图9-45所示。

第2步 打开账号系统设置对话框，❷单击左侧"安全设置"选项卡下的"防骚扰"；❸在"防骚扰"栏中勾选"启动个人聊天防骚扰""启动群聊天防骚扰"复选框；❹单击"确定"按钮，如图9-46所示。

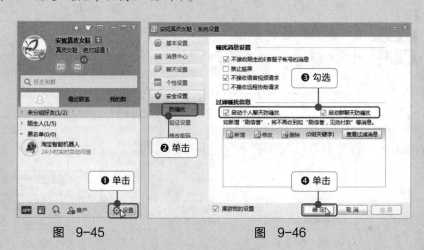

图 9-45　　　　　　　　　图 9-46

> **小二开店经验谈——自定义防骚扰的关键字词**
>
> 在"过滤骚扰信息"栏中单击"新增"按钮，根据自己情况输入过滤关键字词，以便过滤更多的骚扰信息。

▶ **招式03：使用其他方式与买家交流**

在淘宝网中，卖家与买家的交流方式除了使用千牛外，还可以使用收发站内信、留言板等，下面分别进行讲解。

1. 利用站内短信回复买家信息

一些不经常使用千牛的买家，可能会使用站内短信与卖家交流，卖家在查看站内信内容后，应及时回复买家，具体操作方法如下。

第1步 登录我的淘宝，进入淘宝网卖家中心，❶单击左上角的"站内信"链接，如图9-47所示。

第2步 打开收件夹，即可看到站内的信件，❷单击查看需要回复的信件标题链接，如图9-48所示。

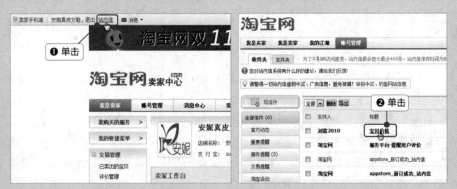

图 9-47　　　　　　　　　　图 9-48

第3步 打开该信件，❸单击"阅读全部"链接，如图9-49所示。

第4步 阅读信件内容后，❹单击 回复该信件 按钮，如图9-50所示。

图 9-49　　　　　　　　　　图 9-50

第5步 ❺在"内容"文本框中输入需要回复的信息，在"校验码"文本框中输入校验码；❻单击 发表 按钮，如图9-51所示。

第6步 即可发送成功，如图9-52所示。

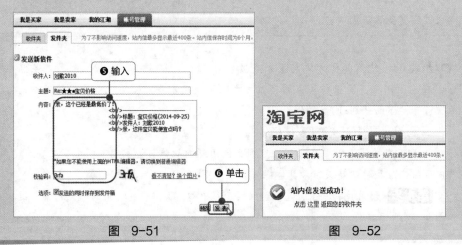

图 9-51　　　　　　　　　　图 9-52

2.通过店铺交流区回复信息

买卖双方的交流,还可以在淘宝网提供的各种平台上进行,最常用的就是店铺交流区以及商品留言区了。店铺交流区即进入店铺页面后,店铺首页最下方显示的交流区,买家和卖家可以在此留言并相互交流购物或交易的相关问题。

通常来说,如果有买家进入了我们店铺并且对商品感兴趣的话,一般会通过千牛联系卖家,但如果卖家没有使用千牛,那么买家就可以将对商品的疑问或其他事宜发布到店铺交流区,卖家只要登录到自己店铺,在页面下方就可以看到留言内容。

如果需要对留言进行回复,只要单击留言右侧的"查看详情"链接,在打开页面回复框中输入回复内容,单击"确定"按钮即可。而回复留言后,卖家的回复内容会显示在留言下方,此时所有进入店铺的淘宝用户都会看到留言与回复内容。

3.为买家提供更好的咨询方法

作为卖家,我们有必要结合网购买家的习惯,为店铺提供一个供买家咨询的服务QQ,并且将QQ号码公示在自己店铺中,这样买家咨询时,就可以方便地通过QQ来咨询了。

在提供网店咨询QQ时,我们可以申请一个新的QQ号码,并将QQ资料更改为网店相关资料,如昵称设置为"店铺名称+咨询",个性签名设置为店铺地址,而个人资料则填写一些店铺商品的相关介绍。

这里需要注意的一点是,QQ默认为通过请求后才能添加好友,而作为咨询的QQ显然不需要,因此将验证方式更改为允许任何人添加好友。

接下来,还需要在店铺中公示出咨询QQ号码,以便于买家咨询。在淘宝网店铺中,建议QQ号码的三个放置位置,分别是店铺公告区、店铺类目区以及商品描述位置。店铺公告区、店铺类目区便于买家浏览商品或逛店铺时方便地看到,而商品描述位置则针对那些对某件商品感兴趣的买家,在阅读商品描述时可以看到。

无论在哪个位置公示QQ号码,都可以采用文字或图片形式来展现,卖家可以结合自己的店铺风格来设置,只要能够让买家醒目地看到即可。

案例分享:一个成功卖家的淘宝玩转法

现今,我们的电商卖家们都会羡慕那些销售额很好的店铺,然后说一大堆我要怎么怎么做的话,但是真正去做的时候总感觉不对。很多卖家就会纳闷,我到底哪个环节出现问题了呢?实际上,很多卖家往往只是做好了其中一个环节,而没有仔细去做好每一个环节。此时,卖家就需要从4个方面去考虑与执行。

● 商量策略

如果想成功地玩转淘宝,我们应该解决的问题至少有3个方面:怎样在淘宝上活下去;你要比你的同行更加专业;你要打造属于自己的品牌,无论是个人品牌、店铺品牌还是产品。

● 选择市场

思路理清了，问题考虑到了，实际操作主要分为以下几个方面。

市场分析做好了吗？找到上升有潜力的市场了吗？找到需求量大的款式了吗？研究你商品的竞争力了吗？

产品定位，人群定位做了吗？你准备竞争低端市场，还是中高端？你卖的产品，主要客户群是怎么分布？有没有区域性？分区域引爆？每个区域你打算怎么吸引买家？

标题设计好了吗？关键字竞争分析做了吗？下架时间设定为低竞争时段了吗？有没有通过严格的数据把关把你的标题做得完美？

其他宝贝的标题好了吗？关键字分布，确保所有宝贝都有引流关键字吗？有没有找到什么好的长尾关键字？用了吗？

● 操作模式

操作模式就是接下来我们要说细节的东西？

首图做得怎么样？你的首图是自己重新做的吗？有多少重复店家？突出营销关键字了吗？你准备吸引什么人？有看过你所处环境里面大家的首图如何吗？性价比概念在首图有体现吗？

详情页做得怎么样？爆款的详情页引导语做了没？说服式详情页，你告诉买家什么故事？全店关联做了吗？所有全店流量都引导到爆款了吗？破零活动做了吗？爆款详情页有没有关联其他宝贝？好评营销做好了吗？有没有3~5个超级好评挂着？

下架时间合理安排了吗？所有宝贝都破零了吗？所有宝贝下架时间都分布好了吗？爆款的下架时间跟主竞争对手叉开了吗？

初始流量：上架宝贝有14天新品推荐，你破零了吗？爆款宝贝的排名，你在监控吗？爆款宝贝的属性，跟淘宝类目属性推荐一致吗？爆款宝贝的销量，是否连续7天爬升呢？爆款宝贝的转化率，是否每天保持4%~8%呢？爆款宝贝的优质流量，有没有上升的趋势？爆款宝贝下架前一天，半夜12：00前，你有做到5%的转化率吗？

影响排名的因素是什么知道吗？转化率，只有搜索转化才算，有保持好搜索转化率吗？其他宝贝都破零了吗？有提升全店转化率？为每个宝贝做好评营销了吗？你知不知道宝贝开始销售基数小，任何指标都会大大地影响排名，爆款快速发货、快速退货、停留时间。

客服方面，培训好了吗？前期爆款服务为王，你服务好了吗？客服全店语术统一了吗？差异化客服体验设计了吗？设计好了入口语，出口语，催款语吗？

爆款开始卖了要做什么？前期必须维护好评率。不计成本你做到了全好评吗？销量保持高增长了吗？你懂什么是引流款吗？你懂什么是利润款吗？你懂什么是定位款吗？每天分析竞争对手的动态，他们卖了多少，你卖了多少？每天研究关键字竞争力，有多少是无效关键字？调价策略定好了吗？第二爆款开始测试了吗？

买家觉得你与众不同了吗？你知道什么是买家接触点吗？有让买家给你做口碑营

销吗？老客户维护好了吗？有给老客户归属感吗？老客户给你创造 30 倍的效益了吗？

怎么告别单品爆款的模式？合理安排好店铺的品类结构了吗？规划好店铺的流量资源了吗？通过热销款带动其他产品了吗？

有做好全店规划吗？

这些都是需要去做的工作，我不知道有多少人去做了这些工作和事情，如果你上面都做了，我可以肯定地说你完全可以成功了，所以也不要说我只有一个人做，我只有两三个人在做这个事情，我想说的就是，这些事情完全是可以一个人做完的。

● 做爆款

正常情况下，爆款会出现两种打法：1. 初期低价打入市场，中期中价稳定市场，后期低价保持市场（最后阶段为清货期和甩货期）。2. 初期中价切入市场，中期高价获利市场，后期低价继续保持市场（最后阶段为清货期和甩货期）。当然也会有其他可行的操作方法。

非季节性产品，如手机配件类，可以关注专业论坛拿到一手资料，在别人没有产品之前提前打入市场，借势瓜分竞争对手资源，各种服务，各种承诺，以卖出去为主。标品控价产品，以合适价格插入，牺牲利润送赠品，查看对手评价，完善自身，让对手措不及防。淘客佣金拉高，让别人帮你推荐单品。

● 借助工具进行数据分析

说了这么多东西，很多都涉及数据分析，那么数据分析时，我们应该运用哪些工具？正常运用的数据分析工具有：淘宝指数、数据魔方、生 E 经、逐鹿工具箱，还有最强大的一个软件——Excel。

第10章

快递发货,包装与物流不可忽视

本章导读

成功交易的实物商品,通常情况下是通过物流公司送达到买家手中的,当然卖家也就需要通过物流来发货。这个过程是网店交易中最难控制的一个环节,所以网店卖家需要深入了解并掌握一些商品包装与物流发货的技巧,这样不但可以为卖家自己节约一定的运费,而且发货也会更加方便安全。

知识要点

通过本章内容的学习,读者能够学习到宝贝的包装方法与技巧、选择物流以及商品发货的技巧、正确避免常见运送中的问题等。学完后需要掌握的相关技能知识如下。

- 掌握宝贝的包装技巧
- 掌握物流的选择方法
- 掌握宝贝的发货技巧
- 掌握如何避免快递运送中出现问题

10.1 宝贝的包装方法

在买家购买商品后，卖家就需要根据订单来准备该宝贝，由于绝大多数网上交易是通过物流公司来完成的，因而必须先对商品进行包装，这样才能够完好无缺地到达买家手中。

10.1.1 宝贝包装的重要性

通常我们会说，卖家经营店铺有没有用心，看商品包装就知道了。其实也就是说包装这个环节不能小觑，它关乎到商品是否能够完好无损地送到买家手中。如果包装马虎而导致商品在运输途中损坏，可就得不偿失了。

当然这里所说的包装并不是指商品本身的外包装，而是指为了商品的运输安全，对它进行的二次包装。但在包装过程中，需要注意的是运输重量的不同会使邮寄费用产生变化，而邮费也是销售成本的一个组成部分。如果包装得合理，也能节省不少开支。

10.1.2 常见的宝贝包装方法

由于不同卖家销售的商品类型不同，所以针对不同类型的商品，所使用的包装材料与包装方式也各不相同。这里为卖家介绍常用的一些包装材料以及不同类商品的包装方式。

1. 常用包装材料

首先要了解常用的包装材料，常见的包装材料主要有卡通箱、编织袋、泡泡纸、牛皮纸以及内部的填充物等。

（1）卡通箱

卡通箱是使用比较普遍的包装方式，主要具有以下优点。

- 安全性强，可以有效地保护物品。
- 环保，可回收。
- 重量轻，运输成本低。
- 一些特殊箱还可实现防静电、防潮、保险等需求。

● 印刷精美实现运输包装和商品包装的结合。

● 成本低（相对主要包装种类而言，有塑料、木头）。

● 效率高（生产速度高于别的包装，制作周期短于同类包装）。

图 10-1

但目前国内的卡通箱有普遍的不足之处，即不防水，且怕利物刺穿。解决方法是在开通箱内适当放入填充物对运输过程中的外部冲击产生缓冲作用，图 10-1 所示为多种卡通箱。

（2）编织袋

编织袋适用于各种不怕挤压与冲击的商品，优点是成本低、重量轻，可以节省一点运费，缺点是对物品的保护性比较差，只能用来包装质地柔软耐压耐摔的商品，图 10-2 和图 10-3 所示为编织袋。

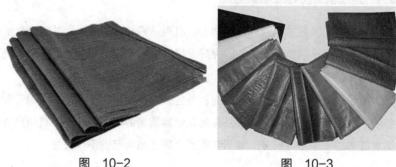

图 10-2　　　　　　　图 10-3

（3）泡泡纸（袋）、空气袋

泡泡纸（袋）和空气袋不但价格较低、重量较轻，还可以比较好地防止挤压，对物品的保护性相对比较强。适于包装一些本身具有硬盒包装的商品，如数码产品等。另外泡泡纸也可以配合纸箱进行双重包装，加大商品的运输安全系数。图 10-4 所示为泡泡纸（袋），图 10-5 所示为空气袋。

图 10-4　　　　　　　图 10-5

（4）牛皮纸

牛皮纸多用于包装书籍等本身不容易被挤压或摔坏的商品，可以有效防止商品在运输过程中的磨损，图10-6所示为通用牛皮纸。

（5）其他包装材料

另外，对于一些商品，在包装时需要考虑防水与防潮因素，如服饰、数码产品、未密封的食品等，这类商品在包装后，可以采用胶带对包装口进行密封，图10-7所示为各类型胶带。

图 10-6　　　　　　　　　图 10-7

2. 不同商品的包装方式

产品离不开包装，那么根据包装物和用途的不同，我们选择的包装材料也不尽相同，那么不同的商品有哪些包装方式呢？

（1）皮包、衣服、鞋子类产品

这类产品在包装时可以用不同种类的纸张（牛皮纸、白纸等）单独包好，以防止脏污。如果要用报纸的话，里面还应加一层塑料袋。

遇到形状不规则的商品，例如皮包等，可预先用胶带封好口，再用纸包住手提袋并贴胶带固定，以减少磨损，如图10-8和图10-9所示。

图 10-8　　　　　　　　　图 10-9

当商品是衣服时，就要先用塑料袋装好，再装入防水防染色的包裹袋中，用布袋邮寄服装时，宜用白色棉布或其他干净整洁的布，图10-10和图10-11所示为先用防水塑料袋将衣服装好。

图 10-10

图 10-11

（2）首饰类产品

首饰产品一般都需要附送首饰袋或首饰盒，通过以下方法可以让你的服务显得更贴心。

● 一定要用开通箱包装

对于首饰来说，3 层的 12 号纸箱就够用了。为了节约成本，建议在网上购买，一个 12 号的 3 层纸箱，在邮局可能要卖 2 元，而在网上 0.20 元甚至更便宜就可以买到，如图 10-12 所示。

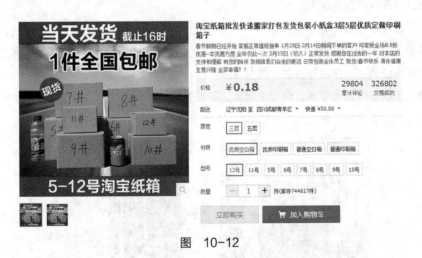
图 10-12

● 一定要用填充物填充

在打包首饰件时，为了让物件在纸盒里不晃动。可以使用泡沫、报纸等作为填充物。

● 纸箱的四个角一定要用胶带包好

因为邮寄的时候有很多不确定因素，例如在运送过程中刚好有一瓶液体商品和你的货品一起运送，一旦这个液体货品的包装不严密，出现泄漏，你的货品很可能受到影响或被浸泡。所以，纸箱的四角一定要用宽胶带包好，这样也可以更好地防止撞击。

● 附送一张产品说明卡

在打包产品时附带一张首饰保养及使用说明书，这样显得比较专业，也会给买家留下好的印象，如图10-13所示。

（3）易变形、易碎的产品

这一类产品包括瓷器、玻璃品、字画、工艺品等。针对这类产品，包装时要多用些报纸、泡沫塑料或者泡绵、泡沫网，这些东西重量轻，而且可以缓和撞击。另外，一般易碎怕压的东西四周都应用填充物充分地填充，如图10-14所示。

图 10-13　　　　　　　　　　　图 10-14

> **小二开店经验分享——卖家可以自己收集填充物**
>
> 一般易碎怕压的东西四周都应用填充物充分地填充，这些填充物也比较容易收集，例如包水果的小塑料袋就是泡沫网，平时购物带回来的方便袋，买电器时带回来的泡沫等。只是注意尽量多用聚乙烯的材料而少用纸壳、纸团，因为纸要重一些，而那些塑料的东西膨胀效果好，自身又轻。

（4）电子产品类包装

贵重的精密电子产品包括电话、手机、电脑屏幕、相机等，这类商品的运输包装主要用来保护产品不受流通过程中各种机械因素和气候因素的影响，确保产品数量和质量完整无损地送到消费者手中。

在对这类怕震动的产品进行包装时，可以用泡绵、防静电袋等包装材料把物品包装好，然后用瓦楞纸在商品边角或者容易磨损的地方加强保护，并且要用填充物，如报纸、海绵、防震气泡布这类有弹力的材料将纸箱空隙填满，这些填充物可以阻隔及支撑商品，吸收撞击力，避免物品在纸箱中摇晃受损。图10-15所示为专业物流包装填充物。

（5）液体类产品

液体类产品有专门的邮寄办法，先用棉花裹好，再用胶带缠好。在包裹时一定要封好割口处，可以用透明胶带使劲绕上几圈，然后用棉花整个包住，可以包厚一点，最后再包一层塑料袋，这样即使液体漏出来也会被棉花吸收，并用塑料袋做最后的保护，不会流到纸盒外面污染到他人的包裹，如图10-16所示。

例如香水，可以到五金行或专门的塑料用品商店，买一些透明的气泡纸，在香水盒上多裹几圈，然后用透明胶带纸紧紧封住，这样可以确保安全。

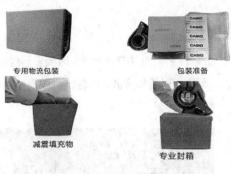

图 10-15

图 10-16

（6）食品类产品

食品的包装最重要的是做到干净和抗挤压就行。某些食物的保质期很短，如巧克力、干果、牛肉干之类的非真空包装食品，发送这类货物要注意两点。

一是包装要干净，不管是装食物的袋子，还是邮递用的纸箱，都要够干净，如果放在一个脏兮兮的纸箱里，不仅影响食欲，买家收到货后肯定会质疑食物的卫生安全问题，有了这层阴影，下次肯定不会再光顾你的店铺了。

二是份量一定要足，千万不能缺斤少两，最好在货物中附一个清单明细，里面应注明食品名称和定购量。清单一式两份，客户一份自己留一份。

10.2 选择合适的送货方式

目前网上购物使用的物流主要有快递公司、平邮以及 EMS 三种。不同地区不同物流的收费也不同，对于卖家来说，由于经常需要通过物流发货，因此要对不同的物流方式、资费标准以及服务进行相应的了解，从中选择最适合自己产品的发货方式。

10.2.1 快递公司

快递公司是指目前国内市场上除了邮政之外的其他快递公司，它是运用自己的网络进行快递服务。快递公司是淘宝店主超过 95% 的选择，特点就是快速、高效，价格也不贵，目前国内快递公司主要有顺丰快递、申通快递、圆通快递、中通快递、韵达快递等。

10.2.2 邮政

几乎每个卖家都有使用邮局发货的经历，有的卖家认为邮局平邮价格较高，有的卖家却认为邮局平邮非常便宜，而且商品的安全指数也高。事实上，在邮局发货有很多小窍门，如果店主掌握了，就可以省下不少钱，否则，可能真的比快递还贵。下面介绍常见的邮政业务。

（1）EMS

EMS 是中国邮政的特快专递业务，其速度与快递公司相差不远，但是服务和效率有些地方不如快递公司。

EMS 的优点是能派送其他快递有可能运输不到的地区，也就是国内任何一个地方都能派送到。建议淘宝店主仅仅在快递公司派送不了的情况下或者邮寄比较贵重的商品的选择 EMS。

（2）平邮

平邮是邮政提供的普通包裹运输服务，运输时间较长，一般发货后 7～15 日才能收到货物。唯一优点就是运费较为低廉，目前由于快递公司收费较低，平邮已经很少被卖家采用，而且对于卖家来说，发送普通包裹需要自己到邮局办理，比较费时费力。

（3）快递包裹

快递包裹是中国邮政为适应社会经济发展，满足用户需求，于 2001 年 8 月 1 日在全国范围内开办的一项新业务，它以快于普通包裹的速度、低于特快专递包裹的资费，为物品运输提供了一种全新的选择。笔者建议最好别发快递包裹，速度并不比平邮快，价格很可能比快递贵。

（4）E 邮宝

"E 邮宝"是中国速递服务公司与支付宝最新打造的一款国内经济型速递业务，专为中国个人电子商务设计，采用全程陆运模式，其价格较普通 EMS 有大幅度下降，大致为 EMS 的一半，但其享有的中转环境和服务与 EMS 几乎完全相同，而且一些空运中的禁运品可能被 E 邮宝所接受。

> **小二开店经验分享——快递公司和邮局对比的优势**
>
> 普通快递公司可供选择的多达数十家，最常用的有顺丰、申通、圆通、中通、韵达、天天、宅急送、中诚等。下面介绍些快递公司和邮局对比的优势。
> - 上门取货随叫随到，而且比邮局下班晚。
> - 速度一般都和 EMS 差不多，甚至比 EMS 快。
> - 一般是 1 千克起步而不是 EMS 的 500 克。
> - 快递对于检查比较松，一般不需要检查。
> - 寄的次数越多就越能砍价。
> - 服务态度比邮局好，业务员和公司都能提供比较好的服务。
> - 单子、包装不用钱。

10.2.3 托运公司

如果店主们要发出的宝贝数量比较多，重量比较大，平邮或特快专递会非常贵，这时店主不妨考虑使用客车运输商品。买家如果离卖家不远，可以使用短途客车托运货物，但是这种客车一般会要求寄送方先付运费。店主一定要及时通知收货方收货，并且在货物上写好电话和姓名。在托运前必须将货物的包装和标记严格按照合同中有关条款、国际货协和议定书中条款办理。大件物品使用铁路托运。

（1）汽车托运

运费可以到付，也可以现付。货物到了之后可能会再向收货方收 1～2 元的卸货费。一般的汽车托运不需要保价，当然，有条件的话最好是保价，一般是 0.4% 的保价费。收货人的电话最好能写两个：一个是手机，一个是固定电话，确保能接到电话通知。

（2）铁路托运

铁路托运一般价格低点，速度也快点，但是只能送到火车到达的地方。火车站都有价格表。包装得好，他们一般不打开检查，现在一般还会贴上"小心轻放"的纸条。一般需要拿传真件和身份证提货，运费要现付，不太方便。

（3）物流公司

物流公司如佳吉、华宇等，它们的发货方式和其他托运站不太一样，托运站一般是点对点的；但物流公司不同，它们可以转到一个城市中的几个点。速度很慢，中转次数很多，要求货物包装得很好。货物上车下仓库很多次，容易造成破损。

10.3 国内常用的主流快递公司

国内快递公司主要有申通快递、圆通快递、中通快递、顺丰快递、韵达快递等，全国有数千家快递公司在开展业务。

10.3.1 申通快递

申通快递主要提供跨区域快递业务，市场占有率超过 10%，使公司成为国内快递行业的龙头企业之一。随着国内快递需求的多样化，公司紧贴市场，不断进行产品创新，继续提供传统快递服务的同时，也在积极开拓新兴业务，包括电子商务物流配送服务、第三方物流和仓储服务、代收货款业务、贵重物品通道服务等，目前已经成为国内最重要的电子商务物流供应商。图 10-17 所示为申通快递官方网站。

图 10-17

10.3.2 圆通速递

上海圆通速递有限公司成立于 2000 年 5 月 28 日，是国内大型民营快递品牌企业。公司立足国内，面向国际，致力于开拓和发展国际、国内快递及物流市场。公司主营包裹快递业务，形成了包括同城当天件、区域当天件、跨省时效件和航空次晨达、航空次日下午达和到付、代收货款、签单返还等多种增值服务产品。公司的服务涵盖仓储、配送及特种运输等一系列的专业速递服务，并为客户量身定制速递方案，提供个性化、一站式的服务。图 10-18 所示为圆通速递官方网站。

图 10-18

10.3.3 中通快递

中通速递服务有限公司创建于 2002 年 5 月 8 日，是一家集物流与快递于一体，综合实力位居国内物流快递企业前列的大型集团公司。

目前，公司已拥有员工 2 万多人，服务网点近 1800 个，分拨中心 36 个，运输、派送车辆 5000 多辆。公司的服务项目有国内快递、国际快递、物流配送与仓储等，提供"门到门"服务和限时（当天件、次晨达、次日达等）服务。同时，开展了电子商务配送、代收货款、签单返回、到付和代取件等增值业务。

10.3.4 顺丰速运

至 2006 年初，顺丰的速递服务网络已经覆盖国内 20 多个省及直辖市，101 个地级市，包括中国香港，成为中国速递行业中民营品牌中的佼佼者之一。目前顺丰快递发货速度较快，全国范围内一般 2 天左右收货，但收费略高。

如果你是追求速度、商品利润较高，推荐选择顺丰快递；如果你的产品利润不是很高，买家也没有特别要求必须利用顺丰快递发，那可以选择其他快递公司。

10.3.5 韵达快递

韵达是具有中国特色的物流及快递品牌,结合中国国情,用科技化和标准化的模式运营网络。也是一家具有国资背景的民营快递。已在全国拥有3000余个服务规范的站点,致力于不断向客户提供富有创新和满足客户不同需求的解决方案。

科技的投资和推进,以优化内部管理和客户服务,提高客户满意度。韵达建立了多方位的、多层次的运送保障体系,提供比较适合客户需要的产品。

皇冠支招

前面给初学者介绍了相关知识的应用,下面,给淘宝新手介绍一些自己的感悟和技巧分享的内容。

▶ **招式01:宝贝的包装技巧**

卖家在对宝贝进行二次包装时,也可以通过一些宝贝包装技巧使客户产生好感,以便加强顾客对店铺的好感或者为店铺节约成本。

1.通过包装增强买家对产品的好感

商品最终到达买家手中后,包装会在很大程度上影响买家对商品的好感,所以卖家为商品包装时,还需要为买家做考虑,毕竟赢得一份好感,很多时候相当于赢得了一个回头客。通过商品包装增强买家好感的主要建议有以下几个方面。

(1)无特殊需要,不要自作主张,把商品的价格标签放入包装盒内。有时候会出现不必要的尴尬,例如买家购买商品是用来送礼的,买家将商品直接发货给他的朋友,而他们一般是不愿意让朋友知道这件礼物的价格是多少及在什么地方买的。

(2)不管用什么包装寄东西,盒子都应该干干净净,如果包装破破烂烂会让人疑心商品是不是已经压坏了,甚至怀疑产品的质量问题。所以包裹一定要干净整洁,在不超重的前提下尽量用硬壳包装。太过破烂的包装不但会让买家收货时对货物是否损坏产生怀疑,而且对商品的质量、买家的服务都会产生疑虑。

(3)对于使用比较复杂的商品,如果在给买家的包裹中有针对性地写一些提醒资料,例如不同质地的衣服洗涤、收纳;个别数码类商品的使用注意事项等,这会让买家觉得卖家服务很周到,进而发展成为老顾客,甚至会给卖家带来新的顾客。

(4)如具备条件的话,可以在商品中放入小卡片、小饰品等送给买家,会让买家有一种超值的感觉。小礼品一定要实用就好,千万不要把自己用过的东西当礼品,不然就太不尊重买家了,不但收不到好的效果,还可能适得其反。

总而言之,我们在包装商品时,从自身心理出发就应该将商品作为一件礼物来包装,在保障商品质量的同时,赢得买家的好感也是非常重要的。

2. 节约包装材料的技巧

网店物流费用也是一笔不小的开支，因此每个环节都需要节省。下面来看看几个包装材料不花钱的技巧心得。

（1）生活中留心积累

平常生活中也会遇到各种各样的包装材料，例如瓶装水纸箱、过期广告纸袋、公司收到的快递包裹箱等，这些质地不错的包装材料都可以用在自己网店物流包装中，如图10-19所示。

（2）变废为宝巧包装

例如废弃的矿泉水纸箱，经过简单改造后，用来包装寄送一些小件商品也是非常不错的。拿到纸箱后再按图中步骤操作，如图10-20所示。

图 10-19　　　　　　　　图 10-20

▶ 招式02：快递省钱3招就好

选择快递公司发货，是目前多数网店卖家主要采用的物流方式。但对卖家而言，尤其是生意较好的卖家，每个月在运费上的开销也是非常多的，因而卖家有必要考虑如何有效降低快递运费，从而降低店铺开支。

（1）对比多家快递公司

不同快递公司的资费标准各不相同，一般来说，收费越高的快递公司，货物运输速度也就越快。很多卖家在选择快递公司发货时，往往习惯选择一个快递公司，这样不但无法了解其他快递公司的价格进行参照与对比，而且由于所选快递不存在竞争，在运费上也不会让步太多。

选择多家快递公司还有一个好处就是，我们在发货时，可以同时联系多家快递业务员上门取件，故意让快递业务员知道存在竞争，有些情况下，快递业务员之间的价格竞争，最终受益的就是发货人。

（2）时刻关注快递优惠活动

一些快递公司，在不同时期的价格可能会有所调整，如年前、年后等，有时候为了推广，快递公司还会与当地的一些论坛或者网站合作办各种推广优惠活动，如某快递公司曾推出过300元包100件的服务，这样算下来只要3元一件，非常划算。

广大卖家在上网的同时，可以利用空闲时间多看看快递公司网站、当地知名度较高的交易网站或论坛，一旦有优惠活动，就能第一时间掌握。

（3）快递公司讲价技巧

目前基本所有快递公司都可以灵活讲价，不过要想成功降低快递费用，我们还需要了解一些与快递公司讲价的技巧，下面介绍常用的一些讲价方法，卖家可根据实际情况作为参考。

● 直接找快递业务员讲价，而不要找快递公司客服或前台人员讲价。

● 在讲价过程中，适当夸大自己的发货量，因为如果发货量较大，业务员为了稳定业务，一般会在价格上有一定让步。

● 用其他快递公司价格进行对比，在讲价时可以和业务员谈及其他快递公司要低多少，即使是虚构，也要表现出很真实的样子，一般还是可以降低一定价格。

● 掌握讲价幅度，如同日常购物砍价，假如15元的快递费用，我们想讲到12元，那么要和业务员先砍到10元，这样即使不同意，但最终可能就以12元的折中价成交。

▶ 招式03：同城交易处理技巧

在开店过程中，同城交易在所有交易中往往占据了一定的比例，因为很多卖家在淘宝网上购买商品时，会优先选择本地的卖家，这样不但收货速度快，运费便宜，而且如果买卖条件允许的话，还可以让买家上门购买或者卖家送货上门。

在绝大多数城市中，同城快递的费用一般是在5元左右，而且次日即可收到货，这无疑缩短了买家的等待时间，而且由于在同一地区，相互交流起来比较方便，对于商品的售后服务，如果买家在使用过程中遇到了问题，也便于维修与处理。

在同城买家中，往往也会遇到很多要求上门交易，或者见面交易的情况，如果卖家具备条件的话就可以接受，因为见面交易，买家能够看到商品实物后再决定购买与否，这样不但增强了买家的信任感，而且只要交易顺利且买家满意的话，往往会成为我们的回头客，有时候甚至还可以帮我们招揽更多的顾客。不过见面交易或者上门取货，并不适合代销的卖家。

由于同城交易有着网上交易无可比拟的优越性，对于卖家来说，我们非常有必要抓住并巩固这一顾客群体。由于网店的信用非常重要，因此即使是同城交易，也最好先让买家通过支付宝付款，而后见面交易或上门取货，既赚取利润，又赚取信用。

案例分享：宝贝破损少件的处理方法

通常情况下，卖家都会或多或少遇到宝贝破损、少件、丢失的情况。当遇到这种情况时，该如何处理才能避免此类情况的发生。

（1）怎样避免出现宝贝破损、少件、物品丢失？

● 发货前，做好包装加固。

● 发货前对包装、质量、线头等细节问题多多检查。

● 选择一个你信任的、规范的且服务周到的快递物流公司。

● 一些特殊的商品应当提前约定送货。避免在过程中出现商品破损、丢件。如一些易碎的瓷器，提前和买家约好若出现各种意外的解决办法。

（2）当淘宝卖家遇到宝贝出现破损、少件、物品丢失该怎么办？

● 立即联系你的买家，提供实物照片确认商品的真实情况。在沟通过程中，态度一定要端正，良好。

● 向物流公司核实是谁签收，是否本人签收的。

● 若不是买家本人签收，且没有买家的授权，建议先退款并联系物流公司协商索赔，避免与买家之间出现误会。

● 若是买家自己签收发现问题，就应当立即和顾客协商退款、退货事宜。客户这边处理好后，再与物流协商赔款事宜。

第 11 章

营销与推广，店内店外都要做

本章导读

好产品是基础，而长期有效的推广才决定着店铺的销量和店铺是否能够存活。简单来说，店铺的推广就是指通过宣传方式让更多人进入你的店铺，认识你的产品并产生购买的过程，本章内容则介绍店铺内、外推广的各类宣传方式。

知识要点

通过本章内容的学习，读者能够学习到淘宝店内店外的活动如何参与。学完后需要掌握的相关技能知识如下。

- 掌握官方活动的运用
- 掌握店内活动的运用与推广技巧
- 掌握店外营销技巧

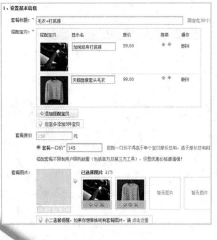

11.1 淘宝官方活动

如何让一个新开的店铺迅速成长起来,不单是众多卖家心中所想的事情,也是淘宝大力发展的方向,因此淘宝不断推出各种促销手段,例如淘金币、淘代码、天天特价、聚划算、麦麦营销等,以此来推动中小卖家的成长。

11.1.1 报名淘金币营销

卖家淘金币账户,是为淘宝卖家量身打造的店铺营销工具,卖家可以通过淘金币账户赚金币,给买家发金币,打造店铺专属自运营体系,提高买家黏性与成交转化率。

卖家如果需要淘金币账户,那么应先申请,只需登录到淘宝网卖家中心,在"我是卖家"页面单击"营销中心"栏中的"淘金币营销"链接,进入"淘金币服务中心"页面申请淘金币账户。

淘金币专门开设淘金币抵钱频道,设置淘金币抵钱就有机会进频道展示,设置淘金币抵钱即全店商品支持买家进行淘金币抵扣。买家用于抵扣的淘金币,70%存入你的卖家淘金币账户,供后期店铺营销活动发放使用。开启淘金币抵钱活动,具体操作方法如下。

第1步 进入"淘金币营销"界面,❶ 单击"淘金币抵钱"栏中的"立即运行活动"按钮,如图 11-1 所示。

图 11-1

第2步 ❷ 设置最高可抵扣比例以及活动时间;❸ 单击"同意开通"按钮,如图 11-2 所示。

第3步 在弹出的提示框中确定设置后,❹ 单击"确定开通"按钮,如图 11-3 所示。

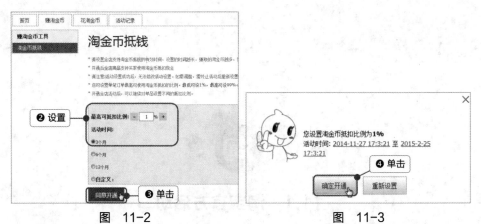

图 11-2   图 11-3

第4步 ❺ 在"单品抵钱"右侧单击"添加单品"按钮，如图11-4所示。

第5步 复制并粘贴该宝贝链接地址至"添加单品"文本框，❻ 设置该单品抵扣比例；❼ 单击"确定添加"按钮，如图11-5所示。

图 11-4   图 11-5

第6步 此时，即可成功运行该单品"淘金币抵钱"活动，如图11-6所示。

图 11-6

卖家还可以开通"店铺签到送淘金币"活动，每天打开淘宝首页或会员俱乐部，签到送淘金币，具体创建方法如下。

第1步 进入"淘金币营销"界面，❶ 单击左侧"花淘金币工具"栏中的"店铺签到送淘金币"选项，如图 11-7 所示。

第2步 打开"店铺签到送淘金币"页面，❷ 单击下方"立即设置"链接，进行设置即可，如图 11-8 所示。

图 11-7

图 11-8

11.1.2 报名淘宝天天特价

淘宝网的"天天特价"频道(tejia.taobao.com)，主要活动目的是扶持中小卖家，以10元包邮、今日爆款、淘世界为主。天天特价活动具有很高的黏度，很多买家天天登录天天特价频道等着秒杀。所以很多卖家在上了天天特价之后流量和成交量都得到了质的提高。

> **小二开店经验分享——天天特价活动流程**
>
> 商家报名，当天可报名第 7~10 天的活动。
>
> 填写报名页面，点击提交后，提示报名成功，系统会进行初审，最迟 5 个工作日内反馈基本资质审核情况，提示未报名成功，则属于基本门槛未满足，按照系统给出的提示进行优化后重新排名。
>
> 系统初审，系统会在结束报名后，对报名的商品进行综合排序评分。评分达标且有竞争力的商品则通过初审，旺旺会短信消息通知，在规则时间内进行店铺装修等设置。
>
> 商品上预告当天早上 9：00，系统会再次检查商品资质情况。系统会对初审通过的商品进行二审，由于卖家信用积分、动态评分、好评率、七天无理由服务、消保、"授""真"字、QS 认证、黑名单、炒信等项目属于动态值，所有最终结果以二审时间为准。
>
> 二审通过则不会再次进行通知，商品如无问题则会自动在活动日期内上线售卖。

天天特价包括"10元包邮""今日爆款""淘世界"等类型，如图11-9所示。10元包邮提供全网精选超值宝贝，每天上新，仅限10元以下的包邮商品参加；今日爆款就是每日100款的热卖爆款；淘世界主要是进口商品，100元以内淘回家。

图 11-9

条件允许，审核通过，且宝贝准备好后，即可报名天天特价活动，具体操作方法如下。

第1步 登录到"淘宝网卖家中心"，在"我是卖家"页面，❶单击"营销中心"栏下的"我要推广"链接，如图11-10所示。

第2步 ❷在"营销入口"选项中单击"当季打折促销"图标，如图11-11所示。

图 11-10

图 11-11

第3步 进入淘宝网天天特价首页，❸指向导航栏右侧的"商家中心"选项；❹在展开的列表中单击"商家报名"命令，如图11-12所示。

图 11-12

第4步 进入商家报名页面，❺选择报名日期；❻在目标活动栏目下方单击"立即报名"按钮，如图11-13所示。

图 11-13

第5步 进入"活动说明"页面，仔细阅读活动介绍、店铺要求及宝贝要求，❼单击"我要报名"按钮，如图11-14所示。

第6步 此时，在商家报名表单里按照要求填写信息，如图11-15所示。确认无误后提交报名申请即可。

图 11-14 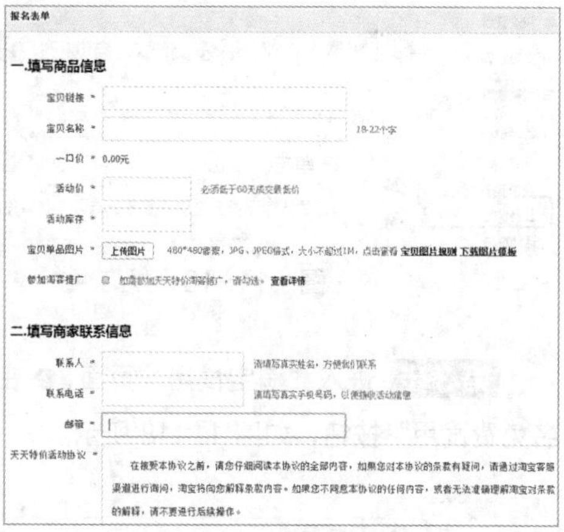　　　　　　　　图 11-15

11.1.3 报名试用中心

网店做免费试用图的目的是什么？给买家免费提供商品试用店铺能得到什么？这种倒贴商品又倒贴邮费的免费试用营销模式对网店运营的好处主要体现在以下几个方面。

（1）有利于提高店铺商品进入市场的速度

免费试用以店铺商品作为推广成本让利给买家，通过买家试用体验，获得大量销售见证、分享和商品曝光，减少传统广告营销的生硬与疏离感，快速建立买家信任感，缩短商品的市场萌芽期和成长期，提高商品入市速度。

（2）提高店铺知名度和亲和力

随着参与试用营销的商家越来越多，买家试用群体也日益壮大，店铺发布试用活动都能引起大量买家的关注及分享。通过买家分享，提高了店铺的知名度。而在免费试用过程中，商家能与买家面对面沟通交流，卖家商品免费发放给买家，提升买家信任感，提高亲和力。

（3）快速累积人气、销量、评价，增强购买信心

在一些试用平台，如试客联盟、试用中心等，买家通过试用申请，再到店铺按照正常商品购买流程进行下单购买，这能迅速奠定店铺销量基础；试用买家从专业的角度给予宝贝详细体验后的中肯评价，这些销售见证可以帮助商品建立良好的信任感，增强消费者的购买信心。

加入免费试用的具体操作步骤如下。

第1步 登录到淘宝网卖家中心，在"我是卖家"页面，❶ 单击"营销中心"栏下的"我要推广"链接，如图11-16所示。

第2步 ❷ 在"官方活动"栏中单击"免费试用报名"图标，如图11-17所示。

图 11-16

图 11-17

第3步 进入"淘宝试用"页面，❸ 在"商家报名"栏中的"免费试用"右侧单击"报名免费试用"按钮，如图11-18所示。

图 11-18

第4步 ❹选择免费试用排期；❺单击右侧的"我要报名"按钮，如图11-19所示。然后按照上方的操作流程填写报名信息，之后等待审核。一般审核会在活动开始前4天左右通知。如果通过了，就可以提供免费试用的商品；如果未通过，可查看原因，完善资料后可继续报名。

图 11-19

11.1.4 参加聚划算活动

很多商家看中了淘宝聚划算的商机和巨大的流量平台。但是参加聚划算对商家入驻有一定要求，满足要求即可报名参加聚划算，报名参加聚划算团购活动，具体操作方法如下。

第1步 登录淘宝网，❶在首页单击上方的"聚划算"栏目，如图11-20所示。
第2步 进入聚划算页面，❷在页面顶端单击"商品中心"选项，如图11-21所示。

图 11-20　　　　　　　图 11-21

第3步 进入商户中心，❸单击"我要报名"按钮，如图11-22所示。
第4步 在"我的工作台"选项内，❹单击"现在入驻"链接，如图11-23所示。

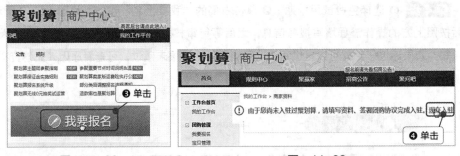

图 11-22　　　　　　　　　　图 11-23

第5步 ❺在商家资料中输入需入驻的商家信息；❻单击"保存"按钮，如图11-24所示。

第6步 ❼在弹出的"小提示"对话框中单击"确定"按钮，完成店铺信息的编辑，如图11-25所示。

图 11-24　　　　　　　　　　图 11-25

第7步 返回"聚划算商户中心"页面，❽单击左侧"团购管理"栏下的"我要报名"链接，如图11-26所示。

第8步 选择需要报名的品类,如"聚划算–生活团"活动,❾单击其右侧的"立即报名"链接，如图11-27所示。

图 11-26　　　　　　　　　　图 11-27

第9步 打开"聚划算团购活动协议"页面，查看协议内容后，❿ 勾选"本人已阅读并同意"复选框；⓫ 单击"提交"按钮，如图 11-28 所示。

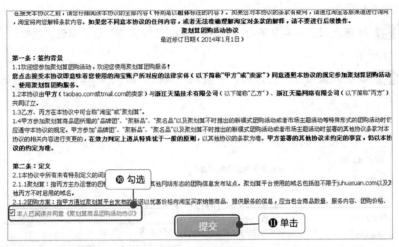

图 11-28

第10步 接下来需要开通"支付宝账户付款"服务。⓬ 输入淘宝账号绑定的支付宝账户、支付密码及验证码；⓭ 单击"同意协议并提交"按钮，如图 11-29 所示。

第11步 此时，即可成功签署协议，如图 11-30 所示。接下来只需选择店铺的宝贝进行报名，然后等待审核结果，通过后即报名成功。

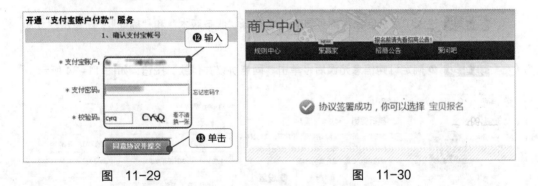

图 11-29　　　　　　　　　　　图 11-30

11.2　店内活动团团转

很多店铺都有推出各种推广服务，其目的都是提高成交量。普通网店主要有限时打折、搭配套餐、店铺优惠券等促销工具。下面来看看淘宝的一些促销工具。

11.2.1　使用宝贝限时打折

促销做得好，销量就会好！那是必然的！那么怎样才能正确和有效地使用"限时促销"

这个工具呢？限时促销是淘宝提供给卖家的一种店铺促销工具，订购了此工具的卖家可以在自己店铺中选择一定数量的商品在一定时间内以低于市场价开展促销活动。加入限时促销，具体操作方法如下。

第1步 ❶进入淘宝网卖家中心界面，在左侧"软件服务"栏下单击"我要订购"链接，如图11-31所示。

第2步 ❷进入页面后，在搜索栏中输入"美折促销"；❸单击"搜索"按钮，如图11-32所示。

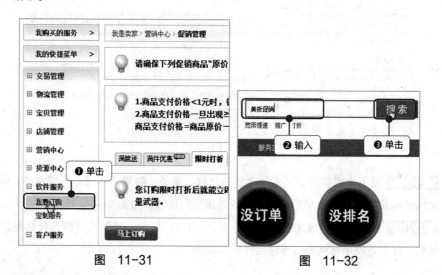

图 11-31　　　　　　图 11-32

第3步 进入"美折促销"购买界面，❹选择"服务版本"和"周期"；❺单击"立即购买"按钮，如图11-33所示。

第4步 ❻确定订购信息无误后，单击"同意协议并付款"按钮，如图11-34所示。

图 11-33　　　　　　图 11-34

第5步 ❼在订购成功页面中单击"立即使用"按钮，如图11-35所示。

第6步 进入美折活动页面，❽单击"创建新活动"下拉按钮；❾在弹出的菜单中单击"折扣/减价"命令（这里以折扣/减价为例），如图11-36所示。

营销与推广，店内店外都要做 第11章

图 11-35

图 11-36

第7步 ⑩ 设置活动信息；⑪ 单击"下一步：选择打折商品"按钮，如图 11-37 所示。

图 11-37

第8步 ⑫ 进入"选择活动商品"页面，单击需要进行打折的商品旁边的"加入活动"按钮，如图 11-38 所示。

第9步 ⑬ 选择完成后，单击"下一步：设置商品折扣"按钮，如图 11-39 所示。

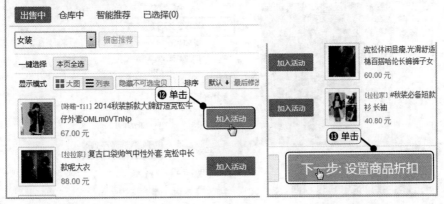

图 11-38　　　　　　　图 11-39

第10步 ⓐ 进入设置商品折扣页面，给每件需要打折的商品设置商品折扣，如图11-40所示。

第11步 设置完成后，ⓑ 单击"完成并提交"按钮，如图11-41所示。

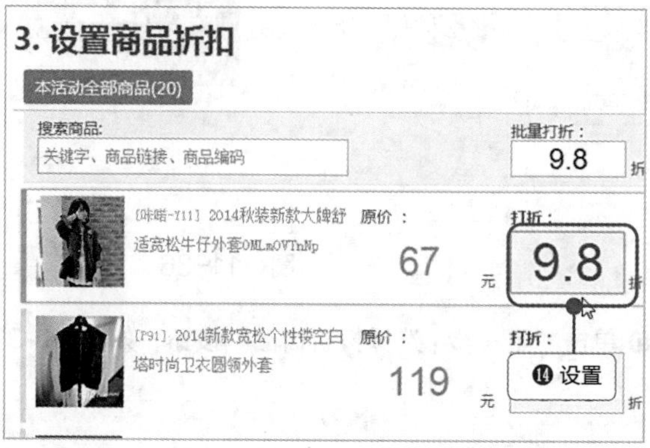

图 11-40 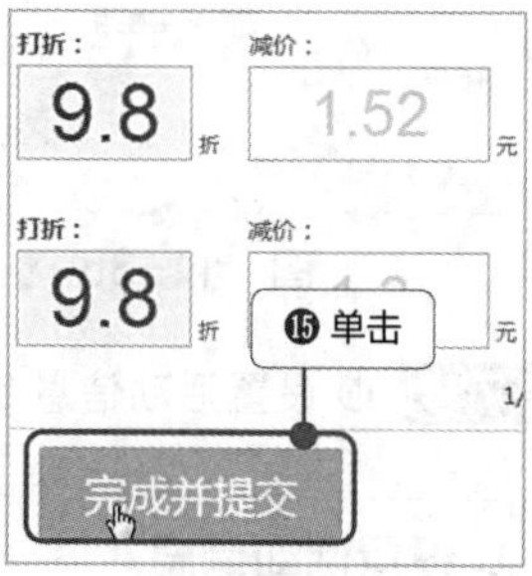　　　　图 11-41

第12步 提交成功后就代表活动创建成功，如图11-42所示。

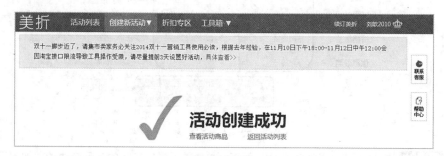

图 11-42

第13步 参加活动后，店铺中的该活动商品页面即会显示出促销价，如图11-43所示。

图 11-43

11.2.2 使用宝贝搭配套餐

搭配套餐是将两个或者两个以上的商品，以搭配的形式组合销售，这种营销方式很大程度上提高了卖家促销的自主性，同时也为买家提供了更多的便利和选择。使店铺的促销活动更专业，节省人力成本，提升单价和转化率。搭配套餐能使商品与商品之间环环相扣，增强每个商品的曝光率，起到连带销售的作用。图11-44所示为搭配套餐，商品销量大增。

购买搭配套餐服务，并创建搭配套餐，具体操作方法如下。

图 11-44

第1步 登录到淘宝网卖家中心，在"我是卖家"页面，❶单击"营销中心"栏下的"我要推广"链接；❷在"营销入口"选项卡中单击"搭配套餐"图标，如图11-45所示。

第2步 进入搭配套餐订购页面，❸选择服务周期；❹单击"立即订购"按钮，如图11-46所示。

图 11-45　　　　　　　　　　图 11-46

第3步 根据页面提示完成订购操作后，❺在"我是卖家"页面单击"我购买的服务"展开按钮；❻在打开的增值服务列表中单击"搭配套餐"选项，如图11-47所示。

图 11-47

第4步 进入"促销管理"页面，❼单击"搭配套餐"选项卡；❽单击"创建搭配套餐"按钮，如图11-48所示。

第5步 打开"创建搭配套餐"界面，❾输入套餐标题；❿单击"添加搭配宝贝"按钮，如图11-49所示。

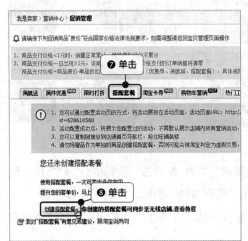

图 11-48

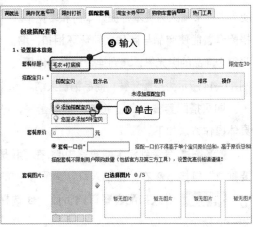

图 11-49

第6步 ⓫选择套餐商品，单击其右侧的"添加"按钮，如图11-50所示。

第7步 ⓬继续添加套餐商品；⓭添加完成后，单击下方的"保存"按钮，如图11-51所示。

图 11-50

图 11-51

第8步 ⓮填写各宝贝显示名称（显示名称必须小于等于8个汉字或16个字符）；⓯输入套餐一口价，如图11-52所示。

第9步 ⓰输入套餐描述；⓱设置物流信息；⓲单击"发布"按钮，如图11-53所示。

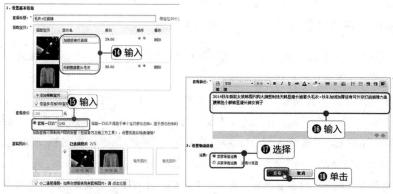

图 11-52　　　　　　　　　图 11-53

第10步　此时，即可成功发布搭配套餐，⑲单击套餐右侧的"查看"链接，如图11-54 所示。

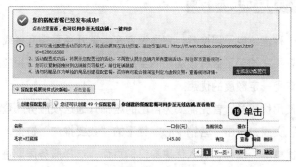

图 11-54

> **小二开店经验分享——将套餐一键同步至无线店铺**
>
> 在发布搭配套餐成功页面，单击"一键同步"链接，可将该套餐迅速同步至无线店铺。单击"创建搭配套餐"按钮，可继续创建套餐。

第11步　此时，可查看到该套餐的详细信息，如图 11-55 所示。

图 11-55

> **小二开店经验分享——使用宝贝满就送**
>
> 满就送就是满就减，满就送礼，满就送积分，满就免邮费。对于卖家来讲，可以在适当让利的条件下让自己店铺商品批量销售。
>
> 在"卖家中心"页面的"营销中心"栏中单击"促销管理"链接，单击"满就送"选项卡订购"满就送"促销工具。然后进入"店铺装修"页面，添加模块，单击"店铺公告"中的"编辑"按钮，在"店铺公告"对话框中单击勾选"编辑源代码"复选框，删除先前代码，按Ctrl+V组合键粘贴代码，单击"确定"按钮，将代码粘贴到店铺公告里，返回装修页面，在右上角单击"发布"按钮，此时，买家打开店铺，即可在"店铺公告"中查看到"满就送"促销活动。

11.2.3 使用店铺优惠券

店铺优惠券是一种虚拟电子现金券，它是淘宝在卖家开通营销套餐或会员关系管理后开通的一种促销工具。买家购买了带有该功能的宝贝以后，会自动获得相应的优惠券，在以后进行购物时，可以享受一定额度的优惠。

卖家如果需要使用优惠券，首先需要为自己的店铺开通这项服务。登录到淘宝网卖家中心，在"我是卖家"页面，单击"营销中心"栏下的"我要推广"链接，在"营销入口"选项卡中单击"店铺优惠券"图标，进入优惠券订购页面，选择服务周期进行订购。

店铺优惠券服务订购以后，卖家可以根据自己的需要来创建优惠券类别，如店铺优惠券、商品优惠券、包邮券。各类别的设置大致相同，这里给出创建包邮券的具体操作方法。

第1步 登录到"促销管理"首页，❶单击"淘宝卡券"选项卡；❷单击"包邮券"下方的"立即创建"按钮，如图11-56所示。

第2步 ❸输入包邮券的基本信息；❹设置包邮券的推广信息；❺单击"保存"按钮，如图11-57所示。

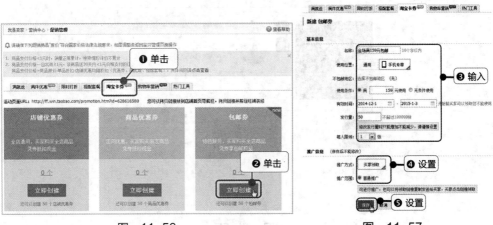

图 11-56　　　　　　　　　　　　　图 11-57

第3步 此时，可查看到"全场满159元包邮优惠券"状态为"领取中"，如图11-58所示。

第4步 当买家进入店铺后，就可以选择性领取包邮券，如图11-59所示。

图 11-58

图 11-59

11.2.4 使用店铺红包

店铺红包是由卖家自己设置、全店通用的店铺代金券。消费者在发行红包的店铺中下单时，订单金额须高于红包面额0.01元时（除邮费外）才能使用，具体操作方法如下。

第1步 登录到淘宝网卖家中心，在"我是卖家"页面，❶单击"店铺管理"栏下的"店铺装修"链接，如图11-60所示。

第2步 进入店铺装修页面，❷在上方单击"营销"链接，如图11-61所示。

图 11-60

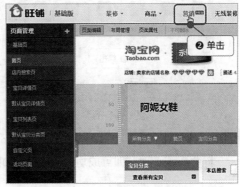
图 11-61

第3步 ❸在营销界面中单击选择"店铺活动"栏中的"创建活动"选项；❹在右侧单击"PC活动"选项卡；❺选择"店铺红包"项；❻单击下方的"创建活动"按钮，如图11-62所示。

第4步 进入红包创建页面，❼填写与设置相关活动信息；❽单击"下一步"按钮，如图11-63所示。

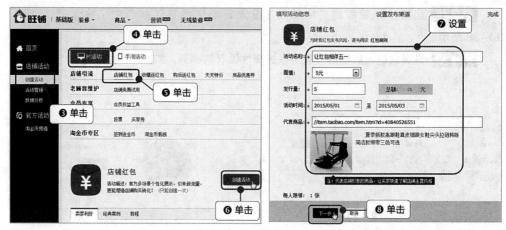

图 11-62　　　　　　　　　　　图 11-63

第5步 ❾ 设置发布渠道，对默认的渠道可以单击取消，或直接单击"保存"按钮，如图 11-64 所示。

第6步 弹出"发布提醒"对话框，❿ 单击"确定"按钮，确定现在发布，如图 11-65 所示。

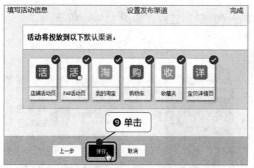　　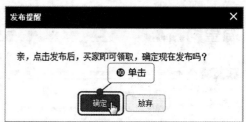

图 11-64　　　　　　　　　　　图 11-65

第7步 此时，即可成功创建红包，如图 11-66 所示。

图 11-66

11.2.5 设置VIP会员卡，提高销量

许多持卡会员已形成使用卡的习惯，在看中一件商品后，会搜索是否有支持VIP卡的同样商品。面对数百万的持卡会员，更容易成交。促销频道、周末疯狂购等活动只针对设置VIP卡功能的商品开放。设置VIP会员卡的具体操作步骤如下。

第1步 ❶ 登录买家中心，在"出售中的宝贝"中勾选要参加促销的宝贝；❷ 单击"设置促销"按钮，如图11-67所示。

第2步 ❸ 进入设置促销页面，勾选促销的宝贝，对不同级别的贵宾卡设置折扣；❹ 单击"参加"按钮，如图11-68所示。

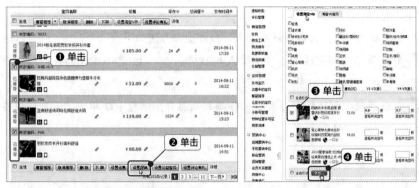

图 11-67   图 11-68

第3步 宝贝在各个相关页面都会附上支持淘宝VIP的图标，如图11-69所示。

图 11-69

 小二开店经验分享——设置VIP卡的好处

● 提高商品的曝光率。

● 吸引使用VIP卡购物的部分买家。

● 丰富店铺的宣传和营销手段。

● 让买家能够通过不同的途径看到和买到你的商品。淘宝首页有专门的VIP卡搜索通道，让买家朋友们更好地找到你，买家搜索的时候可以勾选"VIP搜索"复选框。

● 增加客户体验。VIP买家购买你店里的东西，如果你的商品设置了VIP，就会令买家得到一个很好的感觉，感觉自己很尊贵。其实销售就是一个体验，买家感觉好了，自然下单就会更快。

11.3 淘宝网内免费推广技巧

在众多的淘宝推广方案中,还有很多免费推广技巧,只要使用得当,就能够让自己的网店从中脱颖而出。

11.3.1 使用淘宝帮派拓展圈子

淘宝帮派是在原淘宝论坛的基础上升级产生的全新的模式,用户可以随意建立自己喜欢的帮派,并邀请志趣相投的朋友一起维护它,使其成为一个虚拟的网上社区。

1. 创建淘宝帮派

创建自己的淘宝帮派,并邀请好友加入,具体操作方法如下。

第1步 ❶ 直接在浏览器地址栏中输入 http://bangpai.taobao.com,在打开的页面右侧单击"创建帮派"按钮,如图11-70所示。

第2步 ❷ 选择要创建的帮派类目;❸ 填写帮派介绍信息;❹ 单击"同意协议并创建帮派"按钮,如图11-71所示。

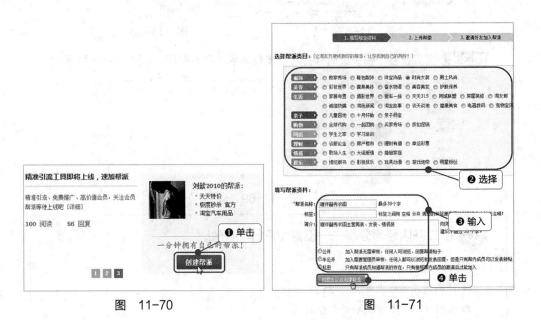

图 11-70　　　　　　　　　　图 11-71

第3步 进入"上传帮徽"页面,❺ 单击"选择文件"按钮,如图11-72所示。

第4步 ❻ 在打开的对话框中选择帮徽图片;❼ 单击"打开"按钮,如图11-73所示。

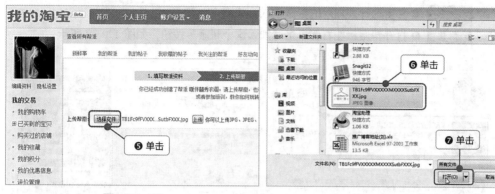

图 11-72　　　　　　　　　　图 11-73

第5步 帮派创建成功，❽ 单击"保存帮徽"按钮，如图 11-74 所示。

第6步 ❾ 勾选需要邀请的旺旺好友；❿ 单击"发送邀请"按钮，待对方确认即可，如图 11-75 所示。

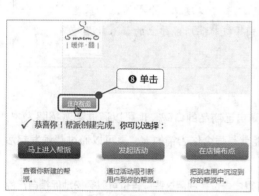
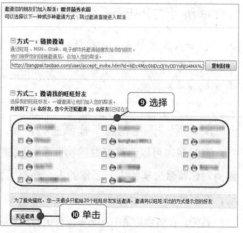

图 11-74　　　　　　　　　　图 11-75

2. 加入别人的淘宝帮派

除了自己创建帮派组建团队，我们还可以加入其他帮派，广结好友，提升自己的淘宝人气，具体操作方法如下。

第1步 打开帮派首页并登录，在下方找到自己感兴趣的帮派类目，如图 11-76 所示。

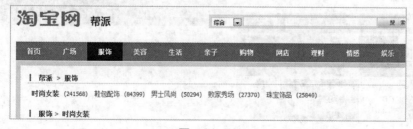

图 11-76

第2步 ❶ 单击选择要加入的帮派进入，如图11-77所示。

第3步 ❷ 打开帮派，在右侧单击"加入这个帮派"按钮，如图11-78所示。

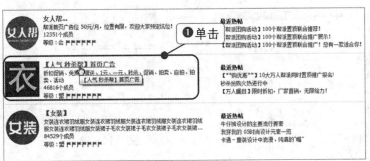

图 11-77

图 11-78

第4步 等待帮派管理员同意后，即可正式成为该帮派会员。

 小二开店经验分享——建立帮派相关知识

加入淘宝帮派不需要注册，每个淘宝ID都可以建立1个帮派，如果想建立1个以上的帮派就需要努力提高店铺等级，店铺等级越高所能建立的帮派数量越多，最多能创建5个帮派。

3. 利用"淘宝帮派"卖疯主打产品

在帮派内可以让买家做购物分享，以提高自己商品的口碑。也可以通过帮派招聘人才，因为对你帮派忠实的人、了解的人，极有可能就是适合你店铺的人，更可以通过帮派发起活动，在帮派内与自己的买家进行有效的互动。

首先，在淘宝帮派中发帖可以有机会免费获得广告位，利用这些广告位可以轻松地促销自己的主打产品。这些广告位可以出现在置顶的帖子中，也可以出现在帮派的首页顶部，如图11-79所示。

积极参加淘宝帮派活动，尤其是大帮派做的一些活动效果很好，如促销打折、团购优惠、免费试用活动等，如图11-80所示。

图 11-79

图 11-80

> **小二开店经验分享——运用信用评价免费做广告**
>
> 淘宝会员在淘宝个人交易平台使用支付宝服务成功完成每一笔交易订单后,双方均有权对交易的情况做出相关评价。
>
> 买家可以针对订单中每项买到的宝贝进行好、中、差评;卖家可以针对订单中每项卖出的宝贝给买家进行好、中、差评。这些评价统称为信用评价。
>
> 利用给买家的信用评价,也可以宣传展示店铺及商品。在千牛工作台操作界面中单击"交易管理"图标,在打开的"单击管理"页面,单击"待评价"按钮,找到需要给买家评价的交易,打开评价页面,在评价内容中输入店铺的广告信息,单击"确定"按钮即可。

11.3.2 加入淘宝商盟,分享店铺流量

淘宝商盟是由淘宝卖家申请、组盟,最终形成一批中小卖家自发组成的民间卖家联盟组织,在这个联盟里,商人们最看重的是诚信,加入商盟能提高顾客对店铺的信任,当然有利于生意了,还能宣传店铺。如果商盟发展良好,这个商盟的知名度肯定会不错,这样作为商盟内部成员,你的店铺知名度也不会太差。

商盟可起到免费宣传店铺的作用,商盟有专门的首页推荐位。加入商盟成为正式会员后,即可在首页上推荐你的宝贝,而商盟成员也会加上你的店铺,这两者都可以直接或者间接地给店铺增加浏览量。另外,通过商盟不定期在淘宝网上举行的各类买卖活动,可以加快商品的成交。淘宝网商盟的许多活动都是以各个地区商盟的名义发起的,有的活动只有商盟的会员们才可参加。图11-81所示为江西地区的商盟公告。

图 11-81

11.3.3 通过分类信息网站搞宣传

各大城市都有所属的分类信息网站。简单地说,这就是一个大杂烩的地方,招聘、求职、二手买卖等信息,都可以自由发布。因此,这类网站当然是免费宣传必去的地方。

目前比较常见的有"赶集网""58同城""口碑网"等。这里介绍在赶集网（www.ganji.com）上发布一条关于自己网店介绍的信息，具体操作步骤如下。

第1步 登录赶集网，❶单击页面右上方的"免费注册"链接，如图11-82所示。

第2步 ❷按页面提示完成账号注册，单击"免费发布信息"链接，如图11-83所示。

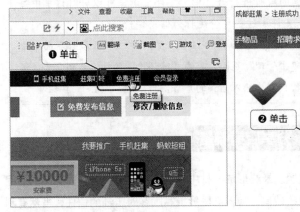

图 11-82　　　　　　　　　　图 11-83

第3步 首先选择要发布信息的类别，❸如"本地生活服务"，如图11-84所示。

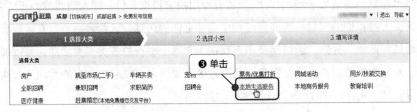

图 11-84

第4步 ❹输入店铺名称、联系电话等；❺在页面下方单击"立即发布"按钮，如图11-85所示。

第5步 ❻发布成功后，单击"店铺信息"链接即可查看宣传内容，如图11-86所示。

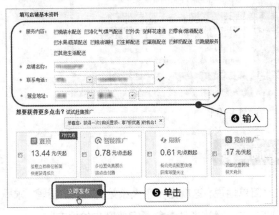

图 11-85　　　　　　　　　　图 11-86

小二开店经验分享——去他人店铺留言，达到宣传自己店铺的目的

在一些流量大的店铺中进行宣传往往很有效果。我们可以选择一些浏览量大的钻石店铺留言，但切记不能过分直接推荐自己的宝贝，可以先夸赞一下别人的宝贝，然后再切入正题，宣传自己的网店或商品。

留言内容则要注意含蓄客气，可以试着使用以下话语。
- 俺小店也有新东西上架，欢迎来看看。
- 我的小店最近也有很不错的活动哦。
- 小店近期促销优惠中，欢迎新老顾客光临。

11.4 淘宝网外营销技巧

卖家除了通过淘宝网内部进行店铺促销外，还可以使用其他一些技巧对自己的店铺和商品进行营销推广。

11.4.1 在论坛写出精华帖吸引人气

论坛是目前网络中非常热门的交流平台之一，绝大多数上网用户都会经常逛一些自己感兴趣的论坛。作为卖家，我们可以在不同的论坛中发布一些宣传店铺的帖子；而且目前多数论坛都支持个性签名，卖家可以将自己的店铺链接或者商品图片设置为论坛签名，这样不论发帖或者回帖，都会留下自己店铺的相关信息。

在选择论坛时，可以选择一些人气较高的论坛、自己经常逛的论坛或者一些交易论坛。论坛人气越高，那么能看到帖子的人数也就越多，店铺宣传的效果也就越明显。只是在发帖时，卖家需要注意以下几点内容。

1. 写精华帖

写出万人瞩目的精华帖需要注意几个方面：标题新颖、发帖质量要有保证、发帖的内容要精、帖子的排版合理与整洁、图文并茂、选择板块发帖、原创、植入式软广告、熟悉论坛规则。

 小二开店经验分享——什么是植入式软广告

植入式软广告的意思就是在帖子里以非常隐蔽的方式，暗示潜在客户，让他们自动点开你的店铺，但是他们却感觉不出来这是个广告。一般那些写自己的淘宝故事的帖子都属于植入式软广告，他们会"无意中"在故事里透露自己店铺的一些经营情况。

2. 查看论坛中精华帖的标题

大家在浏览论坛的时候都是根据标题来选择是否打开阅读，所以帖子的标题是非常关键的因素，一个相当有诱惑力的标题，会使你的推广工作事半功倍。查看精华帖，具体操作方法如下。

第1步 登录淘宝网论坛（http://bbs.taobao.com/），在淘宝的论坛首页中，可以查看到全部论坛类别，如图11-87所示。

图 11-87

第2步 为方便找到最好的帖子做参考，也可以直接进入社区的单个版面，单击社区板块上方的"精华帖"按钮，接着可以看到所有精华帖子的标题，如图11-88所示。

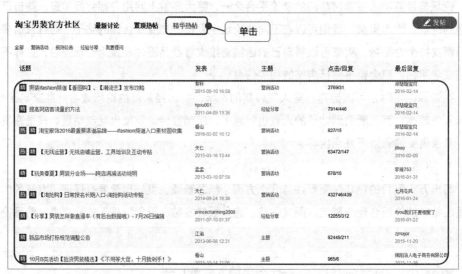

图 11-88

11.4.2 使用阿里妈妈网外推广

阿里妈妈是阿里巴巴旗下的一个全新的互联网广告交易平台，主要针对网站广告的发布和购买平台。它首次引入"广告是商品"的概念，让广告第一次作为商品呈现在交易市场里，让买家和卖家都能清清楚楚地看到，广告不再是一部分人的专利。淘宝卖家们如果需要在别人的网站上打广告，可以支付相应的费用，然后就可以在淘宝网外对自己的网店和商品进行推广，具体操作方法如下。

第1步 ❶打开阿里妈妈网站，输入淘宝网注册账号及密码；❷单击"登录"按钮，如图11-89所示。

第2步 ❸登录完成后，单击下方的"我要推广"按钮，如图11-90所示。

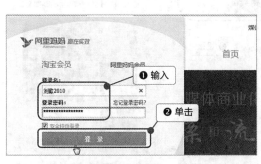
图 11-89

图 11-90

第3步 打开推广页面，根据需要单击选择具体的服务项目，如图11-91所示。

图 11-91

11.4.3 通过微信推广店铺

玩微信的朋友都知道，朋友圈就相当于一个自己和好友互动的圈子，那么卖家就可以利用朋友圈为宝贝做一些宣传推广。将宝贝信息发送到朋友圈的具体操作方法如下。

第1步 打开微信，单击"发现"选项，在该界面中单击进入"朋友圈"页面。❶单击右上角的"相机"按钮，如图11-92所示。

第2步 ❷选择拍照或从相机相册选择宝贝图片，并输入一些关于宝贝图片的文字叙述；❸设置"所在位置""谁可以看""提醒谁看"等信息；❹单击"发送"按钮，如图11-93所示。

第3步 发送完毕后，圈内的朋友即可查看到所发的图片及文字，还可对照片进行评论或点"赞"，如图11-94所示。

图 11-92

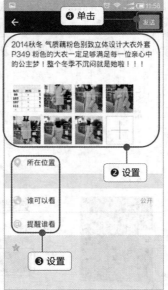
图 11-93

图 11-94

> **小二开店经验分享——通过微博进行店铺推广**
>
> 使用微博作为推广平台，每一个粉丝都是潜在的营销对象，卖家可以利用自己的微博向网友传播店铺与产品信息，或者与好友交流一些大家都感兴趣的问题，以此达到营销目的。
>
> 新浪微博是中国最大的微博平台，它拥有数千万的注册用户，包括了名人、企业等众多主流人群，是淘宝店进行推广的主要平台之一。申请注册新浪微博后，在文本框中输入自己的店铺地址、推荐宝贝图片及内容，然后发布即可。

11.4.4 通过 QQ 软件推广店铺

绝大多数上网用户，都会用到 QQ，它是目前国内最流行的聊天软件，同时它也包含普通群、论坛、电子邮件等多种交流方式。通过 QQ，淘宝卖家们可以进行有力的宣传。我们在使用 QQ 过程中，可以通过以下几种方式对店铺进行推广。

1. 将店铺宣传信息发送给自己的 QQ 好友，如"这是我的网店，有空去看看"等，由于 QQ 中的好友大多为熟人，所以宣传内容不必太过华丽，简单直观即可，当然也可以让自己的朋友继续为自己宣传。

2. 在 QQ 群中宣传，QQ 群也是宣传店铺非常好的途径，只要编辑一个宣传信息，就可以让群里面的所有成员都看到，至于采用哪种宣传方式，则需要根据 QQ 群的类型来决定，因为有些 QQ 群是不允许发广告的。

3. 将店铺的地址设置为QQ签名，如图11-95所示。这样QQ或MSN好友通过好友列表或者聊天窗口，就能看到我们的店铺地址，如果有兴趣，就会进入店铺中去看看了。

4. 卖家还可以充分利用QQ空间，先好好地装扮一下自己的QQ空间，把商品图片传到QQ相册里面，这样当别人访问自己的QQ空间时，看到QQ相册里有那么好看的东西，就会对卖家的商品感兴趣。图11-96所示为利用QQ空间推广自己的店铺。

图 11-95

图 11-96

11.4.5 利用百度推广店铺

百度是全球最大的中文搜索引擎，接触过互联网的人都知道百度。如果你的店铺能在百度中搜索到，那店铺的浏览量会有很大的提升，因此，卖家可以在百度中使用多种方式推广自己的店铺。

百度贴吧是目前百度品牌里活跃度最高的地方，相对流量也是很多的，卖家需要好好利用这里的资源，图11-97所示为百度贴吧。

百度空间是一个轻松记录、分享生活的内容社区，在这里你可以找到更多志同道合的人，如果在空间发表分享了一篇文章，一般情况下，发表的内容第二天会在搜索中出现，在被搜索时就会有优先权，所以卖家可以通过百度空间发表一些软广告。图11-98所示为百度空间推广店铺。

图 11-97

图 11-98

百度百科作为权威参考资料，一般来说是与互联网广告绝缘的。但如今推广手段无孔不入，要想创建百度百科可以找"戈壁网络传媒"，针对公司百科词条、网站百科词条、产品百科词条、人物百科词条的创建、编辑、优化等都有成功案例。

百度经验是最容易贴上店铺网址做广告的地方，方法很简单，只需按照要求分享经验就可以了，经验可以根据自己的实际情况，也可以在网上寻找经验分享文章再加上自己的评论语，然后进行上传就能成功了。

图 11-99

利用百度知道进行店铺产品推广，则属于一种很主动的营销方式，卖家需要注意的就是用比较多的时间在知道中查看相关求购信息，这里需要注意的就是搜索技巧，内容一定要是我们所出售的商品。

例如，我们卖服装，就在"知道"中搜索"深圳哪里的衣服最便宜"，然后在搜索列表中单击链接查看相关求购内容，在下方的回答中，输入我们的产品信息，然后单击"提交回答"按钮进行回答，如图11-99所示。这样当对方登录百度以后，就能够得到他所需要的信息，从而有可能购买我们的商品。

 小二开店经验分享——提交店铺地址到各大搜索引擎

网店要想获得流量，最重要的事情之一就是向各大搜索引擎提交我们的店铺地址。让搜索引擎将我们的网店搜录到索引数据库，以便让其他网友直接通过搜索引擎找到我们的店铺。

目前国内最流行的搜索引擎肯定属百度居首，我们要做的就是直接打开百度搜录网址，然后根据提示进行网址搜录即可。

百度搜索引擎的搜录网址是：

http://www.baidu.com/search/url_submit.html

搜狗搜索引擎的搜录网址是：

http://www.sogou.com/feedback/urlfeedback.php

皇冠支招

前面给初学者介绍了相关知识的应用，下面，给新手介绍一些自己的感悟和技巧分享的内容。

▶ **招式01：产品推广中套餐的搭配技巧**

如何很好地利用搭配套餐，需要从以下几方面着手。

● 从橱窗推荐的商品中选择，逐一使用套餐，因为这些是买家最容易看到的商品。

● 先排序商品销量，从销量最好的商品开始设置搭配套餐。这是最关键的，选择什么样的商品进行搭配，关系到店里所有商品的整体销售，要让销量好的商品带动其他滞销的商品，还要让销量好的商品搭配新品推广。

● 要选择有关联性的产品做搭配套餐活动，这样才能达到事半功倍的效果，例如选择衣服＋裤子、打印机＋油墨等，相互搭配关联性强的产品。

● 选择多少商品搭配也很重要，一般情况下搭配一个，也可多搭配一些。如选择一个热卖商品并搭配些不好卖的商品可以增加后者的流量。合理设置搭配套餐的价格，让买家产生购物欲望，关于这点大家可以根据自己的商品利润来做决定，原则是搭得多优惠得多。让买家感觉到实惠和实用，遵循这两个原则很重要。

● 设置套餐的时候，一定要站在买家的立场上考虑问题，这样可以提高套餐的成交率。

▶ **招式02：精华帖题材的选用技巧**

精华帖题材的选择需要注意以下技巧。

● 题材是必能引起广大淘友关注的内容

帖子题材的选择是这个帖子能否成功的必然条件。在发帖之前首先要明确发表的帖子能够给别人带来什么收获，也就是帖子的亮点在哪里，有些帖子之所以有很高的浏览量，是因为帖子能够给别人带来收获或快乐。也就是说帖子一定要有"干货"，没有"干货"的帖子是吸引不了人的。

● 围绕社会焦点发表自己的看法

社会焦点往往是某一时段里网民最关注的问题。作为职业卖家，应该时刻关注互联网上的焦点问题，如果你有自己独到的理解或看法，可以写出来。如果你的见解既合理又独特，也会吸引大批淘友跟随你、支持你，从而不断为你顶帖。

例如，可以分享创业经验。每个人都有一段故事，在淘宝世界里，你的创业经验也许就能感动别人，你在某方面的经验或许能让大部分人少走几道弯路，图11-100所示即为分享创业经验的精华帖实例。

● 搜集整理热点话题

如果你没有好的文笔，也可以转载别人的帖子。把当前买家卖家最关注的话题资料整理并放到一个主帖里，别人在你的帖子里就可以找到自己想要的答案，这样的帖

图 11-100

子主要是方便大家阅读。

● 根据自己的经验和专业知识来确定帖子的题材

帖子的题材必须是自己的经验或者是自己的亲身经历。很多新手卖家，自己没有成功的经验，写不出好的经验帖子。但是也可以写出自己的感受和一些成功的小经验，或者是一些教训，这些根据自己亲身经历和体会写出来的帖子才是真实的，才是最能够打动其他卖家和买家的。在写自己经营淘宝店故事的帖子中一定要植入一些软广告，否则就会造成帖子吸引了很多人浏览，却没有对店铺起到任何作用。

● 根据帖子的题材选择要发表在论坛的哪一个板块

要根据帖子的题材选择发布在论坛里相应的板块。即使你写出一篇很好的帖子，如果选不对论坛板块也一样泡汤。

▶ 招式03：店铺推广中的8大误区

现今，很多淘宝卖家在推广店铺时往往陷入推广的误区，导致做了很多努力却看不到效果，这样就会打击经营淘宝网店的自信心。经分析，主要存在以下几个误区。

1. 只重视流量

对于我们店铺来说，留住客户与拉来客户这两种情况，我个人认为，留住客户相对来说比较重要，因为它才是产生交易的基础。如果一个店铺没有规划好，没有准备好，拉来再多的客户都不会带来多少交易。

2. 跟风推广

例如在前一段时间，很流行微博推广，其实微博推广并不一定适合所有的店铺。这时候，很多人就会问，小米手机跟新浪联手，采用微博营销不是取得了很大成功吗？但是，他们忽略了小米本身的知名度，也忽略了这不是简单地微博推广，而是直接跟新浪合作，而且小米就算不推广，也会有很多米粉来抢购。

3. 无目的性的推广

很多店主意识到了推广的重要性，但是今天做一下这个，明天又做一下那个，很难把握真正有效的推广方式，没有一个合理的方案，无目的性，自然收效甚微。

4. 信誉积分高，排名就高

很多新手掌柜在淘宝开店，首先想到的就是提高信誉积分。误以为信誉积分高了，排名就一定高。信誉积分高，对增加买家购买店铺宝贝的信任度的确有一定的帮助，但是在淘宝搜索排名算法里，没有必要去刻意关注。综合分析店铺，有时一个钻的店铺，发展趋势还不及一个新店铺好。

5. 销量高，排名就高

销量是影响排名的因素之一，但不是必然的，也不是唯一的因素。可以发现：不少高销量的店铺排名还靠后于低销量店铺，对于排名认识的误区远远不止这些。不断研究淘宝排名因素，参照淘宝规则变动，优化各个关键影响因素，在此基础上，掌握核心营销方案，淘宝月销几十万不再是奢望。

6. 简单而低级的广告

经常会看到有些人到论坛发一些低级的广告，例如，"欢迎大家光临我的网店，地址×××"，这样的广告谁会愿意去点呢？

7. 盲目地坚持

每天起得很早睡得很晚。又是瘦了又是累垮了身体。这些是不必要的。同样的24小时，同样的坐着，别人可以整天都在接单，而你却傻坐着。同样的时间产生不同的收获。

你要做什么？如果你连目标都没有，最好先去多学一些教程，了解一些对自己店铺有用的相关知识。如果什么都不会就要去学习，学会了再实践。不要浪费自己的时间，真的不会就好好考虑一下自己是否适合开网店。

8. 没有实时的监控和优化推广效果

淘宝的排名机制一直都在变化。每个星期都有不同的流量顶峰，所以那些运营策略有效一次后，很有可能就会失去它的作用。

案例分享：打造爆款的4个步骤

对于淘宝中的小卖家来说，爆款，无疑是大家都致力追求打造的东西。我们都知道，一个店铺，其自然流量中，80%都是来自于爆款。那么，爆款是怎么来的呢？

每一个爆款，都有其公式化的生命周期，我们打造爆款，也要合理把握好这个周期，为我们的店铺，赢得流量。

1. 预热期

把握行业特征，选出有潜力的宝贝。首先，爆款一定要有充足的货源，我们可以先根据自己店铺实际的货源优势，确定什么样的产品是我们可以拿来打造的。其次，爆款的打造一定要把握好时间，最好有一定的时间跨度，例如现在已经快年底了，这个时候来打造羽绒服或大衣的爆款，时间就已经太晚了。此时，我们可以选择小短裙，为什么是它呢？因为它不但是冬天能穿的热卖款，到了春天也是很多女孩子钟爱的，所以，这个款是为春装的热卖在做准备。

在爆款打造的前期，它没有销量，没有评价，这个时候的转化率肯定是很不如人意的。此时，卖家可以让客服人员利用店铺的现有流量对爆款进行初期预热。在每个客人购买了店内的其他产品后，都向其推荐我们想要打造的这款产品，同时，也在店铺最给力的位置放上这个爆款的BANNER。

在有一定销量的基础上，卖家可以考虑开展一些营销活动。例如参加一些淘宝的官方活动或者店铺的秒杀、拍卖、团购等。要做到这一点，就要求卖家平时维护好老客户群，他们绝对是帮助店铺成长的盟友。推爆款的时候，给他们来一轮短信群发，以最优惠的价格给到他们这个爆款，他们一定会非常乐意接受的。一轮老客户活动做下来，响应率还是非常高的。

通过前期销售量、客户评价等指标，卖家可以总结一下自己选出来的产品，是否真的能被市场认可，以降低推爆的风险。如果前期的效果不佳，就需要谨慎对待了，这款产品，可能不一定适合拿来作为爆款进行大力度推广。

2. 成长期

进行广告投放，执行深入的推爆策略。如果前面的预热工作效果比较理想，那么此时就意味着两件事：你的宝贝是有发力推广潜质的；你的宝贝具有了高转化率基础。这个时候，它需要的是更多的流量来支撑它成长为爆款。

流量的引入可以从两个方面入手：淘宝的销售活动，如淘金币、天天特价、VIP等，这些活动不需要费用上的大笔投入，但能为你的宝贝快速聚集人气，累计销量；付费流量，当然还是我们说的老三样，直通车、钻展和淘客。

这里有个先后顺序，先靠老顾客来破零，再用销售活动推向一个高潮，之后用直通车进行长期的推广。这样做，是让转化率和销量都有个良性逐步提升的过程。到了这个时候，可以多投入一些广告，给予宝贝更多的营养，让它长得更快更壮。

3. 成熟期

控制成本，做好店铺关联销售。经过前面的两个周期，爆款已经基本养成，记住，之所以它能成为爆款，最根本原因还是因为它有高超的性价比，让买家能够动心。所以，这个时候，必须保持爆款以非常实惠的价格出现在买家面前，千万别想着通过提高价格的方式来增加你的利润。爆款的本质，是为你的店铺带来巨大的流量为你的店铺汇聚人气。

通过爆款引入的流量，无论是否对爆款本身产生购买行为，当客户看完了爆款页面后，我们都应该把这些流量再次好好利用。先把流量疏导到分类页、促销页等大页面，再通过大页面引导到店铺其他宝贝的页面，或者也可以把爆款流量直接引导到其他宝贝页面。但这里请注意，如果是直接引导到其他宝贝的页面，那么请一定遵循几条原则，关联销售绝对不是把产品胡乱堆砌在买家面前。

例如，如果你卖的是大衣，你可以把其他款式且价格相近的大衣进行关联，因为客户从一堆搜索结果中，选择点击进入你这个爆款页面，他一定是在某种程度上被这个宝贝的款式和价格打动了，人的喜好是有相似性的，你把其他相近款、价格也相近的大衣进行关联，是很有可能打动客户令其多买一件的。如果你的爆款实在是太特殊了，无法搭配别的产品，也没有相近的宝贝，那么可以将店铺的热销宝贝放上去关联。能热销，说明这些宝贝也是有其独特优势的。

4. 衰退期

尽量维持、推陈出新。几乎每个爆款都会有衰退期，只是周期的长短各有不同。在爆款衰退期来临的时候，我们要做的是尽量将它的周期维持得更长一些，让爆款尽可能为我们的店铺引入更多的流量。同时，我们要培养新的爆款，把之前经过测试的、有爆款潜质的宝贝，放到衰退期爆款的页面，用大流量去培养新爆款。其实，这个工作可以在更早的时候就开始做起来。如果你运作得好，那么你的店铺完全可以拥有一组爆款，构成一个爆款群。爆款群的威力，更甚于单个爆款，能让你整个店铺的流量得到爆炸性地增长。

用一个爆款给其他有潜质的宝贝输送流量，这是非常重要的一项工作，如同种族繁衍，生生不息。店铺的经营状况因此会得到持续不断地提升。

第12章

推广三大宝，直通车 / 淘宝客 / 钻石展位不能少

本章导读

卖家想要自己的店铺提升流量、吸引新顾客，那么唯一的办法就是通过潜在买家的大量点击来提升店铺的综合评分，从而增加自然搜索量，所以本章介绍的直通车、淘宝客以及钻石展就是最好的营销工具。

知识要点

通过本章内容的学习，读者能够学习到如何使用营销工具打造爆款。学完后需要掌握的相关技能知识如下。

- 掌握直通车的基本操作
- 掌握直通车的高级应用
- 掌握淘宝客的推广技巧
- 掌握钻展位的使用

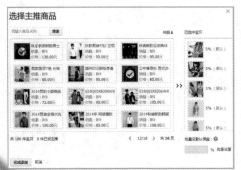

12.1 淘宝直通车基本技巧

淘宝直通车的推广就是让店铺的产品走出去,得到更多的曝光机会,帮助店铺实现更多的成交量。

12.1.1 选择什么宝贝参加直通车

直通车推广在给宝贝带来曝光量的同时,精准的搜索匹配也给宝贝带来了潜在买家。淘宝直通车推广用一个链接让买家单击链接进入店铺,产生一次甚至多次的店铺内跳转流量,这种以点带面的关联效应可以降低店铺整体推广的成本,提高整个店铺的关联营销效果。

选对产品,可以让直通车的推广事半功倍,推广的宝贝必须是吸引买家单击链接后能引入店铺的,产品相当于店铺的招牌,要有竞争力和吸引力。选择参加直通车的产品应该具备以下几个条件。

- 性价比高。
- 利润得宜,库存充足。
- 看浏览量和成交的比例。

浏览量与成交的比例越低,证明宝贝竞争力越强,推广成本越低。

12.1.2 加入直通车推广

淘宝直通车的最大优势就是让你的宝贝在庞大数据的商品平台中脱颖而出,带来更多的人气和流量。那么怎么加入直通车呢,具体操作步骤如下。

第1步 进入"淘宝网卖家中心"页面,❶登录到淘宝后台,单击"营销中心"栏中的"我要推广"链接;❷单击"淘宝直通车"图标,如图12-1所示。

第2步 ❸进入"淘宝直通车"首页后,显示该账户未激活,单击"我要充值"选项,如图12-2所示。

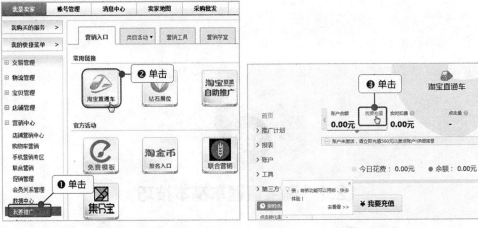

图 12-1　　　　　　　　　　　图 12-2

第3步 ❹ 选择充值金额；❺ 单击"立即充值"按钮，如图 12-3 所示。

第4步 ❻ 输入支付宝支付密码；❼ 单击"确认付款"按钮，如图 12-4 所示。

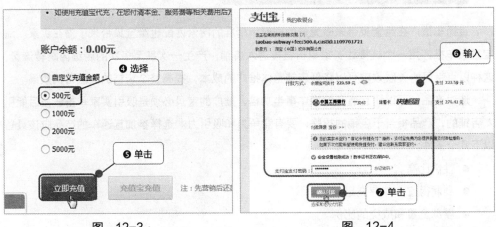

图 12-3　　　　　　　　　　　图 12-4

第5步 此时系统提示充值成功，如图 12-5 所示。如果卖家开启了千牛，那么还会自动弹出新手直通车提示信息，提示加入直通车成功。

图 12-5

> 🔍 **小二开店经验分享——直通车入门知识**
> 500元是加入直通车的基本保障金,你也可以选择充值1000元或者更高金额,这些钱都会作为推广经费使用。

12.1.3 直通车的计费方式

卖家都知道直通车能够给店铺带来不小的流量,那么直通车又是怎么计费的呢?

- 当买家搜索你设置的关键词时,你的宝贝出现在直通车的展示位上,买家单击浏览你的宝贝才收费,否则不收费。
- 你为关键词设置的价格,是你愿意为该关键词带来一个点击量付出的最高价格,当宝贝被点击时,扣费将小于或等于你的出价。
- 直通车没有任何服务费,第一次开户需要预存500元,全部作为广告费,当开始做广告后,点击费用就从这里面扣除。
- 卖家关键词的排名有高低之分,同一个关键词,出价高者排在搜索列表上面,依次类推,类似于百度的竞价推广。

12.1.4 新建推广计划

"推广计划"是根据用户的推广需求,专门研发的"多个推广计划"功能。可以把相同推广策略的一组宝贝加入同一个推广计划下进行管理,为这个推广计划进行独立的设置,如投放时间设置、投放地域设置、投放平台设置,并设置关键词、出价及创意。新建推广计划,具体操作步骤如下。

第1步 ❶在"淘宝直通车"首页中单击"新建推广计划"按钮,如图12-6所示。
第2步 ❷在打开页面中,输入推广计划名称;❸单击"提交"按钮即可,如图12-7所示。

图 12-6

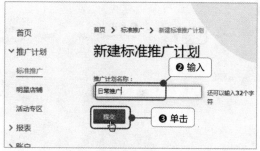

图 12-7

12.1.5 怎么分配推广计划

卖家根据不同需求来制定直通车推广计划,以达到比较好的推广效果。通常情况下卖家需要建立的推广计划主要有以下几个。

(1)"直通车日常推广"计划

选取自己店铺里一些销量较大的宝贝做直通车推广,如果价格方面有优势的话,可以每个品种都选取一样做直通车。直通车竞价不要太高,可根据情况调整竞价。

(2)"直通车引流产品推广"计划

选取店铺里2~3款热卖的产品,并且是价格、卖点都突出的宝贝产品做直通车推广。本计划里推广的宝贝,可以用单独的优化宝贝详情页、关联销售、引导页面等,引导买家去你的店铺浏览其他产品,并提高转化率和关联销售。

(3)"直通车节日活动推广"计划

这一计划主要针对重大节日时店铺里的一些活动和淘宝的官方活动等,并为活动开展的直通车推广。这样选取的宝贝也就是一些活动产品和针对节日的产品。

12.1.6 推广新宝贝

合理创建推广计划以后,接下来就需要掌握如何在计划中推广新宝贝,具体操作方法如下。

第1步 在"我的推广计划"选项卡中,❶单击相应的推广计划,如图12-8所示。

第2步 进入该页面后,❷单击宝贝推广下面的"新建宝贝推广"按钮,如图12-9所示。

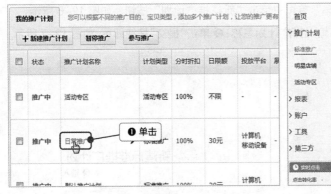

图 12-8

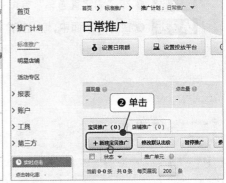

图 12-9

第3步 ❸在要推广的宝贝右侧单击"推广"选项,如图12-10所示。

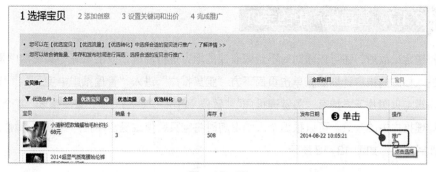

图 12-10

第4步 ❹选择创意图片;❺补充标题;❻完成后单击"下一步"按钮,如图12-11所示。

第5步 ❼接着选择关键词,关键词的范围包括产品名称、品牌、型号、质地、功能等;❽设置默认出价,推广一个新宝贝的"默认出价"是对该宝贝已设置的关键词和类目的统一出价;❾单击"完成"按钮即可完成"推广新宝贝",如图12-12所示。

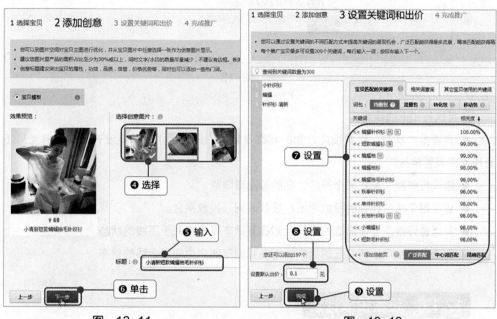

图 12-11　　　　　　　图 12-12

> 🔍 **小二开店经验分享——直通车的取词方法**
>
> 要想直通车效果好,那么就要有好的关键词,方法如下。
>
> ● 直接输入关键词:按回车键换行,或者复制txt、Word等文档。
> ● 使用系统的推荐词:系统根据宝贝相关性信息提取的关键词推荐。
> ● 使用关键词的相关词:在搜索框中输入任意词,查询本词及相关词的流量。
> ● 使用正在使用的关键词:当前账户中其他宝贝的关键词。

12.1.7 管理推广中的宝贝

新建宝贝以后，还可以随时对不足或有误的地方进行修改，以便更好地实现推广营销。

进入相应的推广计划后，单击页面下方"宝贝推广"进入"管理推广中宝贝"页面；选择要编辑宝贝图片下方均有"关键词推广""暂停\启用""删除"和"查看报表"4个选项，方便管理推广中的宝贝。可以根据个人情况随时将宝贝暂停或是启用推广等操作，操作之后，系统即时生效，如图 12-13 所示。

图 12-13

还可执行如下的操作。

- 查看推广状态：查看推广计划的状态是暂停，还是推广中；是没有推广任何宝贝还是所有宝贝暂停推广。
- 修改日限额：设置某个推广计划的最高日限额。
- 查看每个推广计划的投放地域、投放时间、投放平台。
- 勾选暂停推广：使勾选的推广计划在直通车账户中处于下线的状态。
- 勾选参与推广：使勾选的推广计划在直通车账户中处于上线的状态。

12.1.8 设置投放计划

推广计划中可以设置投放日限额、投放平台、投放时间、投放地域等，帮助用户更好地推广，如图 12-14 所示。

图 12-14

设置投放计划，具体操作方法如下。

第1步 ❶ 为推广计划设置每日扣费的最高限额。在淘宝直通车后台管理页面，进入相应的推广计划后，设置日限额信息；❷ 单击"保存设置"按钮，如图12-15所示。

第2步 ❸ 选择要推广的平台，淘宝搜索是必选的平台，所有宝贝都默认投放。淘宝站外投放则是淘宝站外的其他优质的合作网站；❹ 单击"保存设置"按钮，如图12-16所示。

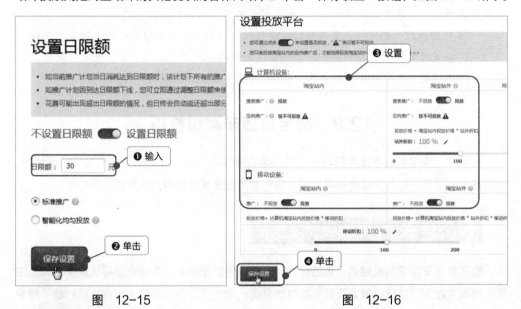

图 12-15　　　　　　　　　图 12-16

第3步 ❺ 为推广计划设置特定的投放时间，及对应时间段的宝贝出价；❻ 单击"保存设置"按钮，如图12-17所示。

第4步 ❼ 为推广计划设置特定的投放区域。可以是所有地区"全选"投放，也可以勾选需要的区域，只有勾选的地域范围内的买家才能看到推广宝贝的信息；❽ 单击"保存设置"按钮，如图12-18所示。

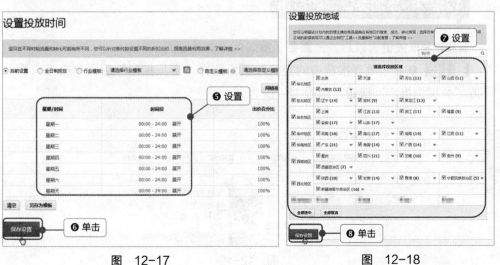

图 12-17　　　　　　　　　图 12-18

> **小二开店经验分享——设置投放时间及地域**
>
> 投放时间是指在设置的特定投放时间内，你的宝贝才在淘宝网做推广。如果你的宝贝不在投放时间内，将无法展示。时间段投放的最小单位是半小时。
>
> 全时间投放指你的宝贝全天 24 小时都在淘宝网做推广，如果你推广的宝贝时效性不是很强，可以设置全时间投放，这样宝贝会有更多的展示机会。
>
> 不同的推广计划可以设置不同的地域投放，方便掌柜更有针对性地选择宝贝区域推广。如果没有投放自己的所在地，那么在后台的关键词查询工具中就查看不到你宝贝的排名情况，同时当你在淘宝网搜索时也不会在展现位上找到自己的宝贝。

12.2 淘宝直通车高级技巧

可以说，淘宝直通车使用技巧已经成为想在淘宝网上获得成功的卖家们的一门必修课。但很多卖家却苦于直通车使用不得要领，每每花了很多资金但推广效果却并不理想。

12.2.1 关键词的高级找词方法

除了直通车自带的关键词可供选择外，还可以通过很多其他方法来获得优质关键词。主要包括淘宝搜索下拉框、搜索页面上的自动分类、淘宝首页分类类目词、淘宝排行榜、搜索框下方和搜索页面下方的"您是不是想找"以及数据魔方的淘词。

数据魔方的淘词，是目前提供淘宝关键词最犀利的武器，相信很多加入数据魔方的朋友都是因为这个工具。其标准版可以进行关键词查询，专业版更是可以直接进行筛选，但是相应地，魔方价格在淘宝工具里面算是比较高昂了，建议有一定实力的卖家加入使用。

12.2.2 添加关键词的技巧

当卖家获取关键词以后，还需要了解如何添加关键词。

第1步 ❶ 在"管理推广中的宝贝"页面选择"宝贝推广"后再单击宝贝图片下方"关键词推广"按钮，如图 12-19 所示。

图 12-19

第2步 之后进入关键词推广页面，❷ 单击"添加关键词"按钮，如图12-20所示。

第3步 ❸ 进入"添加关键词"页面，进行关键词添加；❹ 添加完成后单击"确定"按钮，如图12-21所示。

图 12-20

图 12-21

12.2.3 直通车综合优化技巧

开通淘宝直通车主要是为了提高宝贝的曝光率，让更多的买家看到你的宝贝，给店铺带去更多的流量。

想提升直通车广告效果，还需要做好以下几方面的工作。

（1）挑选最适合推广的宝贝

卖家都知道参加直通车推广首先要选好一个宝贝，这是所有推广活动的第一步。因为参加直通车推广的目的就是让你的宝贝"走出去"，有更多的曝光机会，进而获得买家的认可，顺利地卖出去。

选出来做推广的宝贝，一定要有突出的、清晰有力的卖点，能让买家在最短的时间内注意到你的宝贝。如卖点可以是性价比高（如价格有优势、有促销等）、产品功能强（如产品本身功效好、漂亮等）、品质好（如行货、正品等）。

（2）设计最棒的图片

买家搜寻、浏览商品的速度非常快，看广告的时间就更短了。如果你的宝贝图片不清晰、广告标题不简练、卖点不明确的话，会导致买家在匆匆浏览之后，就不愿意关注你的宝贝了。

你很可能因此错过一个大买家，也可能因此造成大量无效点击，浪费资金。所以，好广告的基本要求，就是让买家即使眼睛一扫而过，也能在最短时间内明白你在卖什么宝贝，商品的卖点是什么。

（3）标题要吸引人

买家主要通过标题了解商品的卖点，所以标题应该简单直接、卖点明确。

可以参考的商品卖点有：产品本身的特性、价格优势、品质或品牌保证、促销优惠信息等。当然，卖点一定要实事求是，夸大的卖点可能会让你花冤枉钱。店铺宝贝的标题与直通车广告的标题是各自独立的，差别很大，所以要认真了解以下的直通车标题优化技巧。

标题应介绍产品，而不是说明店铺。买家看到广告时，通常是他们想要搜寻某商品，如果在此时出现介绍店铺的信息，买家要么不感兴趣，要么就是点进去随便看看，无效点击很多，花费不少钱，但是成交却很少。

一个广告只突出一种商品卖点，不要罗列很多商品名。就像写店铺信息一样，罗列太多商品名，涉及的范围太宽泛了，容易让买家误以为店里什么商品都有，增加大量无效点击。

（4）选择合适的关键词

如果刚开始使用直通车，建议先少选几个竞价词，等掌握了选择竞价词的方法，再多选一些进行大范围推广。

选择直通车关键词时，把和宝贝相关的品牌、颜色、款式、型号、用途、产地、质地、功效、适用人群、流行元素等不同角度的中心词先想出来，尽可能地涵盖这个宝贝的有关词，同时还要根据买家的搜索习惯进行组合。

单击直通车首页导航工具栏中的"流量解析"按钮，进入投放关键词查询页面，可以使用这个功能查询到关键词的市场数据分析、数据透视及线上推广排名，如图12-22所示。

图 12-22

（5）利用各类报表

利用报表的数据去分析，宝贝推广后观察账户的点击数据，利用市场数据来检验我们的推广效果。通过对各类数据的分析，你可以了解到自己推广设置不足的地方并加以改正。

- 关键词无展现量或者展现量过低的冷僻词需要替换掉，换成非冷僻词微调价格。
- 排在前面、但无展现量、无点击的词，需要替换掉。
- 部分关键词出价较高，流量一般，整体花费多，需调整出价。

- 关键词好但流量低，如果是因为排名太靠后，建议把价格适当提高。
- 如果类目产生的扣费很多但没效果，建议也降低一下类目出价或者调整其他宝贝进行类目出价。
- 对于展现很高，没有点击量的词，检查是否是因为关键词与宝贝的相关性太低，导致搜索了该关键词的人看到宝贝，并没有产生兴趣。如果符合这种情况，替换成与宝贝相关性更高的关键词。

> **小二开店经验分享——直通车使用小技巧**
> 如果刚开始使用直通车，建议先少选几个宝贝来推广，以免在没有掌握直通车优化技巧之前，产生不必要的浪费！等熟练掌握了广告效果提升的方法后，再多选一些宝贝进行大范围推广，效果会更明显。

12.2.4 优化直通车展现和点击量

相信大家都遇到过这样的情况，添加的关键词有 200 个，但是发现真正有展现的词不到 30%，而真正有点击的词不到 2%，这都是没有优化的结果。

（1）提升有展现量的词的出价

对展现量较高和有点击的词的提升出价。因为这两类词相对于无展现量的词是有用的，需要区别对待。

提价幅度及方法：提价幅度在 0.01~0.2 元即可，并且使用自定义出价，这样做的目的是区别于其他无展现量的词，凡是为账户带来过展现量或者点击量的词，必须保留。

（2）删除没有展现量的词，同时添加新词

对于无展现量的词，需要定期删除，因为无展现量的词白白占据了一个设置词的位置，却没有实际的用处，所以需要删除，在删除的同时，添加新词来"换血"，经过换血以后账户中有展现量的词和有点击量的词会越来越多。

（3）养成习惯，经常优化

最后建议各位卖家养成习惯，经常对自己账户的词进行优化。

12.3 淘宝客推广技巧

在互联网上，我们经常会看到有些淘宝客月收入过万的消息。事实上，淘宝客推广与其他广告形式相比，它具有很高的投入产出比，不成交不付费，真正实现了花最少的钱获得最佳的推广效果。

12.3.1 淘宝客的推广优势

有很多站长或新手选择了淘宝客作为他们网店的第一站，淘宝客由于信用好、产品丰富、客户信任度高等特点而大受新手们的喜爱，淘宝客的优势主要有以下几个方面。

- 最低成本，展示、点击与推广全部免费，只在成交后支付佣金，并能随时调整佣金比例，自己灵活控制支出成本。
- 最大资源，拥有互联网上更多流量、更多人群帮助推广售卖，让买家无处不在。
- 海量与精准的完美结合，数百万活跃推广者深入互联网各个领域。
- 投资回报比较高，淘宝客推广平均投资回报比在 1∶15 左右。
- 按成交付费，不成交不花钱，店铺及产品获得了很多免费被推荐的机会。

按可持续发展思路，建立基于淘宝客的网络销售而不是临时广告。

12.3.2 轻松参加淘宝客推广

淘宝客提供单个商品和店铺的推广链接，可以指定推广某个商品或店铺。如何参加淘宝客推广，具体操作方法如下。

第1步 ❶ 登录到淘宝网卖家中心，在"我是卖家"页面，单击"营销中心"栏中"我要推广"链接，如图12-23所示。

第2步 ❷ 进入"营销入口"页面，单击"淘宝客推广"图标，如图12-24所示。

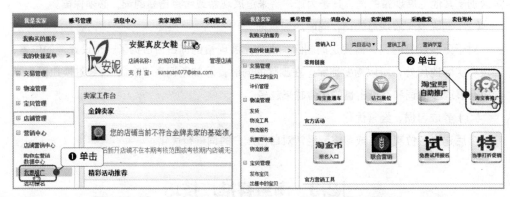

图 12-23   图 12-24

第3步 ❸ 进入"淘宝客"页面，在"推广计划"栏中单击"新建自选淘宝客计划"按钮，如图12-25所示。

第4步 ❹ 弹出"新建推广计划"页面，在页面中设置计划名称、是否公开、详细说明、起始日期和结束日期；❺ 单击"创建完成"按钮，如图12-26所示。

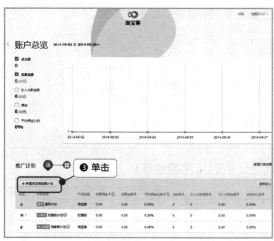

图 12-25

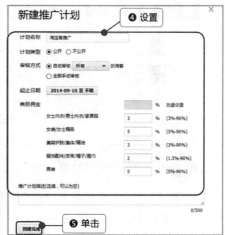

图 12-26

第5步 此时，即可在"推广计划"列表中查看到新建的计划，❻ 单击其右侧的"查看"链接，如图12-27所示。

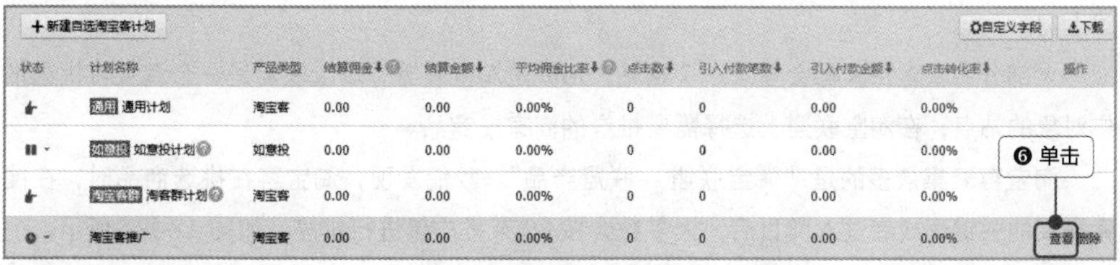

图 12-27

第6步 在弹出页面中，❼ 单击"新增主推商品"按钮，如图12-28所示。

第7步 ❽ 在弹出的"选择主推商品"对话框中单击选择商品；❾ 单击"完成添加"按钮，如图12-29所示。

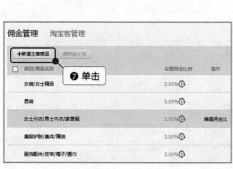

图 12-28

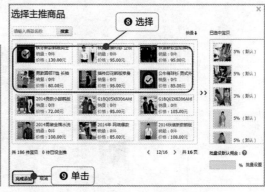

图 12-29

第8步 ⑩ 在返回的页面中，还可以重新设置佣金比例，如图 12-30 所示。

图 12-30

> **小二开店经验分享——制定佣金比例时应注意的事项**
>
> 在制定佣金比例的时候，也需要参考同类商品的竞争情况，处于进攻阶段时，可根据竞争对手佣金比例进行适当上调，但处于防御阶段时，需要实时关注对手的佣金变化，采用跟随策略。

12.3.3 主动寻找淘宝客帮助自己推广

目前有数十万的淘宝客活跃在各个推广领域，与其盲目的四处寻找，不如让淘宝客自己找上门。

大部分淘宝客每天都会登录一个网站，那就是淘宝联盟。淘宝联盟是一个淘宝客挑选推广对象的站点，在淘宝联盟上选择需要推广的商家或商品。

淘宝客聚集最多的是"淘宝联盟 - 联盟产品"。我们发现，淘宝客在挑选商品时，在搜索需要的关键词或者进入类目后，大多数会按 30 天推广量进行排序，如图 12-31 所示。

由于大多数淘宝客并不是该领域专业的销售人员，对于推广商品的筛选并不十分熟悉，于是便有了从众心理，相信大多数人的选择一定没错，因此通常会选择推广量高或佣金支出额大的商品，排在前面的商品被推广的概率要远高于其他商品。

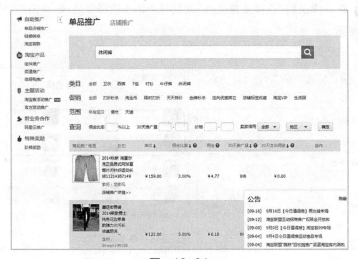

图 12-31

12.3.4 通过店铺活动推广自己吸引淘客

淘宝客一般会主动寻找理想的推广对象,因此合理的制定店铺活动,可以吸引淘宝客关注。

目前参加淘宝客推广的掌柜已逾百万之众,参加推广的产品更是数以亿计,除了可以吸引淘宝客光顾之外,还需要主动秀出自己,以便从百万掌柜中脱颖而出,如图 12-32 所示。

图 12-32

而卖家要做的就是,直接在淘宝客列表中,不定期更新店铺活动,让自己店铺活跃在这个地方。

12.3.5 通过社区活动增加曝光率

淘宝联盟社区是淘宝客聚集交流的场所,这里可以让卖家尽情发挥,吸引淘宝客的关注。社区活动常见的方式主要有以下几种。

(1)发布招募帖,这是最常见的形式,直接向淘宝客发布招募公告。完整的招募帖包括以下内容。

- 店铺介绍:包括店铺的好评、转化、品牌简介,可以图文并茂。
- 佣金介绍:爆款产品的佣金,可以上传爆款的图片,以及各个计划的佣金,佣金不菲且稳定,这样适合淘宝客的推广,淘宝客很忌讳中途将佣金调低。
- 奖励活动办法和奖励方式:好的活动,给力的内容,才能吸引淘宝客们过来。
- 联系方式:联系电话、QQ,或者旺旺等。

(2)参与社区活动,小二或社区版主会不定期地组织一些社区活动,如征文、访谈等活动。

(3)利用签名档,将签名档设置为店铺招募的宣传语,引导至自己的招募帖,并且积极参与社区中的讨论,热心回答会员的问题,在互动的同时也起到了宣传的作用。

(4)事件营销,社区宣传不一定是广告,有意地策划一些事件,短期内可以迅速积累大量的人气。

(5)主动出击,在社区中有许多乐于分享的淘宝客,这些人往往具有丰富的推广经验和资源，多关注一些经验分享贴的淘宝客，通过回复或站内信取得联系。

12.3.6 让产品吸引更多淘宝客推广

归根结底吸引淘宝客来推广的还是商品本身，所以，针对恰当的产品制定有吸引力的推广计划才是淘宝客推广的王道。下面就围绕产品介绍一些吸引淘宝客的技巧。

（1）主推最好的商品打造爆款

热销的宝贝自然比无人问津的宝贝更容易卖出，推广热销品不但可以吸引更多的淘宝客推广你的店铺，还有更重要的一点是可以积累销量。质量好又热卖的商品，有利于招到淘宝客，也有利于培养忠实的淘宝客。

在商品的销售中，集中力量重点打造几款高人气的主推宝贝，俗称"爆款"，利用其高人气的特性，带动店内其他商品的销售，即单品制胜。同理，在淘宝客中也存在同样的现象，通过几款拥有大量淘宝客关注的主推商品，同样可以带动店内其他商品推广量的上升。

（2）商品图片美观

在提交推广商品到阿里妈妈时，注意提交的图片要美观清晰，商品名称要简洁有吸引力，商品描述要与商品名称不重复。

淘客推广，大多数选择图片推广，如果图片模糊不清，推广的效果肯定差，不漂亮的商品图片，会影响站点的美观，对自己网站质量要求高的站长，不会乐意推广的。图12-33所示的商品图片，就十分美观，更容易吸引淘宝客。

图 12-33

（3）单价较低的商品

对于选择淘客推广的商品，要做好薄利多销的准备。

众所周知，顾客买东西，肯定要货比三家，价比三家。在选择主推宝贝的时候，应当选择一些单价适当较低的商品，通常低价位的商品也具有较高的利润率，可以为佣金比例的设定留有更大的灵活性。宝贝价格最好设置在大众能普遍接受的范围内，这样可以获得更多的关注度。

（4）佣金比例有竞争力

对于淘宝客来说，高佣金才是硬道理，相同的推广成本，佣金越高，收益自然越好，因此淘宝客在挑选商品时往往会较多关注佣金比例，因此建议主推商品在低价的同时还要保持较高的佣金比例。

所以在能承受的范围内，要尽量让利给淘宝客，才能发动淘宝客无限的推广潜力。当然佣金比例不是越高越好，而是应该根据不同的推广阶段，不同的竞争情况，随时调整佣金策略。

如一款新上架的商品正处于推广期，同时作为吸引淘宝客的主推商品，在定制佣金比例时，需要考虑最大限度地让利淘宝客，以获得更多的推广，此时应适当提高佣金回报淘宝客；而处于成熟期的商品，可适当调低佣金比例，以保证足够的利润。

（5）具有很好的销量和评价

淘宝客作为推广者，同时也会成为消费者，当选择推广商品时，往往也会站在买家的角度去审视，如果所选商品具有良好的历史成交记录以及正面的评价，可以让淘宝客更有推广信心。

（6）经常更新主推商品

对于一些季节性很强的商品来说，淘宝客主推商品的更新速度要跟得上店铺更新的速度，才能更加吸引新淘客并留住老淘客。

在一段时间内，可根据淘宝客成交的记录对一些推广比较好的宝贝进行佣金调整，例如提高佣金，更能促进宝贝的推广；对于一些很久都无人推广的宝贝，则可以删除，另推其他商品。经常更新或根据效果来调整你的商品和设置，才是提高销量的保证。

（7）宣传你的淘宝客推广服务

已经使用淘宝客推广的卖家非常多，产品如何在如此众多的推广宝贝中脱颖而出是非常重要的。当然如果只是设置好推广的那几个产品就撒手不管的话，多多少少也会带来一些成交量，但是想要有更好的效果，还是需要多宣传自己。

（8）额外奖励刺激

对于那些推广做得好的淘宝客们，你还可以给他们制定一些额外的激励机制，让他们长期保持高昂的斗志，更加努力地为你工作。

一般来说，额外的奖励有以下几种方式。

● 奖金，除了淘宝佣金外，另有奖金，奖金一般与淘客的业绩直接挂钩。例如，累计推广多少件宝贝得多少奖金。

● 送现金，如推广就送现金。

● 送礼物，如推广就有大礼。

12.4 利用钻石展位打开销售局面

"钻石展位"是淘宝图片类广告位自动竞价平台,是专为有更高信息发布需求的卖家量身定制的产品。它精选了淘宝最优质的展示位置,不仅适合发布宝贝信息,更适合发布店铺促销、店铺活动、店铺品牌的推广内容。

利用好淘宝的钻石展位,可以取得和淘宝直通车一样的效果,在淘宝付费推广中算是非常划算的一种推广方式。当然了要推广得好,就要掌握使用钻石展位的一些技巧,否则钱不比直通车花得少。

12.4.1 利用钻石展位扩大品牌效应

钻石展位是比较高端的一种营销工具,其优势在于,除直接引入流量达成销售之外,还有一种广告理念的灌输。目前钻石展位的广告投放,大部分还停留在引进流量阶段,而忽略了品牌广告的宣传。这简直是大大的错误,利用好钻石展位的视觉冲击效果,对于品牌的知名度拓展是至关重要的。

如图 12-34 所示,这个钻石展位的广告词重点是"耐热耐高温、免费配送到家、五折起",可以看出,店铺展示的主题对买家的吸引力完全在于物超所值。这种素材的好处在于低价折扣的冲击可以大大地提高点击率。不足之处在于,假如这张素材的点击率为 1%,那么对于剩下99% 的展示,是完全的浪费,因为从素材本身来说,没有任何店铺和品牌的宣传。

如图 12-35 所示,对于这个钻石展位素材的展示,是比较成功的,从展示位置看,周围缺少明显能够抢眼的广告素材。广告词主要展示出商品价格,但同时也显示出了商品的卖点。

图 12-34　　　　　　　　　　　图 12-35

在点击成本上,根据经验,有可能第一张素材的点击率会更高,这就意味着更低的流量获取价格,但是,在广告效应上,前者是无法跟后者相提并论的。

在素材投放之前,商家应对自己的推广目的做详细的分析,先搞清楚自己要的是什么。有需求,才能有明确的计划。

很多人以为钻石展位的作用就是引流,实际上对于自有品牌商、渠道商、知名品牌商,以及高品牌壁垒型、季节产品、非季节产品，都应该有不同的投放策略。

所以对不同的店铺和产品本身，商家应该搞清楚自己的目的，然后指定钻石展位广告的投放策略。

12.4.2 用钻石展位打造爆款商品

通过"钻石展位"进行引流，适合对一款最热销的单品做长期的流量轰炸，这种展位素材一般情况下不会轻易变化，即使主色调有变化，其广告核心也不会变化。

要进行爆款打造，选择的展位广告素材主要考虑流量引入的精确性，所以在人群定位和店铺定位上应该是足够精确。

其选择的位置为首页流量较大的广告位，也可以分析出是为了保证足够大的流量基数，来实现比较精准的引流目的。

通过良好的策划运营，用一个爆款产品带动整个店铺的销售。这种对爆款的打造和流量深入运作的方法，是可以借鉴的。

图 12-36 所示为在淘宝首页上利用钻石展位打造的爆款产品广告。单击广告进入店铺的首页，在该店铺首页，可以看到该爆款产品的巨大广告展示在首页第一屏，如图 12-37 所示。在"热销宝贝排行"栏中可以看到这款爆款产品的销售量会远远超过其他产品。

图 12-36

图 12-37

12.4.3 用钻石展位进行活动引流

"钻石展位"很适合为店铺活动造势，从而进行引流。钻石展位引流的特性是，预算庞大，占据位置多，持续时间短，属于一种爆发性质的促销。

做活动引流一定要注意以下几个方面。

- 素材一定要做得劲爆，各类网络热词，各类夸张表情，造成强烈的视觉冲击。
- 折扣一定要低，虽然其实不低，但哪怕只有一款产品 2 折且限量 10 件，也一定要说成是全场 2 折起。
- 活动策划要环环相扣，让进店的顾客不买几件东西就出不来。
- 庞大的预算，这点不是一般商家可以承受的。

总的来说，这类钻石展位推广是通过短时间内投放广告引入巨大流量，带来巨大的销售额，实现当期盈利。但却是需要通过精密策划来实现的促销行为。

12.4.4 进行钻石展位的定位

钻石展位的最终要求是提高点击率，而要提高点击率就要让看到广告展示的买家恰恰是你的产品的目标用户，例如，买家打算买护肤品，你展示的正好是护肤品广告，那么买家自然就会点击进入界面。

钻石展位不仅适合推广单品，还可以推广店铺促销、店铺活动、店铺品牌。可以为店铺带来充足流量，同时增加买家对店铺的好感，增强买家粘度。

钻石展位适合相对成熟的卖家，首先要求卖家可以制作漂亮的展示图片或Flash，其次要求卖家有活动、促销等发布意识，可以用最适合的噱头推广最合适的产品。下面来看看进行钻石展位推广前，应该如何搭配定位自己的宣传模式。

（1）推广商品

如果主推的是商品，一定要把商品做到最好、最优，因为钻石展位是按照流量付费的，广告是否成功，很大程度上是用点击率来衡量，商品有绝对优势和吸引力，才能吸引买家点击，商品没有优势，点击率少或没有点击，这个广告就是失败的。图 12-38 所示是商品推广的一个经典案例。

（2）推广店铺活动

促销活动很容易抓住买家的眼球，尤其是一些优惠力度很大的活动，做钻石展位也可以带来很大的流量，如图 12-39 所示。

图 12-38

图 12-39

（3）推广店铺

推广店铺是钻石展位广告中用得比较多的广告形式。成功的钻石展位推广往往能引爆店铺的销量，前提是先把店铺装修好，各种促销活动要吸引人，才能把引进的流量转化成成交量。否则流量暴涨却不能提升成交量，也是失败的广告。

12.4.5 用最少的钱购买最合适的钻石展位

钻石展位是按一个展位1000次展示来收费的,只要有买家浏览页面,卖家的广告有展现就要收费。

钻石展位根据占据的位置不同,或者给出的图片尺寸不同等因素,收费价格都会有差别。所以卖家一定要学会合理投资,用最少的钱来获得最佳的广告效应。

(1)竞价一定要冷静

找到最合适自己店铺的广告投放位置,并且根据利润及销售量计算出能够承受的价位,如果有较多人争抢这个位置的时候,能抢到固然好,但是超出预算的话可以看一看其他位置是否合适。

建议在开始竞价前先研究自己选中的广告位的特征,以及最近的出价数据,看准了,算好了再出手,切忌不顾一切地去抢广告位,有时候一时冲动,会不小心抢到了不合适自己商品的展位。

(2)科学出价

不是出价越高越好,钻石展位和直通车的竞价是不一样的,直通车竞价是争抢商品排名,而钻石展位只是为了获得优先投放的权利。

这两种展位的区别很好理解,直通车展位是出价最高的广告排在最前面;而钻石展位出价最高的广告获得被优先投放的权利,也就是说出价最高的广告先被投放,投放完毕后才轮到出价在第二名的广告进行投放。

至于广告展示多久,和广告竞价的高低无关,当然要看预算了,预算充足,能扛得住,就展示时间长一点。

我们应该在流量没有被购买完的情况下,竞价尽量低,才可以在相同的预算下拿到最多的流量。

当然,有些卖家是挑时间段的,例如,他一定要在上午10:00~11:00投放广告,一个比较短的时段内的流量有限,那么取得优先权就很必要。

(3)快速竞价

每天在15:00之前几分钟是竞价最激烈的时候,很多卖家往往在前几秒出价或加价,所以,创建了投放计划后,可以利用创建快速竞价迅速抢位。

(4)选择投放

购物高峰期流量相当大,那些排在前面的预算可能很快就用完了。因此这里有个小技巧,大家在做预算的时候,可以选择流量比较大的时间段来出价。

皇冠支招

前面给初学者介绍了相关知识的应用，下面，给淘宝新手介绍一些自己的感悟和技巧分享的内容。

▶ **招式01：选择直通车合适的投放时间**

如果直通车投放时间不恰当，会浪费很好的流量，降低店铺总体销量。

买家们喜欢什么时候上网？淘宝流量最多的是什么时间？哪几个时间点应该加大推广力度？这些因素是大家在具体投放时应该考虑的。

如图12-40所示是淘宝每天的流量和成交分布图。蓝色曲线是流量分布图，红色曲线是成交分布图。

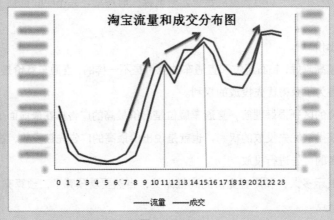

图 12-40

从这里可以看出，淘宝每天的流量和成交高峰有3个时间点：第一个是上午11：00，第二个是15：00~16：00，第三个是21：00~22：00。

从早上9：00开始，一直到24：00，流量和成交整体上维持在一个较高的水平，并持续往上走。

因此可以考虑在0：00~8：00的时候，少量投放宝贝。

> **小二开店经验分享——温馨提示**
>
> 非高峰时段也有买家逛淘宝，这时候竞争不激烈，出较低的价格也能排在很前面，为自己带来更多潜在买家。

另外在店铺高峰期（11：00、15：00~16：00、21：00~22：00），建议最大力度投放。

这个时候来淘宝购物的买家很多，要尽可能把潜在买家拉进自己店铺，因为只有流量多了，成交量才会上去。

▶ 招式02：巧用SEO结合淘宝客推广店铺

随着淘宝客的流行，各种围绕如何利用淘宝客进行店铺推广的讨论也越来越多。相信很多掌柜希望能通过淘宝客给自己的店铺带来更多的流量和生意，淘宝客的站长们也希望能通过淘宝佣金带来收入。

下面介绍如何利用SEO结合淘宝客进行淘宝店铺和淘宝客网站双赢推广，希望对淘宝开店的掌柜和淘宝客站长有所帮助。

掌柜们想通过SEO和淘宝客推广店铺，首先要了解SEO的基本概念。

SEO的中文意思是搜索引擎优化。通俗理解是：通过总结搜索引擎的排名规律，对网站进行合理优化，使你的网站的排名提高，让搜索引擎给你带来客户。通过SEO这样一套基于搜索引擎的营销思路，为网站提供生态式的自我营销解决方案，让网站在行业内占据领先地位，从而获得品牌收益。

SEO的主要工作是通过了解各类搜索引擎如何抓取互联网页面、如何进行索引以及如何确定其对某一特定关键词的搜索结果排名的技术，来对网页进行相关的优化，使其提高搜索引擎排名，从而提高网站访问量，最终提升网站的销售能力或宣传能力。

下面就SEO结合淘宝客推广淘宝店铺进行详细的说明，淘宝掌柜通过此方法可提升淘宝客网站在百度的关键字排名，从而提升店铺宝贝的曝光率，获得更多的客户，同样可以使推广你店铺商品的淘客站获得更多的流量及佣金。

选择店铺最有竞争优势的30个商品，淘宝客最多可以推30个商品。

通过搜索栏搜索提示关键词、淘宝系统推荐关键词、淘宝排行榜，根据客户的搜索习惯选择关键字来提升店铺的转换率。

为主推商品选择核心关键字，每个商品可选1~3个。将选好的1~3个关键字放置在宝贝名称中，并在宝贝描述中多次出现，增加关键词密度。为图片加alt属性alt="关键字"。在商品详情页明显位置摆放当前商品核心关键字，以便淘宝客网站运用。

▶ 招式03：决定钻石展位效果好坏的因素

钻石展位受到了很多卖家的青睐，很多卖家就靠着钻石展位流量业绩节节攀升。那么决定钻石展位效果好坏的因素有哪些呢？

（1）广告图片

广告图片常常被大家所忽视，但却极为重要，拥有一个适合自己店铺或产品的，凸显主题的广告图片就会带来无限的收益。

很多人没有意识到广告图片的重要性，都觉得自己就可以做，虽然做出来不是那么好看，能用就行。这样虽然节省了开支，但却大大影响了收入，如果广告图片可以展现店铺所要表达的东西，那带来的收益会远远超过上千元、上万元，甚至几十万元。

（2）广告文案

图片的内容要有卖点，毕竟你的最终目的不仅仅让别人欣赏图片，还要别人点击图片进店购买商品。

图片广告上的文字内容和图片一样也能决定广告的效果。同样的图片,上面的文案不同,广告所带来的效果也不同。

广告文案不能太乱,只要包含主题、价格、产品就可以了,也可以加上一个点击按钮,或者加上一个时间能给客户造成紧迫感,来提高点击率。切记一定不要乱,站在客户的角度想想,要让客户一眼就能看明白。

图 12-41 所示的案例中,图片很精美,但真正让人忍不住去点击的还是它的卖点"包邮""送开口器",让对此产品感兴趣的买家很快就会被吸引住。

图 12-41

案例分享:节假日的促销策略

经调查发现,任何一个节假日对于商家来说,都是一个活动机会,通常情况下就是开展促销活动,而活动中价格是促销的最终利器,它是除了质量、性能和款式之外决定买家是否购买的关键因素。卖家在琢磨买家心理的基础上要创造出种种易于买家接受,且能激发消费欲望的价格促销方式。

这里为卖家总结了价格促销的6大策略,然后各卖家可以举一反三,运用到自己店铺的实际运营中。

策略1:错觉折扣,给顾客不一样的感觉

人们普遍认为打折的东西质量总会差一点,其实这也就是心理暗示,要打消这种心理暗示就要让买家觉得自己买的这个商品其实是原价的,但是自己花了更少的钱买到它了,赚到了。

面对这种情况,具体怎么去操作呢?例如,"您只要花99元就可以买到我们店里价值129元的商品"或者"您只要花199元,就可以在我们店里挑选任何一件原价269~399元的商品"。这两个案例实际上都是在价格上的让利,但是给买家的感觉是完全不一样的,如果你给129元的宝贝打个7.7折,那买家感觉这个宝贝就值99元,那他的质量估计也就是99元的质量。但是你把方案改成"花99元就可以带走价值129元的商品",买家会觉得这个商品的价值还是129元,但是只要花99元钱就得到了,他的质量品质还是129元的。

策略2:限时抢购,让顾客蜂拥而至

"限时抢购"的促销方案就是让买家在规定的时间内自由抢购商品,并以超低价进行销售。例如,在你的店铺,每天中午12:00到12:05之间拍下的宝贝,可以按

五折的价格成交。这个促销看似大亏本，但实际上给你带来了急剧的人气提升和很多的潜在客户。因为5分钟的挑选时间是仓促的，5分钟之后，客户还会在你的店里逛，既然来了总要买点什么，而且那些抢下五折商品的客户可能因为觉得占到了大便宜而购买更多。所以，这种用限时抢购吸引顾客的注意，等顾客被吸引过来之后，接下来就是让顾客自愿掏腰包了。

▶ 策略3：超值一元，舍小取大

超值一元，就是在活动期间，顾客可以花一元钱买到平时几十甚至上百元的商品。或许很多人不明白一个问题：这种促销方案不是会让店铺亏本很多吗？其实不然，从表面上看，这种1元购的商品确实赚不到钱，但是通过这些商品，店铺吸引了很多的流量，而一个客户如果购买了一件1元商品，那他同时再购买店铺里其他商品的可能性是很大的，因为同样需要支付一次邮费，为什么不再买点其他商品呢。而那些进到店铺里来却没有购买1元商品的买家，购买你店铺里的其他商品的可能性是非常大的，因为他进来了，看到了你的宝贝。

▶ 策略4：临界价格，顾客的视觉错误

所谓的临界价格，就是在视觉上和感性认识上让人有第一错觉的那个价格，例如，以100元为界线，那么临界价格可以设置为99.99元或者是99.9元，这种临界价格最重要的作用是给买家一个视觉错误，这个商品并没有上百，也只不过是几十元而已。尽管这个促销策略已经被超市、商场运用得泛滥了，但是也说明了这个方法屡试不爽，我们在实际的操作中，还是可以拿来使用的。

▶ 策略5：阶梯价格，让顾客有紧迫感

所谓的阶梯价格，就是商品的价格随着时间的推移出现阶梯式的变化。例如，新品上架第一天按5折销售，第二天6折，第三天7折，第四天8折，第五天9折，第六天原价销售。这样给顾客造成一种时间上的紧迫感，越早买越划算，减少买家的犹豫时间，促使他们冲动购物。当然阶梯的方式有很多，店家可以根据自己的实际情况来设定。宗旨就是既吸引客户又不会让店里亏本。

▶ 策略6：降价加打折，给顾客双重实惠

降价加打折实际上就是对一件商品既降价，又打折，双重实惠叠加。相比纯粹的打折或者是纯粹的降价，它多了一道弯，但是不要小看这道弯，他对顾客的吸引力是巨大的。第一，对于顾客来说，一次性的打折方案和降价加打折比起来，顾客毫无疑问地会认为后者更便宜。这种心理使客户丧失了原有的判断力，被促销所吸引。第二，对于店铺来说，提高了促销的机动性，提高了因促销而付出的代价。如以100元商品为例，如果直接打6折，一件商品就会损失40元的利润。但是如果我们先把100元的商品降价10元，在打8折，那么一件商品损失的利润是28元。但是买家在感觉上还是后者比较爽。

总的来说，节假日促销活动是任一商家都会实施的，具体实施策略可以根据自身情况进行综合考虑，运用到自己的店铺中，达到预期效果。

第13章

手机淘宝，商机不容错过

本章导读

近一两年起，淘宝网至少已将60%以上的流量给了无线端，所以对于只靠做淘宝PC端销售的卖家而言，则需要转变新的营销思路。本章就带领读者学习手机端页面的装修、运营、推广及淘宝无线端工具的使用，让读者在无线端的运营中如鱼得水。

知识要点

通过本章内容的学习，读者能够学习到手机端淘宝店的装修、推广、淘宝无线端工具的使用等。学完后需要掌握的相关知识技能如下。

- 设置手机店铺
- 手机端店铺的装修与推广
- 手机端店铺的管理与操作
- 淘宝助理的使用

13.1 关于手机端淘宝店

2014年"双11"当天，淘宝天猫市场交易规模为600亿元，无线端的交易额为113亿元，是2013年交易额的12倍，将手机交易推向高潮。2015年"双11"当天，淘宝天猫市场交易规模为912亿元，其中无线端的交易额为626亿元，占比高达68%。可以看出，现今已是无线端网购的新时代。

13.1.1 分析手机端淘宝店

可能许多卖家会疑惑"我不做手机端，同样可以通过手机找到自己家的宝贝，那为什么还要做呢"。这样的说法是没有错，但也需要明白以下两点。

（1）在有无线网络的前提下，买家是可以通过手机查看到自己的宝贝并可以浏览，包括宝贝描述，但所看到的其实是PC端的店铺宝贝。

（2）要是在没有无线网络的前提下，买家如果想通过数据流量来查看宝贝，所能看到的一定只是一张主图，其他的宝贝描述将全部被屏蔽掉，无法打开。但如果卖家已经做了手机端的店铺，就可以完完全全地打开宝贝页面进行完整地浏览。这主要是因为PC端和无线端的图片像素大小不一样。

> **小二开店经验分享——手机开店的优势**
>
> 顾客浏览宝贝，受无线网络的限制，看见中意的宝贝几乎很少议价，就直接下订单了；再者，手机购买商品不受空间、时间的限制，可以在火车上、公交车上，甚至走在路上，只要想买一个东西，就可以从包里掏出手机，下单购买。
>
> 使用手机购买商品时，用户很难同时打开多个页面去比较价格、质量，只能看见当前的页面，所以，影响用户不购买当前页面商品的因素减少，用户就有很大的可能下订单，还有使用手机下订单的用户都比较年轻，年轻人购买东西时很少去聊天或议价，更容易直接下订单。

13.1.2 手机店铺店标与店招的设置

设置手机店铺的好处是当买家用手机浏览店铺时，将会自动显示设置的店铺内容，这样不但吸引了客户浏览，也收获了店铺人气。具体设置技巧如下。

第1步 进入淘宝"卖家中心"页面，❶单击"店铺管理"下的"店铺基本设置"链接，如图13-1所示。

第2步 ❷单击"手机淘宝店铺"对话框；❸单击"上传店招"按钮；❹设置手机店铺客服电话；❺单击"保存"按钮确定设置；❻单击"马上去设置"按钮，如图13-2所示。

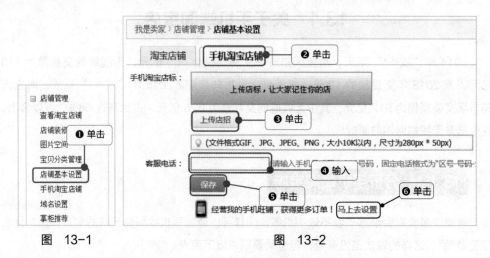

图 13-1　　　　　　　　　　　图 13-2

13.2　手机端页面的装修

在当下无线营销发展的大趋势下，掌控好无线端营销的方向就等于握住了网络营销发展的方向盘。而要想做好手机店铺营销，首先要做的是无线端手机店铺的装修。

13.2.1 手机店铺店标与店招的设置

目前新版的淘宝手机店铺设置页面也有了很大的变化，在操作步骤方面简化了很多，这也让新手更容易掌握手机店铺设置，而且大部分的基础模板功能都是免费的，只需事先准备好图片素材即可。装修店铺，首先要设计好自己店铺的店标与店招，如下图所示为手机页面的店标与店招。接下来就具体讲解手机店铺设置店标与店招的操作步骤。

第1步 进入淘宝网"卖家中心"页面，❶单击左侧"店铺管理"中的"手机淘宝店铺"链接，如图13-3所示。

第2步 进入"手机淘宝店铺"页面，❷在"无线店铺"类别下方单击"立即装修"按钮，如图13-4所示。

图 13-3

图 13-4

第3步 进入"无线运营中心"页面，❸ 单击页面左边的"无线装修"选项；❹ 在"手机淘宝店铺首页"右侧单击"去装修"链接，如图 13-5 所示。

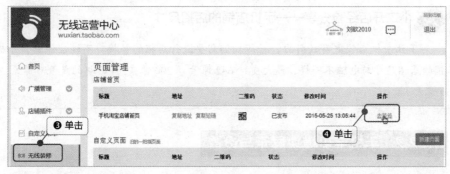

图 13-5

第4步 ❺ 在"手机淘宝店铺首页"装修页面中，单击手机板块中的"店招"位置，如图 13-6 所示。

第5步 此时，在右侧自动打开"模块编辑"页面，❻ 单击设置店招基本信息下方的"重新上传"链接（如果设置店招基本信息下方为"＋"图标，则单击"＋"图标即可），如图 13-7 所示。

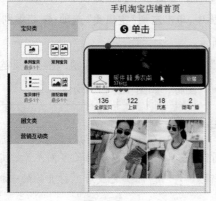

图 13-6

图 13-7

第6步 回到"模板编辑"页面,❼单击" "按钮上传淘宝中的商品地址链接;❽单击"确定"按钮,如图13-8所示。

第7步 ❾在"手机淘宝店铺首页"右上角单击"保存"按钮;❿单击"发布"下拉按钮;⓫选择发布方式,即可完成手机店铺的店招与店标的设置,如图13-9所示。

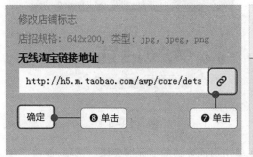

图 13-8

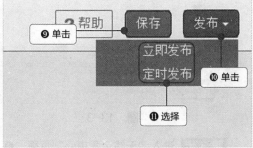

图 13-9

 小二开店经验分享——手机店铺的店招尺寸

为了让手机店铺更有吸引力,一般我们需要进行店招的替换,不过应注意,手机店铺的店招尺寸与电脑不一样,最大支持642像素×200像素(PC端的是950像素×150像素)。

13.2.2 手机宝贝模块展示与设置

随着移动网络的发展,越来越多的人喜欢用手机上网了。那么这样的趋势对淘宝有什么影响呢?随着淘宝网购人群的增加,手机淘宝越来越吃香了,很多店长也意识到了这点,那么,手机淘宝网店怎么装修呢?具体操作方法如下。

1. 装修单列宝贝模块

宝贝类的装修主要是宝贝在首页的展现方式,分为单列宝贝、双列宝贝、宝贝排行及搭配套餐,卖家根据情况合理安排宝贝列表的装修方式,如装修单列宝贝模块,方法如下。

第1步 ❶在"手机淘宝店铺首页"装修页面中,单击左侧"宝贝类"选项;❷将类别"单列宝贝"模板拖动至手机板块中,如图13-10所示。

第2步 此时,在右侧自动打开"单列宝贝"编辑栏,❸输入宝贝标题,粘贴宝贝链接;❹单击选中"手动推荐"单选按钮;❺单击" "图标,如图13-11所示。

 小二开店经验分享——添加自由组合

"宝贝类""图文类""营销互动类"分别代表手机首页可以添加的不同元素,想要在首页添加什么就选择什么类型的模块进行添加即可。添加完成后,打开你的手机淘宝店铺该模块会自动出现。

图 13-10　　　　　　　　　　　图 13-11

第3步　打开"在线选择商品"对话框，❻选择宝贝；❼单击"完成"按钮，如图13-12所示。

第4步　此时，即可完成单列宝贝的编辑，❽单击右侧的"确认"按钮，完成单列宝贝设置，如图13-13所示。

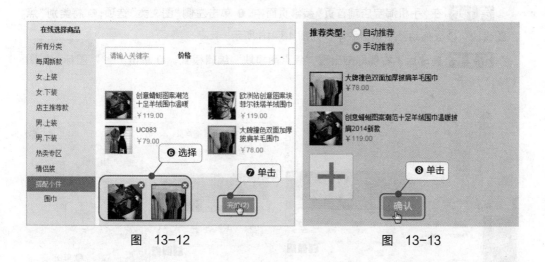

图 13-12　　　　　　　　　　　图 13-13

第5步　❾卖家还可以选择"宝贝排行榜"类，并拖动模块至手机页面，如图13-14所示。

第6步　❿在右侧的"宝贝排行榜"编辑栏中编辑宝贝信息及选择宝贝；⓫完成后单击"确认"按钮即可，即设置宝贝排行榜完成，如图13-15所示。

第7步　最后在"手机淘宝店铺首页"右上角单击"保存"按钮，再单击"发布"下拉按钮，选择发布方式，即可完成手机店铺的宝贝类装修。

图 13-14

图 13-15

2. 装修多图宝贝模块

在图文类装修中有"标题模板""文本模板""多图""辅助线"等多个装修模板，与宝贝类装修类似，卖家需要哪种模板直接将该模板拖动至手机板块，然后在左边页面进行编辑，下面具体讲解"多图模块"的编辑方式及步骤，其他模板举一反三。

第1步 在"手机淘宝店铺首页"装修页面中，❶ 单击左侧"图文类"选项；❷ 将类别"焦点图模块"模板拖动至手机板块中，如图 13-16 所示。

第2步 拖动后，右侧即刻出现"焦点图模块"编辑模式，❸ 单击 "＋" 图标，如图 13-17 所示。

图 13-16

图 13-17

第3步 ❹在"编辑图片"页面,选择需要的图片(首先需将图片上传至图片空间内),如图13-18所示。

第4步 弹出剪裁图片对话框,❺调整所需图片位置;❻调整后单击"上传"按钮,如图13-19所示。

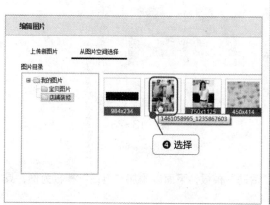

图 13-18

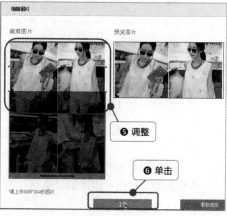

图 13-19

第5步 ❼在"链接"文本框右侧单击" "图标,如图13-20所示。

第6步 在弹出的"链接小工具"对话框中,❽选择图片所需链接网址,如图13-21所示。

图 13-20

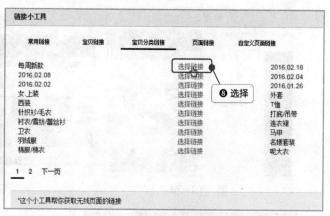

图 13-21

第7步 如无须新增列表(如需要新增,则单击"新增列表"按钮即可,后续操作与上述相同),❾则单击"确认"按钮,即"焦点图模板"设置成功,如图13-22所示。

第8步 ❿在"手机淘宝店铺首页"右上角单击"保存"按钮;⓫单击"发布"下拉按钮,选择发布方式,即可完成装修,如图13-23所示。

图 13-22

图 13-23

3. 装修营销模块

手机淘宝首页还可以添加"电话"与"活动"模板，下面以添加"电话"模板为例，具体讲解操作步骤。

第1步 在"手机淘宝店铺首页"装修页面中，❶单击左侧"营销互动类"选项；❷将类别"电话"模板拖动至手机板块中，如图 13-24 所示。

第2步 拖动后，右侧即刻出现"电话模板"页面，❸输入电话号码；❹单击"确认"按钮，即完成设置，如图 13-25 所示。

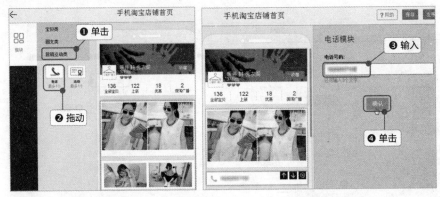

图 13-24　　　　　　　　图 13-25

13.2.3　手机宝贝详情页发布

在设置无线端详情页时，卖家可以根据网页版宝贝详情页的内容进行一键设置，设置后，在无线端查看宝贝详情页即为手机详情页的尺寸大小，可以提高无线端登录及查看的速度，减少流量，给买家带来便利。具体设置步骤如下。

第1步 在淘宝网"卖家中心"页面，❶单击左侧宝贝管理中的"出售中的宝贝"选项，如图 13-26 所示。

第2步 在"出售中的宝贝"中，❷在需要发布手机详情页的宝贝的右侧单击"编辑宝贝"按钮，如图13-27所。

图 13-26

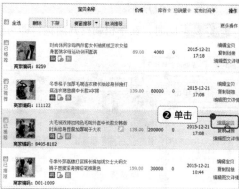
图 13-27

第3步 在"填写宝贝基本信息"页面，❸单击宝贝描述中的"手机端"选项；❹指向下方的"添加"图标，如图13-28所示。

第4步 ❺在弹出的面板中单击"图片"按钮，如图13-29所示。

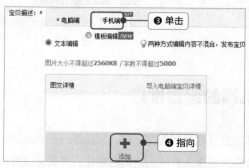
图 13-28

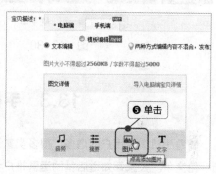
图 13-29

小二开店经验分享——编辑手机详情页的注意事项

卖家编辑手机详情页的注意事项如下。

● 手机端宝贝描述支持音频、图片、纯文本输入；每个手机版图文详情至少要包含以上三种信息的其中一种才能发布成功。

● 手机端宝贝描述总图片大小不得超过1.5MB（包含1.5MB）。

● 单张图片尺寸：620 ≥ 宽度 ≥ 480（宽度介于480像素到620像素之间），高度 ≤ 960（高度小于960像素）。例如，可以上传一张宽480像素，高960像素的图片。

● 1个详情页只允许有1个音频，音频大小 ≤ 200KB，支持MP3格式、单通道、8KHz等。

● 文本总字数 ≤ 5000，单个文本框输入字数 ≤ 500；不区分中英文字符。

第5步 ❶在展开的面板中单击"从图片空间选择"选项卡；❷在左侧"图片目录"中选择图片所在位置；❸单击选择"手机端图片"选项；❹选择所需图片；❺单击"确认"按钮，如图13-30所示。

第6步 此时，在手机端打开店铺，即可查看到该宝贝的详情页，如图13-31所示。

图 13-30　　　　　　　　　　　　图 13-31

13.3　手机端的运营推广

随着手机淘宝用户的增多，很多卖家开始重视起手机淘宝店铺，无线端已开启卖家们的新一轮竞争。大家都知道店铺的运营推广会很大程度上影响到店铺的转化，其实无线推广的方法也有很多，如直通车、官方活动等，这些都是常用的推广方法，不同的推广方法能够吸引到不同的消费人群。

13.3.1　利用"码上淘"进行手机店铺推广

现在手机上的"二维码"用途很广泛，在一个小小的方块里面包含一条链接地址，引导使用者通过扫描设备（如手机）快速进入相应的网址。申请一个二维码，是手机店铺必备的，具体操作方法如下。

第1步 ❶进入"淘宝网卖家中心"页面，在店铺管理栏目下单击"手机淘宝店铺"链接，如图13-32所示。

第2步 直接跳转到"手机淘宝店铺"介绍页面，❷单击"码上淘"下方的"进入后台"按钮，如图13-33所示。

图 13-32

图 13-33

第3步 进入"码上淘"页面,提示当前使用的淘宝账号,❸单击"进入码上淘"按钮,如图 13-34 所示。

第4步 ❹单击"创建二维码"展开按钮;❺创建二维码可以通过模板创建、页面创建及宝贝创建,例如,单击"通过宝贝创建"选项,如图 13-35 所示。

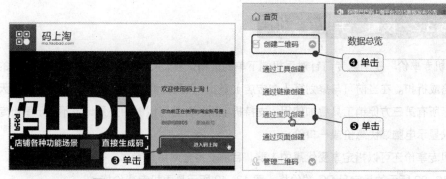

图 13-34　　　　　　　　　图 13-35

第5步 ❻选择扫码内容,也就是选择宝贝,从而创建二维码;❼单击"下一步"按钮,如图 13-36 所示。

第6步 ❽勾选或添加推广渠道;❾确认后单击"下一步"按钮,如图 13-37 所示。

图 13-36

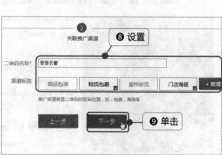
图 13-37

第7步 此时，二维码创建成功，在右侧会显示当前二维码效果，可以通过单击"下载"按钮进行下载，如图13-38所示。

图 13-38

> **小二开店经验分享——利用"码上淘"的优势**
>
> 用户扫码直达店铺，开辟店铺便捷访问新入口。
>
> "码上淘"为淘宝天猫官方唯一认证店铺包裹服务二维码，消费者扫码可以浏览店铺，管理订单，参加营销互动，呼起快速客服，成为店铺粉丝等。
>
> 通过二维码，将商家的店铺、商品活动等内容推广到线下主流媒体、广告、门店等渠道，直接实现流量变现。

13.3.2 设置"手机专享价"

"手机专享价"是一款专门针对手机端下单的促销工具，可实现在手机和电脑上不同的促销价格或折扣。在当前可与聚划算（淘宝店）、美折、天天特价、限时打折、天猫特价宝（天猫店）等所有第三方促销工具叠加使用，支持折上折。并且可以做到交易记录不显示手机专享价，只显示电脑端优惠价或一口价。

手机专享价还可以指定享受优惠的人群，目前支持全网用户专享、微淘粉丝专享两类。图13-39所示的是宝贝PC端价格，图13-40所示是手机专享价格。

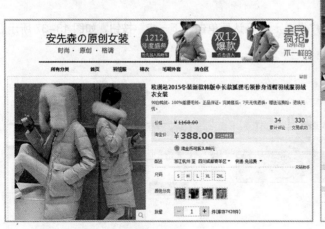

图 13-39

图 13-40

通过设置手机专享价，获得更多的手机无线端流量，具体操作方法如下。

第1步 在淘宝网"卖家中心"页面中，❶单击"营销中心"选项中的"手机营销专区"按钮，如图13-41所示。

第2步 在打开页面中，❷单击手机专享价下方的"马上创建"按钮，如图13-42所示。

图 13-41

图 13-42

第3步 进入手机专享价页面，❸单击"创建活动"按钮，如图13-43所示。

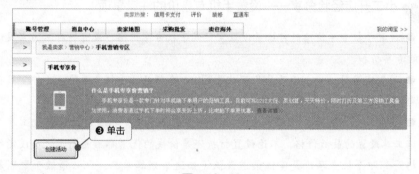
图 13-43

第4步 此时，进入"创建无线手机专享价活动"编辑页面，❹输入活动名称；❺设置针对的用户及活动时间；❻单击"确定"按钮，如图13-44所示。

第5步 在第二步中，❼选择要参加活动的宝贝，如图13-45所示。

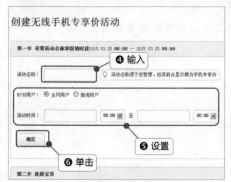
图 13-44

图 13-45

第6步 在第三步中，❽设置手机专享价；❾单击"保存修改"按钮，如图13-46所示。

第7步 此时，即可成功创建手机专享活动，如图13-47所示。

图 13-46

图 13-47

小二开店经验分享——设置手机专享价的注意事项

● 设置手机专享价格时可批量设置宝贝的手机专享价格，或者针对不同宝贝设置不同的专享折扣。

● 设置宝贝时，一个活动最多可以设置150个商品作手机专享价，一件宝贝在一个时间段也只能参与一个手机专享价活动。

● 设置活动价格时，宝贝列表中显示的当前优惠价是指目前通过官方工具或三方营销工具设置的最低价格，不论设置打折还是价钱的优惠都不能高于之前设定的最低价格——即手机专享价是保证渠道最低（如遇聚划算单品，也必须低于聚划算的价格）。

● 设置完成后，可在手机专享价的首页看到已设置的所有活动列表，在活动开始前和进行中可编辑活动，活动结束后可查看或删除活动。

● 成交价格的展现方式：在电脑端宝贝详情页中展现的历史成交价为电脑端的成交价格，而非手机专享价。

● 无法使用营销工具的类目（如虚拟类目）同样不能使用手机专享价。

13.3.3 无线直通车

现在很多店铺都开通了无线直通车，也有很多 C 店的无线端流量已经占到了 50% 以上。无线直通车目前已被越来越多的卖家接受并使用，而且目前淘宝网主推无线端淘宝 APP，在智能手机阵营中，Android 系统和苹果 iOS 系统各分半壁江山，那么如何在频繁更新的淘宝无线客户端下玩转淘宝直通车无线端呢？

1. 无线的用户分析

在设置无线直通车之前，需要分析无线端的主要人群与无线上网浏览时间，这样卖家才能准确地投放，使其产生最大的作用，增加浏览量，促成交易。

（1）无线端用户的年龄

据统计，无线手机端的用户主要集中在 19~29 岁，如图 13-48 所示。

（2）无线端的访问时间

如图 13-49 所示，在 24：00~10：00 的时间段，用户都喜欢用手机购物；10：00~22：00，用户接触到 PC 的时间会更多一点，所以基本在 PC 上购物；在晚上 22 点之后，又达到了手机购物的高峰，所以说早上 10：00 和晚上 22：00 是手机购物关键的时间点。上下班时间流量较大，但是转化率较差，建议适当降低投放比例。

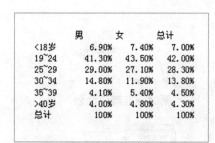

图 13-48

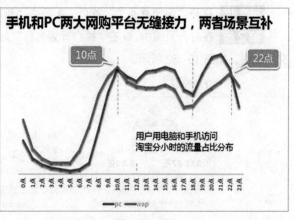

图 13-49

2. 无线直通车的展示位置

无线端投放的点击率是很高的，因为在无线端，第一个位置就是直通车广告位。左上角带有"HOT"字样的宝贝是参加手机直通车活动的，一般搜索页面中，第一个位置、最后一个位置及中间位置都有手机直通车的广告展示位，如图 13-50 所示。

图 13-50

3. 无线直通车的投放

手机直通车的投放方式与 PC 端的投放方式类似,但是在选择投放平台时一定要选择手机平台投放,具体操作步骤如下。

第1步 打开"淘宝直通车"首页,❶ 单击"新建推广计划"按钮,如图 13-51 所示。

第2步 在打开页面中,❷ 在"推广计划名称"文本框中输入新建计划名称;❸ 单击"提交"按钮,如图 13-52 所示。

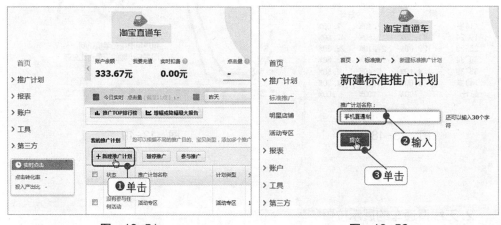

图 13-51   图 13-52

第3步 此时,跳转回"标准推广计划"页面,❹ 单击相应的推广计划,如图 13-53 所示。

第4步 ❺ 单击"设置投放平台"选项(这里只讲解投放平台设置,其他设置与 PC 端直通车设置一样),如图 13-54 所示。

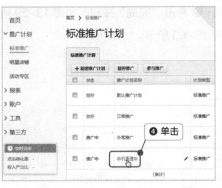
图 13-53

图 13-54

第5步 在"设置投放平台"页面中,❻选移动设备推广的平台;❼单击"保存设置"链接,如图13-55所示。

第6步 再回到"手机直通车"页面中,❽单击"宝贝推广"下面的"新建宝贝推广"按钮,如图13-56所示。

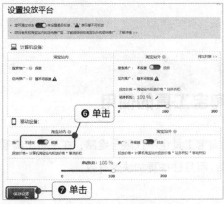
图 13-55

图 13-56

第7步 ❾在需要推广的宝贝右边单击"推广"按钮,如图13-57所示。

第8步 ❿选择宝贝创意图片;⓫输入标题;⓬单击"下一步"按钮,如图13-58所示。

图 13-57

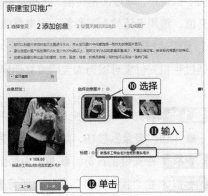
图 13-58

第9步 ⑬选择关键词；⑭设置默认出价；⑮单击"完成"按钮，如图 13-59 所示。

第10步 即可完成直通车宝贝推广，如图 13-60 所示。

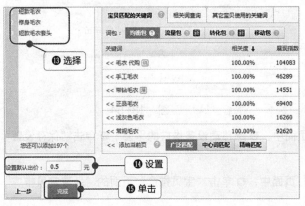

图 13-59

图 13-60

13.4 无线端淘宝工具的使用

既然网购已不限于电脑或手机，那么使用淘宝工具也不仅限于电脑，在手机上卖家也可以利用淘宝工具进行收货、发货、转账等操作，而且往往更加快速有效。

13.4.1 支付宝的使用

手机支付宝网站是针对当前移动互联网发展推出的手机网页，集手机支付和生活应用为一体的手机软件，通过加密传输、手机认证等安全保障体系，随时随地实现淘宝交易、转账、手机充值、信用卡还款、买彩票、水电煤缴费等功能。

1. 用支付宝为交易付款

通过手机支付宝可以为淘宝网或其他网站购物交易进行付款，安全方便。具体操作方法如下。

第1步 首先下载手机支付宝，然后打开支付宝图标，❶输入登录账号和支付宝登录密码；❷单击"登录"按钮，如图 13-61 所示。

第2步 在支付宝首页，❸单击页面上方的"账单"按钮，如图 13-62 所示。

第3步 在"我的账单"页面，即可查看所有账单信息，❹单击需要付款的账单，如图 13-63 所示。

图 13-61　　　　　图 13-62　　　　　图 13-63

第4步　进入账单后，❺ 单击"确认收货"按钮，如图 13-64 所示。
第5步　❻ 输入支付宝支付密码，如图 13-65 所示。
第6步　即用支付宝为交易成功付款，如图 13-66 所示。

图 13-64　　　　　图 13-65　　　　　图 13-66

2. 用支付宝给他人转账

通过手机支付宝，可以直接将支付宝中的部分或全部余额转账给指定的支付宝账户或银行卡。转账对于卖家来说，应该是常有的情况。用支付宝给他人转账，具体操作方法如下。

第1步 首先输入账号和密码登录支付宝，进入支付宝首页。❶在"支付宝"首页单击"转账"图标，如图13-67所示。

第2步 进入"转账"页面，❷选择转账方式，单击"转到银行卡"按钮，如图13-68所示。

第3步 进入"转到银行卡"页面，❸输入姓名、卡号和金额；❹单击"下一步"按钮，如图13-69所示。

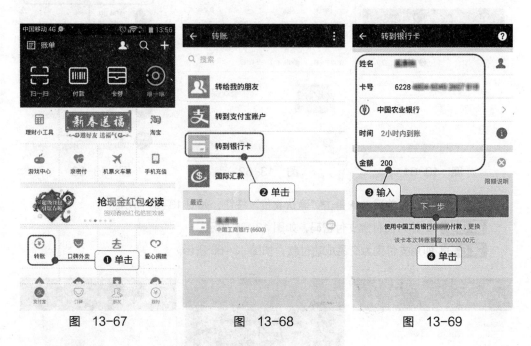

图 13-67　　　　　图 13-68　　　　　图 13-69

第4步 进入"确认转账信息"页面。❺输入备注信息；❻单击"确认转账"按钮，如图13-70所示。

第5步 ❼输入支付宝的支付密码，如图13-71所示。

第6步 付款成功，❽单击"完成"按钮，完成转账，如图13-72所示。

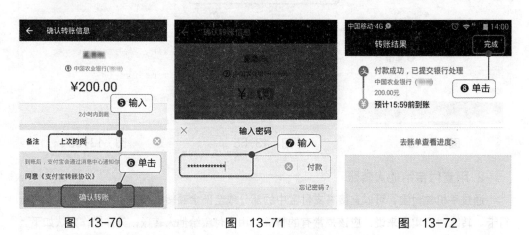

图 13-70　　　　　图 13-71　　　　　图 13-72

13.4.2 手机千牛的使用

手机千牛作为 C 店卖家必备应用之一，该如何使用，怎么操作呢？相信很多一直仅使用电脑的卖家并不熟悉，但是在很多情况下不方便使用电脑而又担心不能及时管理店铺时，就需要使用手机千牛了。下面就讲解手机千牛如何使用。

1. 根据订单发货

卖家可以利用手机千牛随时随地给宝贝发货，具体操作步骤如下。

第1步 下载及登录手机千牛后，❶ 在"交易消息"界面的"买家已付款"栏中单击需要发货的商品，如图 13-73 所示。

第2步 ❷ 在打开的"待发货"页中单击"发货"按钮，如图 13-74 所示。

第3步 ❸ 选择发货方式与物流公司；❹ 输入订单号；❺ 单击"确认发货"按钮即可，如图 13-75 所示。

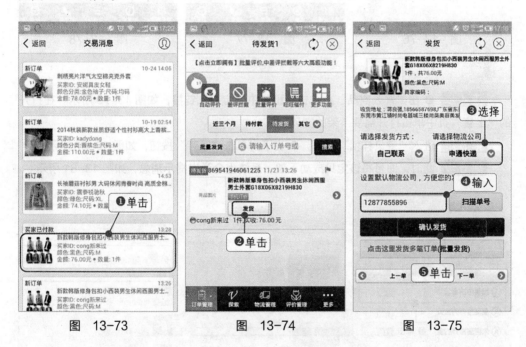

图 13-73　　　　　　　图 13-74　　　　　　　图 13-75

2. 上下架店铺中的宝贝

使用千牛工作台，还可以简单地管理店铺中的宝贝，如将新货从仓库中上架，将销量不好的商品下架，具体操作方法如下。

第1步 在手机中打开千牛工作台，❶ 在首界面单击"商品管理"图标，如图 13-76 所示。

第2步 进入"普云商品"界面，❷ 单击"仓库中的宝贝"链接，如图 13-77 所示。

第3步 在"仓库中"单击打开需要上架的商品，在"宝贝详情"页下方单击"上架"按钮，即可将该商品从仓库中上架，如图 13-78 所示。

图 13-76　　　　　图 13-77　　　　　图 13-78

第4步 ❸在"普云商品"页单击"出售中的宝贝"链接,如图13-79所示。在打开的"出售"页中单击打开需要下架的宝贝。

第5步 进入"宝贝详情"界面,❹在下方单击"下架"按钮,如图13-80所示。

第6步 此时,即可将该宝贝成功下架,系统也会弹出提示消息,如图13-81所示。

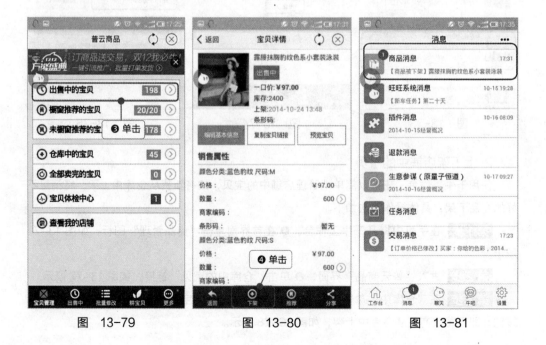

图 13-79　　　　　图 13-80　　　　　图 13-81

3. 使用手机千牛与买家联系

卖家在使用千牛时，一定注意也要在手机上下载千牛卖家版，这样即使在外出期间，也能时时与买家沟通交流，具体操作方法如下。

第1步 ❶ 在手机千牛主面板中单击"消息"图标，如图13-82所示。

第2步 ❷ 单击正在联系的买家，如图13-83所示。

第3步 进入与该买家的聊天面板，进行沟通即可，如图13-84所示。

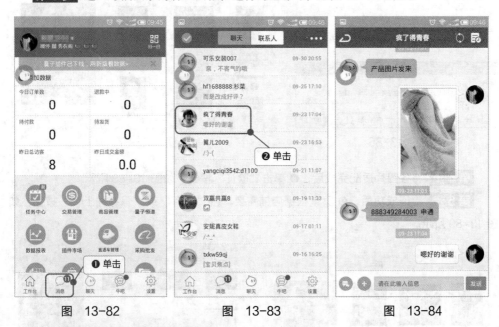

图 13-82　　　　　图 13-83　　　　　图 13-84

13.4.3 淘宝助理的使用

卖家也可以利用淘宝助理软件对手机宝贝详情页进行"一键适配"，具体操作步骤如下。

第1步 ❶ 单击选择需要进行手机详情页设置的宝贝；❷ 单击"宝贝管理"页面"手机详情"选项卡；❸ 在其编辑栏右侧单击"展开"按钮；❹ 在打开的列表中单击"导入"按钮；❺ 在弹出的下拉菜单中单击"导入页面版详情"命令，如图13-85所示。

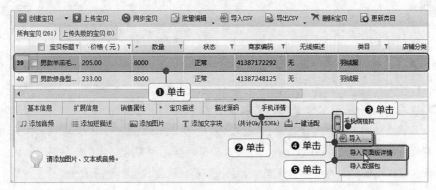

图 13-85

第2步 弹出"一键导入"对话框，❻单击"是"按钮，确认导入页面版详情，如图13-86所示。

第3步 ❼进入手机详情编辑页面，在导入的各宝贝图片下方依次单击"点击适配"命令，如图13-87所示。

图 13-86

图 13-87

第4步 将各图片适配完成后，❽单击"验证"按钮，如图13-88所示。

第5步 验证成功后，❾卖家根据店铺需要单击"保存"或"保存并上传"按钮，如图13-89所示。

图 13-88

图 13-89

皇冠支招

前面给初学者介绍了相关知识的应用，下面给淘宝新手介绍一些个人感悟和技巧分享的内容。

▶ **招式01：手机淘宝营销的推广权重**

目前手机淘宝推广有直通车、钻展与SEO。实践证明，在手机端最省钱、运用最广、最有效的推广方法还是SEO，并且在搜索排名的研究中发现，只要运作得当，淘宝店有很多卡住天猫排名的机会。这里给大家讲解手机淘宝搜索的部分权重。

（1）手机宝贝描述

淘宝店的手机描述是需要专门制作的，这是一个相对来说比较重要的权重，当设置完成后，一般比没有设置描述的，要靠前很多。手机宝贝的描述停留时间和跳转率等一样影响搜索排名，这是一个设置就能加分的操作，但很多店铺却忽略了。

（2）淘金币

淘宝网早前开通了淘金币设置，这个一直专属C店的活动，很多人以前只是知道淘金币能做活动，不知道现在能应用到手机淘宝上，且对排名的影响很重要。

（3）手机专享

手机专享价对部分C店开放，这也是手机淘宝比较重要的设置，目前C店只有部分店铺开放，商城是大多数店铺开放的。

（4）标题关键词

这里就是指宝贝标题关键词优化，一般你想展示什么词，怎么把产品的主要特点说出来，客户常搜索的关键词组合，这些都需要一定时间的数据分析。

（5）手机搜索成交转化率

手机淘宝上通过搜索关键词，进入店铺达成交易的比率越高，权重就会越大，排名一般就会靠前一些。很多店铺的流量是通过PC端扫描二维码进入的手机淘宝店铺，或者从其他的流量来源，这个对搜索特定关键词排名是没有作用的，但是通过其他渠道带来的手机淘宝成交量会影响综合排名。

（6）手机成交量，影响搜索权重

不管你是从什么渠道，用什么方式引来的流量，只要你的手机淘宝成交量高，你的综合排名就会高。并且在同等纬度下，在一些特定关键词搜索中也有权重。

（7）推广转化率越高越靠前

这里是根据手机直通车和钻展得出的结论，这些推广的转化率越高，相对来说，比其他同纬度的店铺排名越靠前。

▶ **招式02：手机端修改交易价格**

遇到需要修改个别交易价格的情况，移动卖家在手机上也可以进行修改，具体操作方法如下。

第1步 在买家提交订单后，千牛会接收到"新订单"的交易消息提示，❶单击查看该消息内容，如图13-90所示。

第2步 ❷单击"修改价格"按钮，如图13-91所示。

第3步 ❸在打开的页面中重新调整价格；❹单击"确定"按钮即可，如图13-92所示。

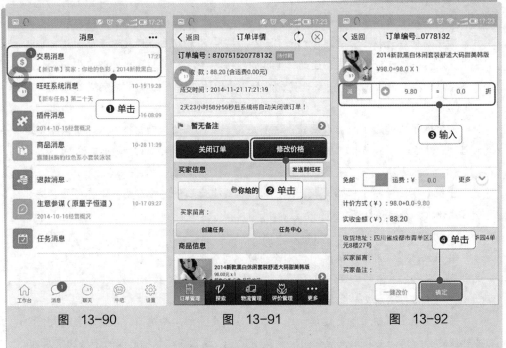

图 13-90　　　　　图 13-91　　　　　图 13-92

▶ **招式03：用好手机直通车推广**

在千牛工作台中，与"卖家中心"的"我要推广"页面一样，可以使用直通车推广商品，具体操作方法如下。

第1步 登录千牛，❶在首页单击"直通车管理"图标，如图13-93所示。
第2步 进入"无线车手"页面，❷单击左下角的"直通车"菜单，如图13-94所示。

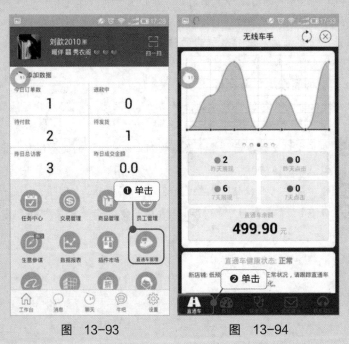

图 13-93　　　　　图 13-94

第3步 ❸ 在打开的面板中选择所需执行的操作即可,如图13-95所示。
第4步 ❹ 在"无线车手"页面单击下方的"优化建议"菜单;❺ 单击"开始今天优化任务"按钮,如图13-96所示,进行数据优化。

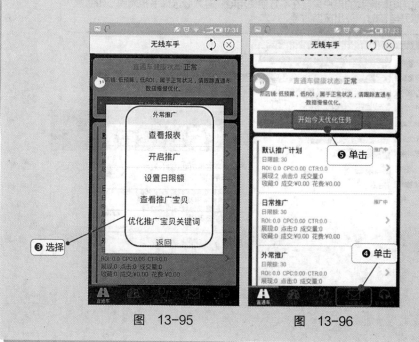

图 13-95　　　　　图 13-96

案例分享:简述手机淘宝的发展与未来

手机淘宝无疑是新一轮的淘宝红利期,在 PC 端竞争已经头破血流的时候,无线端是一个新的战场,是淘宝中的蓝海。

移动互联网时代来临,当你发现就连大妈也会玩智能手机的时候,地铁中 50% 的人都在低头玩手机看电影的时候,移动互联网时代已经来临了。随着全城 Wi-Fi 的普及,我们发现生活已经离不开手机了。而且细心的人会发现自己店铺的流量重点从 PC 转到了无线,无线的流量从最开始的不到 20% 到现在的 50% 以上,主攻无线端的店铺流量比例可以做到 80% 以上,这样的一个大环境下,无线就是趋势,顺势而生,你会很舒服,雷军说过:"站在台风口,母猪都会飞起来。"是不是猪不重要,关键是台风,现在无线就是这个台风。

高节奏下的碎片化时间消费,当我们拿到无线端淘宝的浏览时间和人群分析的时候,很明显,买家的购物时间都是一些工作和生活的闲暇时间,这样的碎片化时间点消费特点会越来越明显。它很符合无线端的特点,只要有一部手机,手机是不断网的,

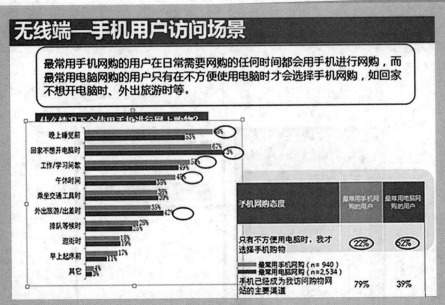

图 13-97

则任何时间点都能去消费。

很多用户在晚上睡觉前不想开电脑时、午休时、出差时都会用手机购物。如图13-97所示,打开手机淘宝的目的:37%的人会查看订单信息、物流信息;27%的人会查找需要的商品;12%的人会参加活动等。

无线淘宝是淘宝的延续体,马云说过:"无线淘宝的职责就是打败淘宝",而且无线淘宝还有它独特的使命,真正打通淘宝的SNS战略,无线端个性化地实现让消费者时刻可以看到自己喜欢的店铺,关注店铺的产品更新,增加消费频次,做到类似微信基于人群关系的消费体系。所以综合来说无线淘宝是淘宝的延续体,做好无线淘宝,是近两年的大话题。

附 录

淘宝与天猫开店的区别

国内电子商务发展 10 多年来，淘宝、天猫最为大众所熟悉，且市场占有率最大。淘宝是面对个人开店的电商平台；而天猫是由成立于 2008 年的淘宝商城于 2012 年更名而来的一个面对企业开店的电商平台。淘宝、天猫同属于阿里巴巴集团。

马云已经有了很成功的淘宝平台，为何要再打造一个天猫平台？那么，淘宝和天猫到底有什么区别呢？

　　国内电子商务发展10多年来,淘宝、天猫最为大众所熟悉,且市场占有率最大。淘宝是面对个人开店的电商平台;而天猫是由成立于2008年的淘宝商城于2012年更名而来的一个面对企业开店的电商平台。淘宝、天猫同属于阿里巴巴集团。

　　马云已经有了很成功的淘宝平台,为何要再打造一个天猫平台?那么,淘宝和天猫到底有什么区别呢?

主题一:淘宝、天猫开店申请与入驻区别

淘宝和天猫是不同的平台、不同时期的产物,那么在开店上肯定是有区别的,下面先从开店的基础(申请入驻)来谈谈淘宝和天猫两者之间的区别。

1. 淘宝、天猫店铺的基本区别

本节将从淘宝与天猫 4 个方面的不同来了解一下两者的基本区别。

(1)淘宝 C2C 与天猫 B2C 的属性区别

电子商务发展到现在,已经演化出了很多不同的模式。其中最为典型的是 B2B、C2C、B2C、O2O 四种电子商务模式。淘宝定位的是个人卖家在淘宝平台开店并销售产品给消费者,因此淘宝是 C2C(个人对个人)的电子商务模式,并且淘宝的快速发展也得益于大量个人卖家的支持。天猫(原淘宝商城)定位的是为消费者提供更好的产品、更优质的服务,而这些产品和服务只有一定实力的企业才能做到,因此天猫是 B2C(企业对个人)的电子商务模式。淘宝更类似于线下的集市,而天猫更像是线下的商场,但它们都是在为消费者服务。

电商四大主流模式

名称	英文名词	中文名称	模式释义	行业代表
B2B	Business-to-Business	企业对企业	进行电子商务交易的工序双方都是商家	阿里巴巴、慧聪网
C2C	Customer-to-Customer	个人对个人	个人与个人之见进行的电子商务交易	淘宝
B2C	Business-to-Customer	企业对个人	企业直接面向消费者销售产品和服务的商业零售模式	天猫、京东、苏宁易购
O2O	Online To Offline	线上到线下	将线下的商务机会与互联网结合,让互联网成为线下交易的前台	餐饮业

(2)淘宝、天猫适合的开店对象区别

淘宝创立之初提倡万众创业的理念,面向个人提供在线电子商务交易服务,而在淘宝平台为消费者提供产品及服务的可以是个人、个体户,也可以是企业。

随着消费市场的发展,淘宝上成千上万的卖家,成千上万的产品导致淘宝能为消费者提供的产品及服务质量参差不齐。而消费者也需要更加优质的产品和服务,这种矛盾的出现直接推动了天猫的发展。天猫开店的对象需要有一定的实力(经济实力、产品/服务开发实力)。

淘宝、天猫适合的开店对象

开店对象	店铺类型	
	淘宝	天猫
个人	√	×
个体户	√	×
企业	√	√

(3) 淘宝、天猫开店的成本区别

做任何事情都是有成本的,时间成本、产品成本、运营管理成本、机会成本等。所以,做任何事或者决定前必须清楚地了解我们需要为之付出的成本。在这里我们仅对淘宝、天猫开店的成本进行讨论。

淘宝是面对个人开店的,受个人资金能力及淘宝服务要求影响,在淘宝开店是零成本的。而天猫是面对企业开店,要求企业能为消费者提供更好的产品和更优质的服务,因此对企业开店的准入门槛较高。要开一间天猫店铺,需要交纳保证金、技术服务费年费。

天猫、淘宝开店成本对比

店铺类别	成本		
	保证金	技术服务费年费	技术服务费率
天猫	品牌旗舰店、专卖店:带有TM商标的10万元,全部为R商标的5万元 专营店:带有TM商标的15万元,全部为R商标的10万元 "医药、医疗服务"类目:保证金30万元	根据店铺经营的类目,分为3万元和6万元两档	根据经营的类目不同,最高5%
淘宝	1000元,不强制缴纳	——	——

①保证金:天猫经营必须交纳保证金,保证金主要用于保证商家按照天猫的规范进行经营,并且在商家出现违规行为时根据《天猫服务协议》及相关规则规定用于向天猫及消费者支付违约金。

②技术服务费年费:商家在天猫经营必须交纳年费。年费金额以一级类目为参照,分为3万元或6万元两档。技术服务费年费在经营周期满1年,且达到类目对应的销售额时,天猫会按照50%和100%两档返还给商家。

③技术服务费率:商家在天猫经营需要按照其销售额(不包含运费)的一定百分比(简称"费率")交纳技术服务费。技术服务费费率通俗点讲就是按照销售额来收取的佣金,费率根据类目不同而有所区别,最高5%。如一个店铺月销售额为10万元,则会被扣除10万元×5%=5000元的技术服务费(佣金)。

因此，开一间天猫店铺初期的开店费用为开店保证金和技术服务费年费，资金投入在 8 万元至 21 万元（不包含医药、医疗类目）。

（4）淘宝、天猫申请开店的资质区别

无论是个人还是企业，无论您开的是淘宝店铺还是天猫店铺，都是与阿里巴巴电子商务平台在合作。既然是合作，就要建立在平等互利的合作规则之上，大家相互遵守以保障自己的利益。因此，在淘宝和天猫开店都要求申请开店的对象提交证明自己身份或实力的资料，也就是资质供淘宝或天猫审核。因淘宝是面向个人开店的，所以仅需提供有效的个人身份证即可。而天猫开店则需要具备更多的资质。

淘宝、天猫开店资质区别

店铺类型	所需资质								
	身份证	支付宝	营业执照	税务登记证	组织机构代码证	银行开户许可证	商标注册证	支付宝授权书	产品清单
淘宝	个人有效身份证	个人认证的支付宝	——	——	——	——	——	——	——
天猫	企业法人身份证和店铺负责人身份证	企业认证的支付宝	有效的企业营业执照副本复印件	企业税务登记证复印件	企业组织机构代码证复印件	银行开户许可证（对公账户）	国家商标总局办理的商标注册证或商标注册受理通知书复印件	商家向支付宝出具的授权书	出售产品的产品清单

对于开通淘宝店铺来说，一个身份证只能开通一个淘宝店铺。而天猫店铺的企业资质需要满足：❶ 企业注册资本要高于 100 万元人民币（包括 100 万元）；❷ 企业依法注册成立 2 年以上；❸ 企业要具备一般纳税人资格。

2. 淘宝、天猫入驻流程区别

要成功开通一家店铺都需要按照淘宝或天猫的流程来操作，都要经过从申请到等待审核，再到审核通过店铺开通的过程。开通淘宝和天猫的流程看似一样，但是各环节还是有一定区别的。

（1）支付宝认证类型区别

要开通一家淘宝或者天猫店铺，首先需要一个支付宝账户用来实现店铺经营交易中的资金收支环节。而淘宝店铺和天猫店铺对支付宝账户的认证要求是不同的。

淘宝、天猫支付宝认证区别

店铺类型	认证区别		
	认证类型	认证入口	所需资料
淘宝	个人认证	支付宝个人版	个人身份证、银行卡
天猫	商家认证	支付宝商户版	1. 企业营业执照彩色扫描件 2. 企业组织机构代码证彩色扫描件 3. 对公银行账户（基本户、一般户皆可） 　 企业法定代表人身份证彩色扫描件 注：若为代理人申请，则还需以下两项 4. 代理人身份证彩色扫描件 5. 盖有企业公章的"企业委托书"

对于支付宝账户，在申请的时候就要根据自己要开通的店铺类型选择好对应的支付宝账户类型，以方便后期的支付宝账户认证。如果要开通淘宝店铺，则在注册支付宝账户的时候选择"个人账户"；如果要开通天猫店铺，则在注册支付宝账户的时候选择"企业账户"。

（2）店铺名称及域名的区别

开店的目的就是通过对店铺进行经营进而赚取一定的利润，一个好的店铺名称和一个容易记忆的店铺域名将为店铺的经营锦上添花。淘宝店铺和天猫店铺在店铺名称和域名设置上有一定区别。淘宝店铺的名称和域名必须在店铺申请成功后才可以进行设置，而天猫店铺的名称和域名是在提交申请资料的时候根据天猫店铺命名规则来设置的。

淘宝、天猫店铺名称及域名设置区别

店铺类型	设置区别		
	名称及域名设置时间	名称及域名设置规则	名称及域名更改
淘宝	店铺开通后	没有规则，只要不重复即可	名称可以随意更改，域名有3次更改机会
天猫	填写开店申请时	系统根据规则提供选择项目	店铺一旦申请成功不可更改

①淘宝店铺名称设置：卖家中心→店铺管理→店铺基本设置→淘宝店铺。

②淘宝店铺域名设置：卖家中心→店铺管理→域名设置。

③天猫店铺名称、域名设置：在申请过程中完成企业资质上传后系统会给出店铺名称及域名参考选项，申请者只需选择即可。

（3）品牌库查询区别

在天猫店铺申请资质中要求企业提供商标注册证书，也就是说，需要有品牌才能申请入驻。现行的天猫招商规则要求商家所持有的品牌要在天猫品牌库中才能申请入驻，所以申请天猫店铺前需要先去查询自己的品牌是否在天猫的招商范围内。因淘宝开店对品牌没有要求，故商家在申请开通淘宝店铺的时候不必考虑此项。

进入天猫招商首页，单击"查询品牌"按钮，即可进入天猫品牌库查询品牌是否在天猫招商范围内。

那么如果在品牌库中查询不到自己的品牌，是不是意味着就不能申请入驻天猫呢？答案是否定的，天猫品牌库没有收录，不代表您的品牌不是优质品牌。您可以通过自荐品牌的方式来申请天猫收录您的品牌。具体方式为：进入天猫自荐品牌通道，提交品牌信息，等待审核通过后即可开始天猫店铺入驻申请。

天猫自荐品牌通道

主题二：淘宝、天猫店铺装修及运营区别

既然淘宝和天猫的商业模式定位不同，那么在具体的店铺装修操作、运营管理工作上也是有区别的。下面我们来看看淘宝、天猫在装修和运营上到底有哪些区别。

1. 淘宝、天猫装修区别

淘宝和天猫都是阿里系的平台，产品经理和技术团队都师出同门，因此在装修应用上淘宝、天猫的区别不是太大。

（1）淘宝、天猫主图区别

淘宝和天猫产品主图的区别主要在于尺寸、数量及图片处理要求等方面。

淘宝、天猫产品主图 区别

店铺类型	主图区别				
	主图尺寸	主图数量	主图大小	主图质量要求	其他要求
淘宝	700 像素×700 像素	1 张	小于 3KB	低质量主图会被搜索降权	无其他具体要求
天猫	800 像素×800 像素	1 张	小于 500KB	低质量主图会被搜索降权	不要在商品图片上添加除商品外的其他信息，注入水印、商标、优惠信息等，一经发现将进行降权处理

请注意不要简单地将产品主图理解为产品图片，主图与产品图片应该是包含与被包含的关系。产品图片是指产品本身的图片，而主图必须包含有产品图片且可以包含诸如商标等信息。

图 1 产品图　　　　　图 2 主图 A　　　　　图 2 主图 B

上面 3 个图中，图 1 和图 2 是符合要求的主图。其中图 3 因为在产品图片上加了商标，因此是不符合要求的主图。

（2）淘宝、天猫详情图区别

淘宝详情页描述区域宽度尺寸为 750 像素，也就是说，淘宝产品详情页的图片宽度尺寸不能大于 750 像素；天猫详情页描述区域宽度尺寸为 790 像素，也就是说，天猫产品详情页的图片宽度尺寸不能大于 790 像素。

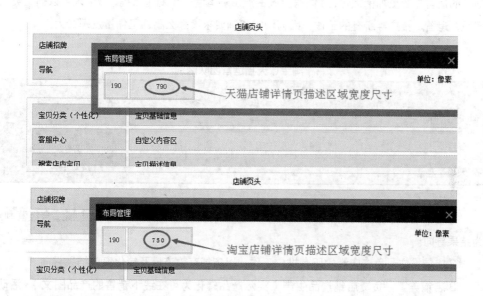

（3）淘宝、天猫产品上传及工具应用的区别

淘宝和天猫产品上传都有两种方式：一种是在店铺后台直接上传；一种是利用淘宝助理编辑上传。淘宝和天猫产品上传过程都一样，不过天猫会要求上传更多的产品资质信息，如服装类目的吊牌、水洗唛等。因此使用淘宝助理上传产品则需要下载对应的天猫版淘宝助理。

2. 淘宝、天猫运营推广区别

或许你听说过天猫店铺和淘宝店铺玩法不一样,这个"玩法"就是指店铺经营管理过程中的运营、推广方式不太一样。

(1) 运营团队的区别

天猫店投入的成本远远高于淘宝店,我们肯定希望天猫店的回报更高。那么我们对天猫店的运营需要更加精细化,才能有更高的产出。运营一个淘宝店铺,一个人可以搞定美工、客服、运营、推广等所有的工作,因为淘宝店铺要求没那么高、工作量没那么大。

淘宝、天猫运营团队区别

店铺类型	运营团队(人)						
	运营	推广	美工	客服	物流	合计	本表为团队最低配置,店铺经营越好,团队会越大
淘宝	1	1	1	2	0	4	
天猫	1	1	2	4	2	10	

①店铺运营:负责店铺的整体运营、供应链资源整合及团队管理,以店铺综合经营利润为结果导向。

②店铺推广:负责店铺的所有推广工作,以店铺有效流量及转化率为结果导向。

③店铺美工:负责店铺产品生产(实际产品转化为可在线下销售的产品图文)、活动、推广图片处理及店铺装修工作。

④店铺客服:负责售前接待及售后处理,成交转化率及销售业绩为结果导向。

⑤店铺仓管:负责产品管理、订单产品进出库及快递收发。

(2) 流量入口的区别

在线下实体店铺要想销售好,必须有足够的进店客流量。同样,线上店铺需要进店访客足够多,这里的"进店访客"我们统称为流量。淘宝和天猫店铺的流量入口很多,按照分类不同有站外流量、站内流量等。但淘宝和天猫店铺流量入口最典型的就是在淘宝网首页有2个(搜索框、导航)天猫的流量入口,而在天猫却没有淘宝网的流量入口。

（3）产品搜索权重的区别

无论是淘宝店铺还是天猫店铺，一个重要流量来源就是产品搜索的流量。产品搜索流量是指消费者在淘宝或者天猫首页通过关键词搜索功能找到我们的产品，那么这个流量就是产品搜索流量。

当我们在淘宝网通过关键词搜索产品的时候会发现一个奇怪的现象，排在搜索结果前面的产品都是天猫店铺的产品。这是因为，拥有相同关键词的产品在被搜索的时候，天猫的产品会优先于淘宝的产品被展示出来，也就是说天猫产品的搜索权重会高于淘宝店铺。

（4）店铺运营活动的区别

店铺运营工作中提高转化率及销售的一个重要方式就是"活动"，店内自主活动能提高转化率；参与店外平台活动在提升流量的同时，还可以提高转化率。

淘宝、天猫活动运营区别

店铺类型	官方活动	自主活动		
		活动工具	流量入口支持	活动重点
淘宝	满足活动条件都可报名参加	很多，如店铺红包、收藏红包、购物车等	"引流宝"可提供流量入口支持	偏重实际活动转化
天猫	满足活动条件都可报名参加	光放工具支持，如打折、满减等	除钻展、直通车外几乎所有流量入口支持	偏重活动创意引流

淘宝和天猫都会有官方活动，官方活动只要满足活动条件的店铺都可以申请参加。

淘宝和天猫店铺的店内自主活动，是指店铺运营过程中自己策划的而非官方的活动。对于自主活动，天猫不会限定活动形式，侧重于活动创意内容，较少提供活动工具，而提供更多的流量入口支持。淘宝与天猫相反，侧重于活动的实际吸引力，提供更多的活动工具，提供的流量入口较少。

天猫自主活动入口：商家中心→营销中心→商家活动中心。

淘宝自主活动入口：卖家中心→店铺管理→店铺装修—营销。

（5）店铺推广的区别

淘宝店铺和天猫店铺在推广方面，站内推广、站外推广、付费推广、站内 SEO 等推广手段都可以通用。而对于站内推广渠道，仅有天天特价、试用中心、淘金币等免费推广渠道是面对淘宝的，其他的渠道都是面对天猫的。特别对于聚划算，其坑位竞拍机制及备货、质检机制需要商家具备较雄厚的资金实力，这注定了一般淘宝店铺是无力参加聚划算的。

主题三：淘宝、天猫店铺售后服务及客户权益区别

店铺运营中的售后服务直接关联着顾客的消费体验。标准的、优质的售后服务会提升顾客的消费体验，增强顾客的消费粘性。淘宝和天猫对商家的售后服务也是有要求的，并且将售后服务水平作为了商家能否参加官方活动的一个重要指标。下面就淘宝、天猫售后服务及客户权益上的差异做一些分析。

1）七天无理由退货：天猫是强势执行七天无理由退货的售后政策的，而淘宝店铺是提倡商家自主提供此服务的。同时，因国家法律规定在线销售商家要执行"七天无理由退货"的政策。所以，建议淘宝商家自主提供此服务。

2）消费者保障金：天猫在商家开店的时候会直接收取保障金，这个保障金是用来在商家与顾客之间有售后纠纷的时候先行赔付的；淘宝的消费保障金由商家自愿申请缴纳，官方

不作强制要求。

3）销售发票：天猫店铺经营者必须给每个订单开具销售发票，而淘宝网无此强制要求。

4）发货时间：天猫要求商家在无特殊情况下必须 72 小时内对订单进行发货操作，而淘宝没有此项强制要求，经营者可以自主选择承诺发货时间，商家一旦承诺则必须履行承诺。

5）评价体系：淘宝店铺有好评、中评、差评这样的评价体系，而天猫只有 DSR（商品描述相符度、发货速度、服务质量）评分体系。淘宝店铺的中差评和天猫的 DSR 都是体现店铺服务水平的，因此会影响到店铺的转化率，甚至在官方活动中都把 DSR 评分作为商家是否能报名活动的一个审核条件。

淘宝和天猫在售后服务上最大的区别是天猫官方会强制要求商家执行售后服务规范及消费者权益保障计划，而淘宝官方更多的是提倡商家自主提供。尽管如此，建议淘宝店铺经营者能尽量按照天猫的售后服务标准来完善自己的售后服务体系，这样有利于提升店铺经营效果。

延伸阅读……　　淘宝天猫店设计、装修与视觉营销从入门到精通

当今，网店经营产业的快速发展，让更多的传统行业和经营者们都选择在网上开店，而"店铺设计与装修"又是网店经营中最重要的一环。本书从零开始，系统并全面地讲解了店铺设计与装修的相关知识和操作技能，内容包括开网店必学的视觉营销知识、开网店必懂的店铺装修常识、网店装修的视觉影响与设计法则、Photoshop 网店装修的基本技能，网店首页设计、详情页设计、主图设计、推广图设计、特效代码设计、手机淘宝页面设计与装修等相关技能知识。同时，本书精心设计了"皇冠支招"和"案例分享"小模块，帮助读者快速成长为"淘宝美工大师"。

简要目录

第1章　开网店必学的视觉营销知识
1.1　什么是视觉营销
1.2　网店视觉营销的意义
1.3　如何做好网店的视觉营销
皇冠支招
案例分享　视觉营销引入庞大流量，让数据流量为我所用

第2章　开网店必懂的店铺装修常识
2.1　什么是网店美工
2.2　如何做好网店美工
皇冠支招
案例分享　掌握网店装修的6大关键因素，打造明星店铺

第3章　网店装修的视觉影响
3.1　视觉化网店装修
3.2　视觉设计要点
皇冠支招
案例分享　视觉营销不简单

第4章　网店装修的设计法则
4.1　网店美工的设计思维
4.2　网店美工的设计原理
4.3　网店美工的配色原理
皇冠支招
案例分享　提高网店装修效率的秘密

第5章　Photoshop 网店装修的基本技能
5.1　Photoshop 的基础操作
5.2　常用的修图工具
5.3　图层面板的应用
5.4　图像的调整和输出
皇冠支招
案例分享　简约、大气的网店这样设计

第6章　网店的首页设计
6.1　网店的首页结构
6.2　网店的店招要素
6.3　网店的导航要素
6.4　网店的首焦要素
6.5　网店的页尾要素

6.6　网店的产品分类
6.7　网店的产品展示
皇冠支招
案例分享　有了好的首页设计就成功了一半

第7章　网店的详情页设计
7.1　详情页的设计思路
7.2　详情页的设计内容
7.3　详情页的设计要点
皇冠支招
案例分享　让详情页成为优秀的"导购员"

第8章　网店的主图设计
8.1　网店的主图规范
8.2　网店的主图要求
8.3　网店的主图结构
8.4　网店的主图展示
皇冠支招
案例分享　主图设计优化绝招

第9章　网店的推广图设计
9.1　直通车广告
9.2　钻展广告
9.3　推广图设计准则
9.4　推广图设计要点
9.5　推广图设计分类
皇冠支招
案例分享　推广图设计的几大要素

第10章　网店装修的特效代码
10.1　代码的基础知识
10.2　代码的使用方法
皇冠支招
案例分享　优化页面的代码应用

第11章　手机淘宝页面设计与装修
11.1　手机淘宝页面装修基础
11.2　模块的装修实操
皇冠支招
案例分享　正确发布无线端的宝贝详情页

附录　淘宝与天猫开店的区别